高职高专工学结合课程改革规划教材

Qiche Dianlu he Dianzi Xitong Jiance Zhenduan yu Xiufu

汽车电路和电子系统检测诊断与修复

（汽车运用技术专业用）

交通职业教育教学指导委员会
汽车运用与维修专业指导委员会 组织编写

彭小红 陈 清 主 编
蹇小平［长安大学］ 主 审

人民交通出版社

内 容 提 要

本书是高职高专工学结合课程改革规划教材，是在各高等职业院校积极践行和创新先进职业教育思想和理念，深入推进“校企合作、工学结合”人才培养模式的大背景下，由交通职业教育教学指导委员会汽车运用与维修专业指导委员会根据新的教学标准和课程标准组织编写而成。

本教材以大众、丰田两大车系的电路和电子系统检测诊断与修复工作过程为主线，内容主要包括汽车电源系统的诊断与修复、汽车起动系统的诊断与修复、汽车电动车窗系统的诊断与修复、汽车电动后视镜系统的诊断与修复、汽车刮水及清洗系统的诊断与修复等，共 7 个学习任务。

本书主要供高职高专院校汽车运用技术、汽车检测与维修专业教学使用。

图书在版编目(CIP)数据

汽车电路和电子系统检测诊断与修复 / 彭小红，陈清主编. — 北京：人民交通出版社，2011.10

高职高专工学结合课程改革规划教材

ISBN 978-7-114-09385-2

Ⅰ. ①汽… Ⅱ. ①彭…②陈… Ⅲ. ①汽车—电子设备—检修—高等职业教育—教材②汽车—电子系统—检修—高等职业教育—教材 Ⅳ. ①U472.41

中国版本图书馆 CIP 数据核字(2011)第 182226 号

高职高专工学结合课程改革规划教材

书　　名：**汽车电路和电子系统检测诊断与修复**

著 作 者：彭小红　陈　清

责任编辑：翁志新

出版发行：人民交通出版社

地　　址：(100011)北京市朝阳区安定门外外馆斜街 3 号

网　　址：http://www.ccpress.com.cn

销售电话：(010)59757969，59757973

总 经 销：人民交通出版社发行部

经　　销：各地新华书店

印　　刷：北京盈盛恒通印刷有限公司

开　　本：787 × 1092　1/16

印　　张：10.25

字　　数：234 千

版　　次：2012 年 1 月　第 1 版

印　　次：2013 年 1 月　第 2 次印刷

书　　号：ISBN 978-7-114-09385-2

印　　数：2001 ~ 4000 册

定　　价：29.00 元

编审委员会

公共平台组

组　　长：魏庆曜

副 组 长：崔选盟　周林福

成　　员：王福忠　林　松　李永芳　叶　钢　刘建伟　郭　玲
马林才　黄志杰　边　伟　屠卫星　孙　伟

特邀主审：郭远辉　杨启勇　崔振民　韩建保　李　鹏　陈德阳

机电维修专门化组

组　　长：汤定国

副 组 长：陈文华　杨　洸

成　　员：吕　坚　彭小红　陈　清　杨宏进　刘振楼　王保新
秦兴顺　刘　成　宋保林　张杰飞

特邀主审：卞良勇　黄俊平　蹇小平　张西振　疏祥林　李　全
黄晓敏　周建平

维修服务顾问专门化组

组　　长：杨维和

副 组 长：刘　焰　杨宏进

成　　员：韦　峰　罗　双　周　勇　钱锦武　陈文均　刘资媛
金加龙　王彦峰　杨柳青

特邀主审：吴玉基　刘　锐　张　俊　邹小明　熊建国

保险与公估专门化组

组　　长：张尔利

副 组 长：阳小良　彭朝晖

成　　员：李远军　陈建宏　侯晓民　肖文光　曹云刚　廖　明
荆叶平　彭晓艳

特邀主审：文爱民　任成尧　李富仓　刘　璘　冷元良

前言

为落实《国家中长期教育改革和发展规划纲要(2010—2020年)》精神,深化职业教育教学改革,积极推进课程改革和教材建设,满足职业教育发展的新需求,交通职业教育教学指导委员会汽车运用与维修专业指导委员会按照工学结合一体化课程的开发程序和方法编制完成了《汽车运用技术专业教学标准与课程标准》,在此基础上组织全国交通职业技术院校汽车运用技术专业的骨干教师及相关企业的专业技术人员,编写了本套规划教材,供高职高专院校汽车运用技术、汽车检测与维修专业教学使用。

本套教材在启动之初,交通职业教育教学指导委员会汽车运用与维修专业指导委员会又邀请了国内著名职业教育专家赵志群教授为主编人员进行了关于课程开发方法的系统培训。初稿完成后,根据课程的特点,分别邀请了企业专家、本科院校的教授和高职院校的教师进行了主审,之后又专门召开了两次审稿会,对稿件进行了集中审定后才定稿,实现了对稿件的全过程监控和严格把关。

本套教材在编写过程中,主要编写人员认真总结了全国交通职业院校多年来的教学成果,结合了企业职业岗位的客观需求,吸收了发达国家先进的职业教育理念,教材成稿后,形成了以下特色:

1.强调“校企合作、工学结合”。汽车运用技术专业建设,从市场调研、职业分析,到教学标准、课程标准开发,再到教材编写的全过程,都是职业院校的教师与相关企业的专业人员一起合作完成的,真正实现了学校和企业的紧密结合。本专业核心课程采用学习领域的课程模式,基于职业典型工作任务进行课程内容选择和组织,体现了工学结合的本质特征——“学习的内容是工作,通过工作实现学习”,突出学生的综合职业能力培养。

2.强调“课程体系创新,编写模式创新”。按照整体化的职业资格分析方法,通过召开来自企业一线的实践专家研讨会分析得出职业典型工作任务,在专业教师和行业专家、教育专家共同努力下进行教学分析和设计,形成了汽车运用技术专业新的课程体系。本套教材的编写,打破了传统教材的章节体例,以具有代表性的工作任务为一个相对完整的学习过程,围绕工作任务聚焦知识和技能,体现行动导向的教学观,提升学生学习的主动性和成就感。

前言

《汽车电路和电子系统检测诊断与修复》是本套教材中的一本。与传统同类教材相比,本教材打破了传统的汽车电路和电子系统理论教材模式,将理论完全渗透于实际运用中,共分汽车电源系统的诊断与修复、汽车起动系统的诊断与修复、汽车电动车窗系统的诊断与修复、汽车电动后视镜系统的诊断与修复、汽车刮水及清洗系统的诊断与修复、汽车灯光系统的诊断与修复和汽车仪表系统的诊断与修复7个学习任务,每个学习任务还有理论考核评价、技能考核评价和拓展学习。

参加本书编写工作的有:陕西交通职业技术学院的彭小红(编写学习任务1和学习任务2)、黄晓鹏(编写学习任务3)、黄珊珊(编写学习任务4)、四川交通职业技术学院的陈清(编写学习任务5)、周旭(编写学习任务6)、邱尚磊(编写学习任务7)。全书由陕西交通职业技术学院的彭小红、四川交通职业技术学院的陈清担任主编,长安大学蹇小平教授担任主审。

限于编者经历和水平,教材内容难以覆盖全国各地的实际情况,希望各教学单位在积极选用和推广本系列教材的同时,注重总结经验,及时提出修改意见和建议,以便再版修订时补充完善。

交通职业教育教学指导委员会

汽车运用与维修专业指导委员会

2011年6月

目录

学习任务1　诊断与修复汽车电源系统 …… 1

一、知识准备 …… 2
二、任务实施 …… 13
项目1　检查与更换蓄电池 …… 13
项目2　就车检查与更换发电机 …… 15
项目3　解体检测发电机 …… 19
项目4　诊断与修复不充电故障 …… 24
三、学习评价 …… 26
四、拓展学习 …… 30

学习任务2　诊断与修复汽车起动系统 …… 33

一、知识准备 …… 34
二、任务实施 …… 42
项目1　检测与修复起动机 …… 42
项目2　诊断与修复起动机不转故障 …… 48
三、学习评价 …… 50
四、拓展学习 …… 52

学习任务3　诊断与修复汽车电动车窗系统 …… 55

一、知识准备 …… 56
二、任务实施 …… 61
项目1　检查与更换电动车窗主开关 …… 61
项目2　诊断与修复汽车电动车窗不升降故障 …… 65
三、学习评价 …… 68
四、拓展学习 …… 70

学习任务4　诊断与修复汽车电动后视镜系统 …… 72

一、知识准备 …… 73
二、任务实施 …… 77
项目1　检查及更换电动后视镜控制开关 …… 77

目录

项目2　诊断与修复电动后视镜不工作故障 …… 79
三、学习评价 …… 83
四、拓展学习 …… 84

学习任务5　诊断与修复汽车刮水及清洗系统 …… 85

一、知识准备 …… 86
二、任务实施 …… 90
项目1　检查与更换汽车刮水器及清洗器开关 …… 90
项目2　诊断与修复汽车刮水及清洗系统不工作故障 …… 94
三、学习评价 …… 98
四、拓展学习 …… 100

学习任务6　诊断与修复汽车灯光、信号系统 …… 103

一、知识准备 …… 104
二、任务实施 …… 113
项目1　诊断与修复喇叭不响故障 …… 113
项目2　诊断与修复汽车前照灯不亮故障 …… 116
项目3　诊断与修复汽车信号系统工作不正常故障 …… 122
三、学习评价 …… 126
四、拓展学习 …… 129

学习任务7　诊断与修复汽车仪表系统 …… 134

一、知识准备 …… 135
二、任务实施 …… 143
项目1　诊断与修复汽车车速表故障 …… 143
项目2　诊断与修复汽车仪表无显示故障 …… 146
项目3　诊断与修复汽车冷却液温度表一直报警故障 …… 148
三、学习评价 …… 151
四、拓展学习 …… 155

参考文献 …… 156

学习任务1　诊断与修复汽车电源系统

工作情境描述

某汽车维修站接收一辆上海大众桑塔纳2000型轿车,根据车主反映,该车出现蓄电池过充电报废,闪光灯、转向灯及制动灯烧坏,仪表稳压器损坏,直至点火器损坏而熄火停车的现象。维修人员根据故障现象判断,可能原因为电源系统的输出电压过大,必须对电源系统进行检修。

请通过检测电源系统,判断电源系统的技术状况;若需要修复电源系统,请制订电源系统修复方法和工艺流程。

学习目标

通过本任务学习,应能:

1. 叙述上海大众桑塔纳2000型轿车的电源系统;
2. 描述汽车电源系统的常见故障,分析汽车电源系统常见故障的产生原因;
3. 描述电源系统主要组成部件的检测与修复方法;
4. 根据维修手册,正确选用工具和检测设备,在规定时间内,安全规范地进行蓄电池技术状况的检查与更换、发电机的就车性能检查与更换、发电机的解体检测及不充电故障的诊断与修复,制订相应的修复方法和工艺流程。

学习时间

22学时。

学习引导

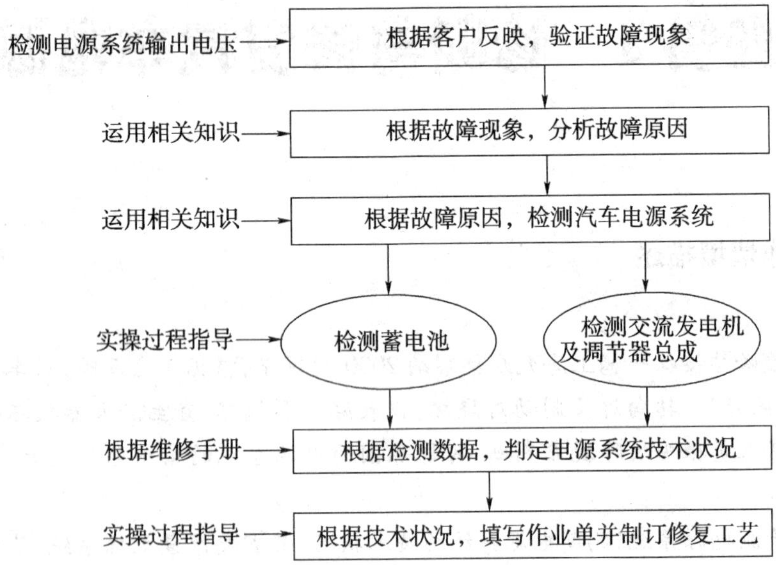

一、知 识 准 备

1 上海大众桑塔纳2000型轿车电源系统

汽车电源系统的功用是向整车用电设备提供电能。目前汽油发动机汽车普遍采用14V(标称电压12V)电源系统，柴油发动机汽车大多采用28V(标称电压24V)电源系统。随着汽车电子技术的发展，在以节能、环保和安全为中心的现代汽车中，电气设备越来越多。近几年，出现了两种新型电源系统：一种是单电压的42V系统；另一种是双电压的14V/42V系统。但目前由于生产工艺和成本等问题，这两种新型电源系统还未能在汽车上普及。

汽车电源系统主要由蓄电池、交流发电机和电压调节器等组成，如图1-1所示。汽车电源系统与负载的连接电路如图1-2所示。在汽车上，蓄电池与交流发电机并联，并向所有用电设备供电。发电机是主电源，蓄电池是辅助电源。电压调节器是一种电压调节装置，其功用是在发电机转速变化时自动调节发电机的输出电压，并使输出电压保持稳定。

上海大众桑塔纳2000型轿车装用的是上海蓄电池厂按照德国DIN标准生产的12V风帆牌整体式干荷电式蓄电池或免维护(MF)蓄电池，其额定容量为54A·h，最大允许放电电流为256A。该蓄电池具有寿命长、故障少和维护工作少等优点。

上海大众桑塔纳2000型轿车装用的发电机型号为JFZ1913Z(长沙汽车电器厂生产)和JFZ1813Z(上海汽车电动机二厂生产)，两种发电机均为带调节器的整体式交流发电机，其主要技术参数见表1-1。

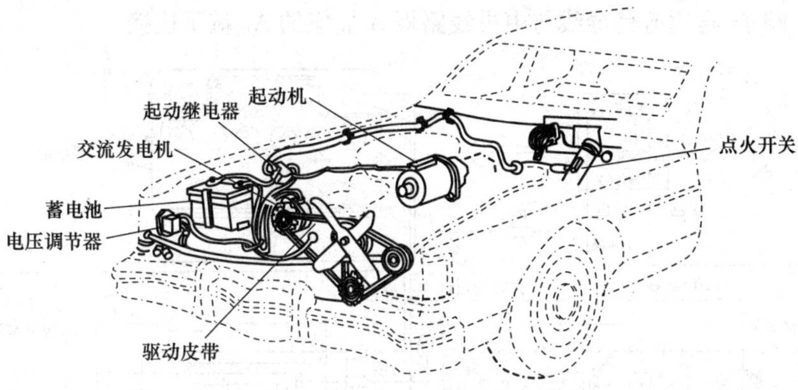

图1-1　汽车电源系统组成布置图

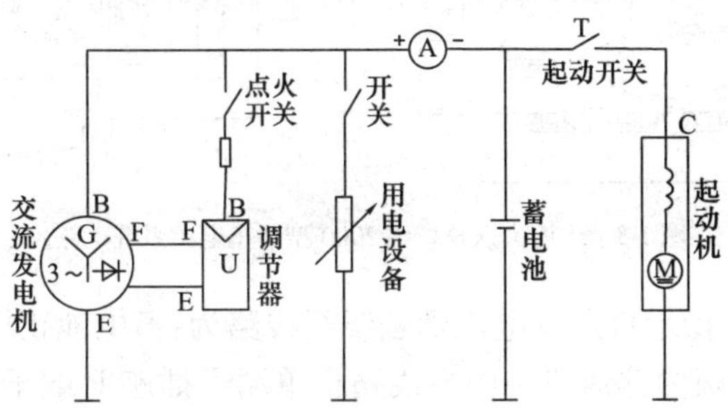

图1-2　汽车电源系统与负载的连接电路

上海大众桑塔纳2000型轿车用发电机技术参数　　表1-1

发电机型号	JFZ1913Z、JFZ1813Z	工作环境温度(℃)	-40～+90
额定电压(V)	14	调节器形式	集成电路式
额定电流(A)	90	调节电压(V)	12.5～14.5
额定输出功率(W)	1200	安装方式	单挂脚
零电流转速(r/min)	≤1050	质量(kg)(无带轮)	5.66
开始充电转速(r/min)	≤1900	比功率(W/kg)	223
常用工作转速(r/min)	6000	新电刷高度(mm)	10
最高工作转速(r/min)	15000	电刷极限高度(mm)	5
励磁绕组电阻(Ω)(20℃)	2.8	搭铁形式	外搭铁

上海大众桑塔纳2000型轿车电源系统电路如图1-3所示。发电机的3只正极管与3只负极管组成一个三相桥式全波整流电路。其输出端“B+”用红色导线与起动机30端子连接;3只励磁二极管与3只负极管也组成一个三相桥式全波整流电路,称为磁场电流整流电路。其输出端“D+”用蓝色导线经蓄电池旁边的单端子连接器T_1后与中央线路板D插座的D_4端子连接,再经中央线路板内部线路与A插座的A_{16}端子相连。点火开关30端子用红色导线经中央线路板上的单端子插座P与蓄电池正极连接,点火开关15端子用黑色导线与仪表板左下方14端子黑色插座的14端子连接(图中未画出),经仪表板印刷电路上的

电阻 R_1、R_2 和充电指示灯（R_2 和充电指示灯串联后再与 R_1 并联）及二极管接回到 14 端子黑色插座 12 端子，再用蓝色导线与中央线路板 A 插座的 A_{16} 端子连接。

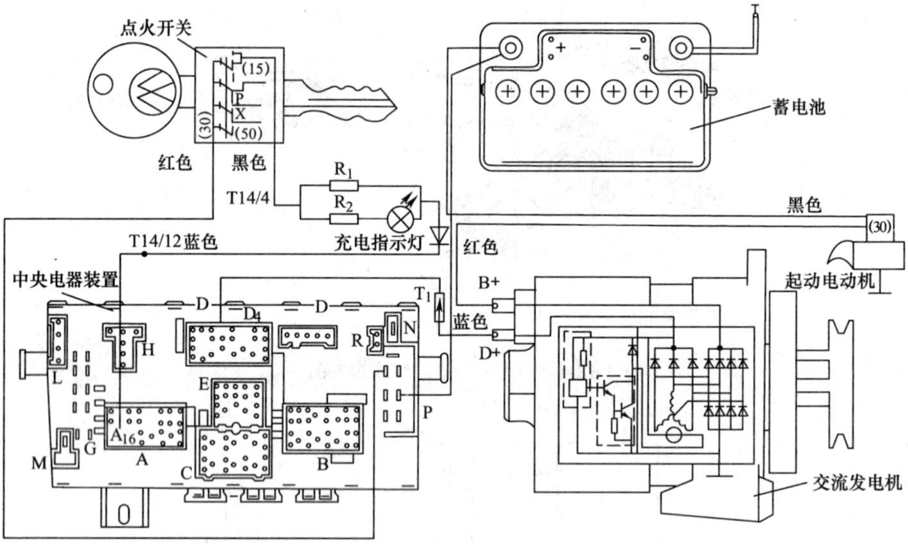

图 1-3　上海大众桑塔纳 2000 型轿车电源系统电路

由图 1-3 可见，充电指示灯及发电机励磁绕组线路为：蓄电池正极→中央线路板单端子插座 P 端子→中央线路板内部线路→中央线路板单端子插座 P 端子→点火开关 30 端子→点火开关→点火开关 15 端子→组合仪表板下方 14 端子连接器的 14 端子→电阻 R_2 和充电指示灯→二极管→中央线路板 A_{16} 端子→中央线路板内部线路→中央线路板 D_4 端子→单端子连接器 T_1（蓄电池旁边）→交流发电机 D + 端子→发电机的励磁绕组→晶体管调节器功率管→搭铁→蓄电池负极。

充电指示灯的工作情况：当发动机起动后，充电指示灯受蓄电池电压和励磁二极管输出端的电压 D + 的差值所控制。随着发电机转速的升高，D + 处电压升高，充电指示灯两端的电位差减小，灯就会自动变暗，直至熄灭。此后 B + 与 D + 等电位（都高于蓄电池电动势），充电指示灯一直熄灭，表示发电机对蓄电池充电。若汽车行驶过程中发现充电指示灯亮，说明充电系统有故障。

2　汽车电源系统常见故障及其原因

电源系统的工作是否正常，可以通过充电系统的工作状况来判断，充电系统的常见故障主要有不充电、充电电流过小、充电电流过大和充电电流不稳等，故障原因可能是多方面的。因此，当发现故障时，应根据故障现象，结合充电电路的特点进行认真分析，查找故障原因，及时排除故障。

1）不充电

常见的电源系统不充电现象：发动机中、高速运转时，充电指示灯亮或电流表指示放电。产生不充电的原因有：

（1）蓄电池与发电机之间的接线断开或脱落；

(2)发电机整流二极管短路、断路,定子绕组或励磁绕组有短路、断路和搭铁故障,电刷在电刷架内卡住或磁场F接线柱的绝缘损坏搭铁故障等导致发电机不发电;

(3)调节器调节不当使输出电压过低,不能励磁等调节器故障。

电源系统不充电将造成蓄电池亏电,影响起动机和其他用电设备工作,甚至使发动机不能正常起动。

2)充电电流过小

常见的电源系统充电电流过小现象:在蓄电池亏电的情况下,发动机中速以上运转时,电流表指示充电电流过小,打开前照灯灯光暗淡或按喇叭音量小。产生充电电流过小的原因有:

(1)发电机驱动带挠度过大出现打滑;

(2)充电线路或励磁绕组线路接线端子松动而接触不良;

(3)发电机的个别整流二极管断路、一相定子绕组连接不良或断路、电刷与滑环接触不良、励磁绕组匝间短路等发电机故障;

(4)调节器调节电压过低故障。

电源系统充电电流过低也会造成蓄电池亏电,影响起动机和其他用电设备工作,甚至使发动机不能正常起动。

3)充电电流不稳定

常见的电源系统充电电流不稳定现象:若发电机运转时,电流表或充电指示灯指示充电,但电流表指针左右摆动或充电指示灯闪烁,则说明充电电流不稳定。产生充电电流不稳定的原因有:

(1)发电机驱动带过松、打滑;

(2)充电线路中接头松动、接触不良;

(3)发电机内部接触不良:如电刷弹簧弹力过弱、绕组接头松动、滑环积污过多、电刷磨损过度等;

(4)调节器有故障:调节器中元件虚焊、元件稳定性差等。

4)充电电流过大

充电电流过大,多是由于调节器有故障而引起的,如电压调整过高以及调节器搭铁不良等。对于晶体管调节器或集成电路调节器,由于采用树脂封装,不能检查,因此当确认调节器有故障时,只能更换新品。

3 汽车电源系统主要组成部件的检测与修复方法

1)蓄电池技术状况的检查方法

为了及时发现蓄电池故障,汽车每行驶1000km,或冬季行驶10~15天,夏季行驶5~6天,需及时检查蓄电池的技术状况是否良好。铅酸蓄电池技术状况的检查包括电解液液面高度和放电程度的检查。

(1)蓄电池电解液液面高度的检查。

①用玻璃管检查法(图1-4a)。用一空心玻璃管插入蓄电池电解液内极板上的上平面处;玻璃管内的电解液与蓄电池液面同高,用大拇指按紧玻璃管上端,使管口密封;提起玻

璃管，测量玻璃管内的液面高度，即为蓄电池电解液的液面高度。液面高度的标准值为10～15mm。

②观察液面高度指示线法（图1-4b）。使用透明塑料容器的蓄电池，检查液面高度时，在容器壁上刻有两条高度指示线。正常液面高度应介于两条高度指示线之间。

③从加液孔观察判断法（图1-4c）。有些汽车蓄电池在电解液加液孔内侧的标准液面位置处开有方视孔，检查液面高度，观察液面在方孔下面为液面过低；正好与方孔平行时为标准；液面满过方孔而充满加液孔底部以上为过多。

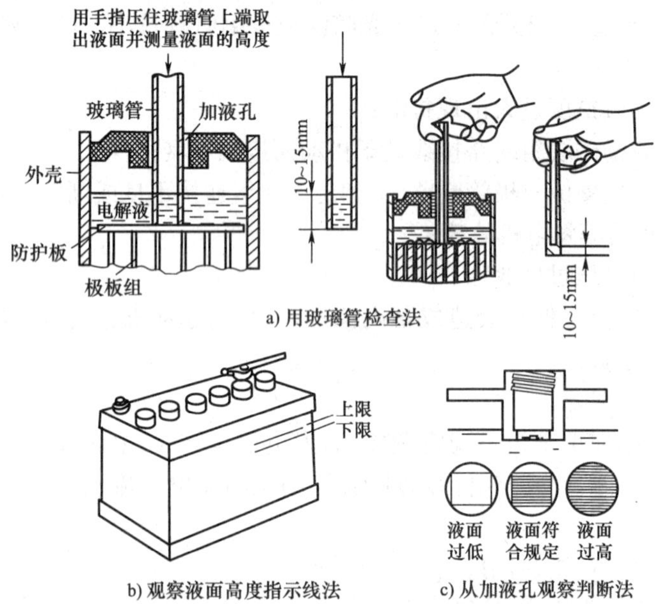

图1-4 检查蓄电池电解液液面高度

液面过低时，应补加蒸馏水，否则会缩短蓄电池的使用寿命；液面过高时，应用密度计吸出部分电解液，不然在强大负荷（如白天长途行驶）情况下，会引起电解液“沸腾而外溢”。

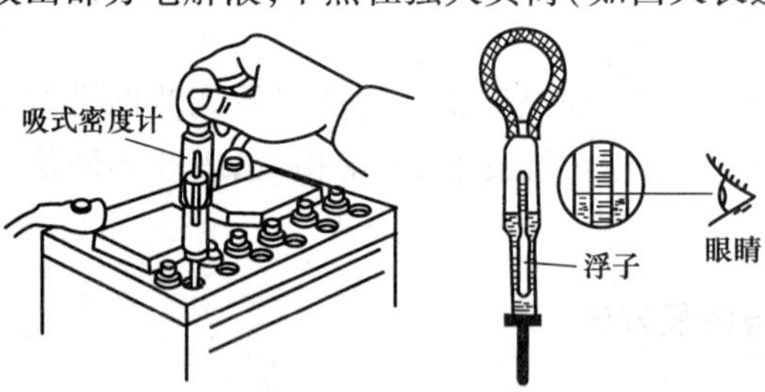

图1-5 检查蓄电池电解液密度

（2）蓄电池放电程度的检查。蓄电池放电程度的检查主要包括电解液密度的检查和放电电压的检查。

①蓄电池电解液密度的检查。如图1-5所示，可用吸式密度计测量电解液密度来估算放电程度，用密度计测量的密度值应用标准温度（+25℃）予以校正（同时测量电解液温度）。不同温度条件下电解液密度修正值见表1-2。

放电程度的判断方法：电解液密度与放电程度的关系是密度每下降0.01g/cm^{3}相当于蓄电池放电6%，当判定蓄电池在夏季放电超过50%，冬季放电超过25%时不宜再使用，应及时进行充电，否则会使蓄电池早期损坏。

注意：此项测量应该避免在蓄电池刚加入蒸馏水或者大电流放电后进行，否则，因为蓄电池内部电解液不平衡会使测量结果产生较大误差。

不同温度条件下蓄电池电解液密度修正值　　表 1-2

电解液温度（℃）	密度修正值（g/cm³）	电解液温度（℃）	密度修正值（g/cm³）	电解液温度（℃）	密度修正值（g/cm³）
+40	+0.0113	+10	-0.0113	-20	-0.0377
+35	+0.0075	+5	-0.0150	-25	-0.0375
+30	+0.0037	0	-0.0188	-30	-0.0412
+25	0	-5	-0.0255	-35	-0.0450
+20	-0.0037	-10	-0.0263	-40	-0.0488
+15	-0.0075	-15	-0.0300	-45	-0.0525

对于免维护蓄电池，由于没有加液孔不能采用密度计来测量电解液的密度以判断蓄电池的技术状况。因此，在蓄电池顶部安装了一个内置的密度计，如图 1-6 所示，通过观察顶部检视窗口的颜色来判断蓄电池的技术状况，不同车型蓄电池的颜色含义有差异，详见蓄电池表面说明。例如，上海大众桑塔纳 2000 型轿车的免维护蓄电池表面说明如下：当看到绿色圆点，表明蓄电池工作情况良好；当看到黑色圆点，表明蓄电池电解液密度降低，蓄电池电量不足，应及时充电；当看见黄色圆点或透亮，表明蓄电池已无法正常工作，必须更换蓄电池。

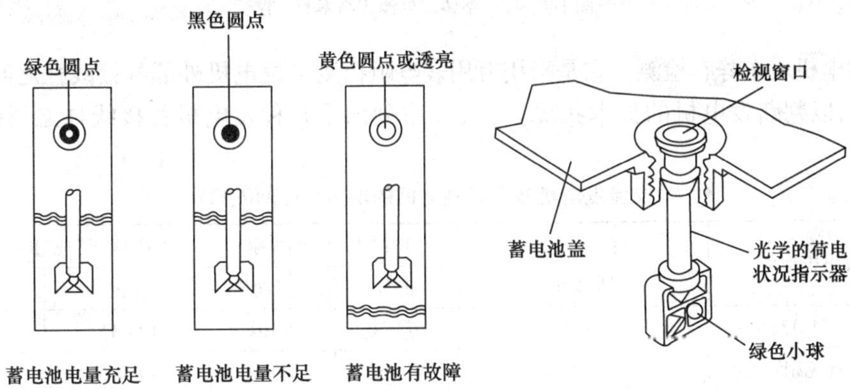

图 1-6　免维护蓄电池内装式电解液密度计

②放电电压的检查。放电电压的检查可采用 12V 高率放电计或蓄电池测试仪进行。如图 1-7 所示，测量时，将两个叉尖紧压在蓄电池的正负极柱上，并保持 3 ~ 5s。对于 12V 蓄电池，若电压稳定，保持在 9.6V 以上，说明蓄电池性能良好，但电量不足；若稳定在 10.6 ~ 11.6V，说明电量较足；若电压迅速下降，则表示有故障。

注意：用高率放电计或蓄电池测试仪进行检查时，测试时间不得超过 10s。

2）发电机性能检测与修复方法

发电机的性能检测包括就车检查和解体检测与修复两个方面。

（1）交流发电机就车检查。当发电机出现不发电或发电量不足等故障时，应首先判断故障发生在发电机的外电路还是发电机内部，若初步判定故障在发电机内部，应将发电机从车上拆下来，对其进行解体检测与修复。发电机就车检查包括静态检测和动态测试。

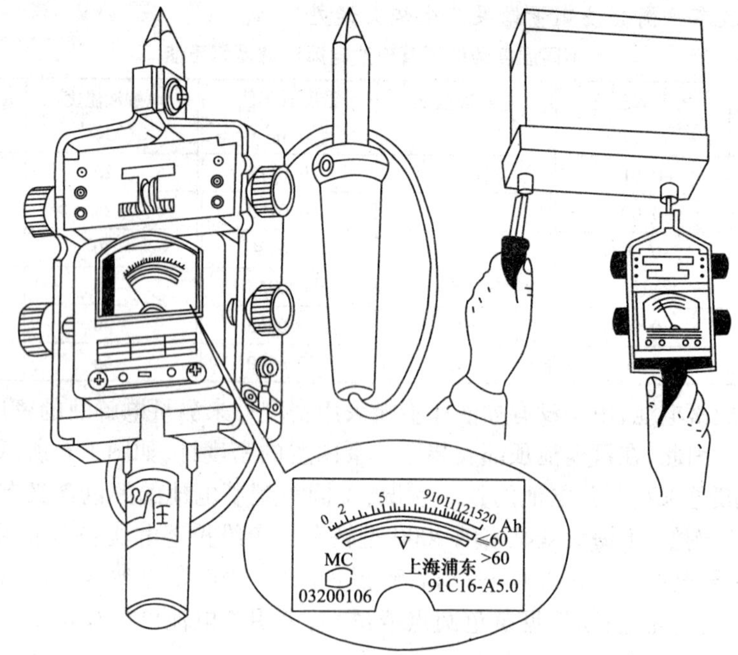

图 1-7　12V 整体式电池式高率测试仪

①发电机就车静态检测。它是指用万用表电阻挡测量发电机外部各接线柱之间的正、反向电阻值，以判断发电机的技术状况。表 1-3 中列出了几种发电机各接线柱之间的标准电阻值。

交流发电机各接线柱之间的电阻值（单位：Ω）　　表 1-3

交流发电机型号	"F"与"E"间电阻	"B＋"与"E"间电阻		"N"与"E"或"B＋"间电阻	
		正向	反向	正向	反向
JF11、13、21、132N	4～7	40～50	≥10k	10～15	≥10k
JWF14（无刷）	3.5～3.8	40～50	≥10k	10～15	≥10k
JFZ1542	2.8～3.0	40～50	≥10k	10～15	≥10k
JFZ1913	2.8～3.0	65～80	≥10k	10～15	≥10k

若"B＋"与"E"、"B＋"与"N"接线柱之间的正向电阻小于标准值，则表示有整流二极管发生短路；如接近标准值，但负载试验时测试电流很小，则表示有整流二极管发生断路。

若"F"与"E"接线柱之间的阻值过大，表明电刷与滑环接触不良或励磁二极管断路；若阻值过小，则说明励磁绕组匝间短路。

通过测量各接线柱之间的阻值不能确定交流发电机有无故障时，应进行动态测试。

②交流发电机动态测试。它包括试验台动态测试和用示波器观察输出电压的波形两种：

a. 交流发电机试验台动态测试包括空载性能试验和负载性能试验，这两个试验都可以在汽车电器万能试验台进行，具体操作见发电机性能试验相关内容。

b. 在有条件的情况下，可利用示波器观察发电机输出电压波形。根据电压波形可判断发电机内部故障部位是整流器还是定子绕组。交流发电机各种故障时输出的电压波形如图 1-8 所示。

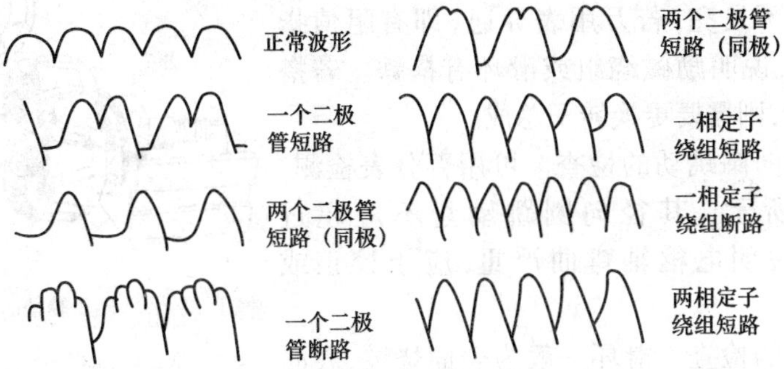

图 1-8 交流发电机各种故障时输出的电压波形图

(2)发电机解体的检测与修复方法。当发电机就车检查之后判定故障在发电机内部时,则应分解发电机,进行解体后检查。

①转子的检查。

a. 励磁绕组断路故障的检查。一般都是由于励磁绕组两端连接部位焊点松脱或虚焊引起的。修理时先用钢丝钳夹紧连接部位,然后用 200W/220V 电烙铁将连接点焊牢即可。断路故障检查时,可用万用表检测两滑环之间的电阻,电阻应与标准阻值相符(表 1-4)。若阻值为无穷大(∞),说明励磁绕组断路;若阻值小于标准阻值(表 1-4),说明励磁绕组有匝间短路故障,应予修理或更换转子。

国产 JF 系列交流发电机定子绕组和励磁绕组各项数据 表 1-4

型号	励磁绕组			定子绕组					
	导线直径(mm)	匝数	电阻(Ω)(20℃)	铁芯槽数	导线直径(mm)	每个线圈匝数	每相串联线圈数	线圈节距	绕组接法
JF01	QZ0.53	500	5±0.2	24	QZ1.04	21	4	1~4	
JF11	QZ0.62	520	5.3±0.2	36	QZ1.08	13	6	1~4	
JF13	QZ0.62	550	5.6±0.3	36	QZ1.04	13	6	1~4	
JF12	QZ0.44	1080	19.3±0.2	36	QZ0.83	25	6	1~4	
JF23	QZ0.47	1100	20±0.3	36	QZ0.83	25	6	1~4	
JF21	QZ0.64	575	5±0.2	36	QZ1.08 2根	11	6	1~4	
JF15	QZ0.67	600	5.5±0.3	36	QZ1.35	11	6	1~4	
JF22	QZ0.47	1012	18±0.2	36	QZ1.08	21	6	1~4	
JF25	QZ0.47	1100	20±0.3	36	QZ1.04	22	6	1~4	星形
JF17	QZ0.74	700	5	36	QZ1.68	7	6	1~4	
JF27	QZ0.59	1100	13	36	QZ1.25	15	6	1~4	
3JF750	QZ0.67	950	8.5	36	QZ0.93 2根	15	6	1~4	
JF1000	QZ0.67	1250	14.7	42	QZ1.00 2根	12			
JF210	QZ0.67	1200	13	36	QZ1.08 2根	12	6	1~4	

b. 励磁绕组搭铁故障的检查。用万用表或试灯连接滑环与转子铁芯，万用表应不导通（即阻值应为无穷大）或试灯应不发亮；若万用表导通（即有阻值指示）或试灯发亮，说明励磁绕组或滑环有搭铁。若搭铁故障无法排除，则需要更换转子总成。

c. 转子轴径向圆跳动的检查。可用百分表检测，方法如图 1-9 所示。其径向圆跳动量不应超过 0.10mm。否则说明电枢轴弯曲严重，应予校正或更换。

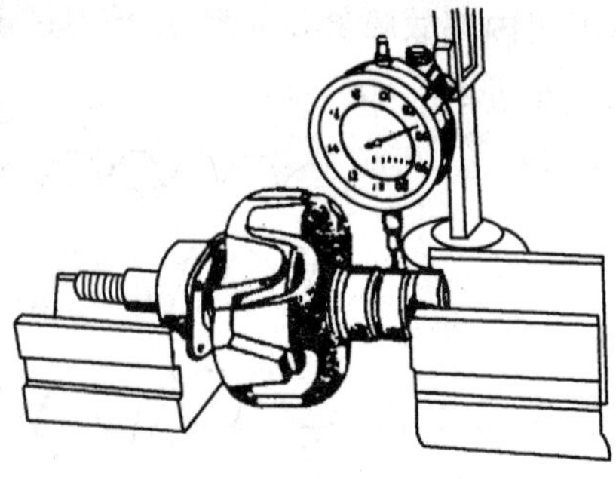

图 1-9 转子轴径向圆跳动的检查

d. 滑环故障的检查。滑环一般为表面烧蚀、表面严重磨损等。轻微烧蚀的用“00”号砂纸打磨即可。严重烧蚀或失圆（圆度超过 0.025mm）时，应进行精车加工。滑环的剩余厚度不得小于 1.5mm，否则予以更换。

②定子的检查。

a. 定子绕组短路故障的检查。定子绕组的电阻很小，一般仅为 200 ~ 800mΩ，因此测量电阻难以检测有无短路故障。定子绕组短路故障检查最好是在发电机分解之前，通过台架试验检测其输出功率进行判断。

b. 定子绕组断路故障的检查。用万用表连接定子绕组两个引出端子，万用表均应导通。若万用表有一次不导通（即阻值应为无穷大），说明定子绕组有断路故障。若能找到断路部位，可用 50W/220V 电烙铁焊接修复；如找不到断路部位，则需要更换定子绕组或定子总成。

c. 定子绕组搭铁故障的检查。用万用表连接定子绕组的任意一个引出端子和定子铁芯，万用表应不导通（即阻值应为无穷大）。若万用表导通，说明定子绕组有搭铁，需更换定子绕组或定子总成。

③整流器的检查。

a. 整流二极管性能的检查。拆下电枢绕组与硅整流二极管的连接线，将数字万用表置于二极管挡，万用表红、黑两个表笔接至整流二极管两端，可显示整流二极管的正反向压降，其标准是正测压降为 0.500 ~ 0.700V，反测时显示屏显示“1”。若正测、反测均为 0 或者为 1，表明整流二极管损坏。对于焊接式整流器，只要有一只整流二极管短路或断路，就应该更换该整流二极管所在的正整流板总成或负整流板总成。对于压装式整流器，只需更换故障整流二极管即可。更换整流板总成或整流二极管之前，必须首先检测与识别其极性，以免装错。

b. 整流二极管极性的判别。将数字万用表置于二极管挡位，红、黑两个表笔接至整流二极管两端，如果是 0.500 ~ 0.700V，则接红表笔的一端是正极，接黑表笔的一端是负极。

④电刷组件的检查。

a. 电刷和电刷架外观检查。电刷和电刷架应无破损或裂纹，电刷在电刷架中应能活动自如，不得出现发卡现象。

b. 电刷高度的检查。电刷高度可用钢板尺或游标卡尺测量，如图 1-10a）所示。新电刷高度为14mm左右,磨损至7~8mm时,应当更换新电刷。更换电刷的方法如图1-10b)所示,先将电刷弹簧和新电刷装入电刷架,然后用鲤鱼钳或尖嘴钳夹住电刷引线,使电刷露出高度符合规定值(一般为14mm左右),再用电烙铁将电刷引线与电刷架焊牢即可。

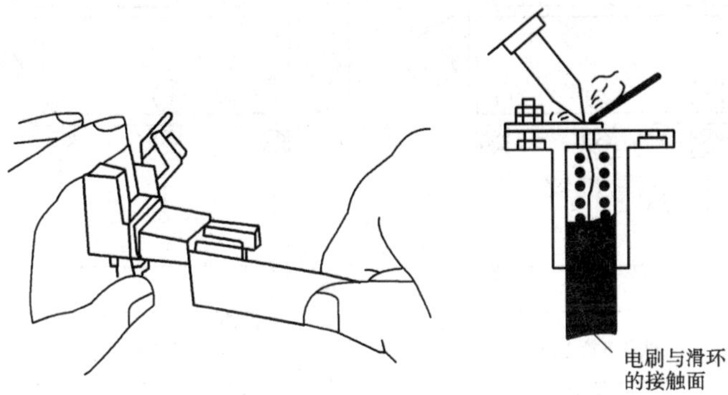

a) 检查电刷高度　　b) 更换电刷

图1-10　检查及更换电刷

c. 电刷弹簧压力的检查。电刷弹簧压力可用弹簧秤检测,如图1-11所示,弹簧压力一般为2~3N,如压力过小,应更换新电刷。

3)电压调节器性能的性能检查方法

(1)晶体管式调节器的性能检查。

①调节器搭铁形式的判断。可利用小灯泡的亮、灭来进行。如图1-12所示,将可调直流电源正极接在调节器B(或+)端,负极接调节器E(或-)端,将小灯泡一端接F端,另一端暂时悬空,稳压电源电压调到12V(28V调节器调到24V)。首先将小灯泡悬空的一端搭在电源B上,接通开关S,若灯亮,调节器为外搭铁型;若灯不亮,断开开关S,并将小灯泡悬空的一端搭在搭铁端E上,此时灯亮,调节器为内搭铁型。

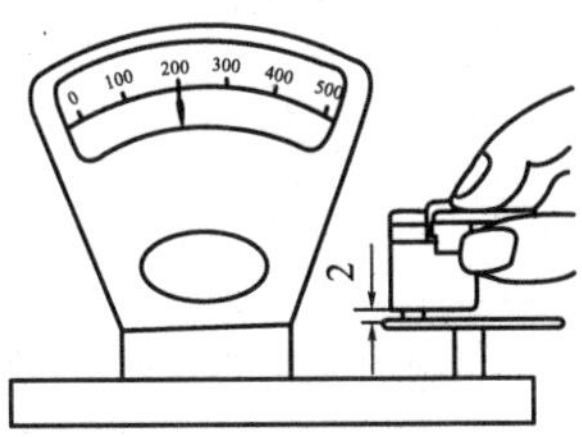

图1-11　检查电刷弹簧压力

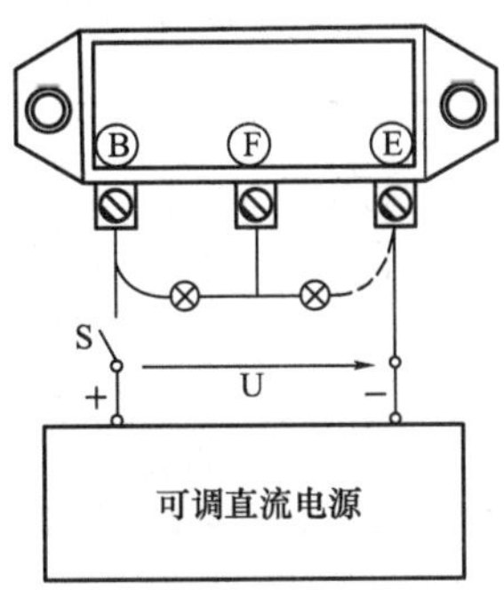

图1-12　判断调节器搭铁形式

②调节器性能好坏的测试。根据搭铁形式接好线路,如图1-13所示。先将可调直流电源电压调至12V(14V调节器)或24V(28V调节器),接通开关S,此时灯泡应发亮,然后逐渐调高电源电压,小灯泡的亮度应随电压升高而增强,当电源电压升高到调节电压(14V调

节器为 13.5~14.5V,28V 调节器为 27~29V)时,小灯泡熄灭;最后将电源电压逐渐降低,当低于调节电压时,小灯泡又开始发亮,则说明调节器性能良好。若小灯泡始终发亮或始终熄灭,则说明调节器损坏,应予以更换。

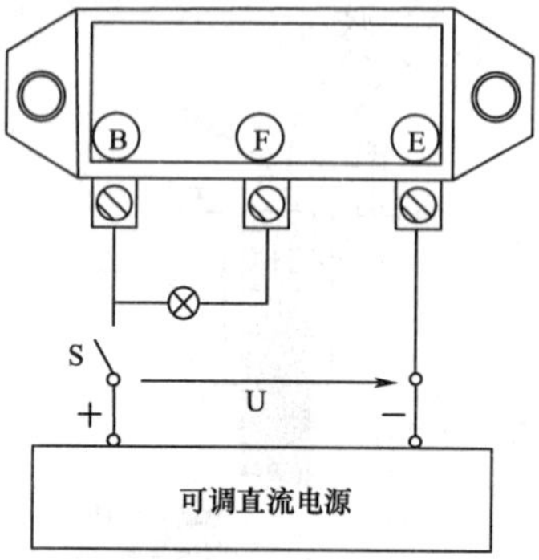

a) 外搭铁型晶体管式调节器　　b) 内搭铁型晶体管式调节器

图 1-13　检查调节器性能好坏

(2)集成电路式电压调节器的性能检查。集成电路式电压调节器一般有三引线和四引线两种。三引线的集成电路式电压调节器采用发电机电压检测法,四引线的集成电路式电压调节器采用蓄电池电压检测法。

①三引线集成电路式电压调节器的性能检查。按图 1-14a) 接好线路,图中 R 为一个 3~5Ω的电阻,可变直流电源的调节范围为 0~30V。逐渐增加直流电源电压,该直流电压值由电压表 V_2 指示。当 V_2 指示值小于调节器调节电压值时,V_1 电压表上的电压值应在 0.6~1V的范围内;当 V_2 指示值大于调节器调节电压值时,V_1 的电压值应为 V_2 的值。调节时,注意 V_2 调节电压值不能超过 30V。

②四引线集成电路式电压调节器的性能检查。四引线集成电路式电压调节器的检查与三引线集成电路式电压调节器的检查方法相同,只是需按图 1-14b) 接好线路。

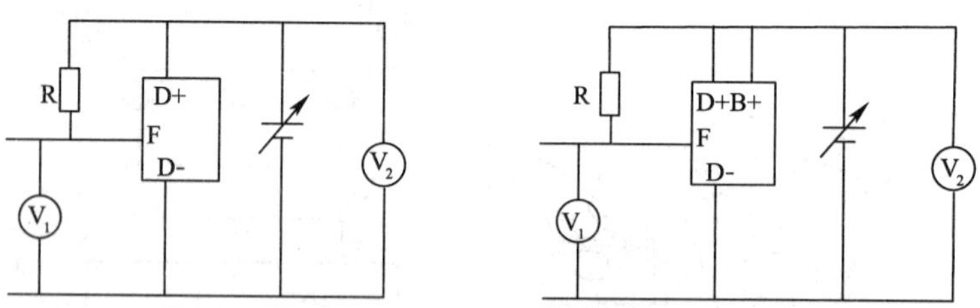

a) 三引线集成电路式电压调节器接线图　　b) 四引线集成电路式电压调节器接线图

图 1-14　集成电路式电压调节器性能检查的接线图

注意:图中调节器的引出线字母符号多为国外生产厂家采用,对应到实际接线,B+与发电机输出端引线相连接,D+与点火开关引出线向连接。D-相当于搭铁引线,F与发电机励磁绕组相连接。

二、任 务 实 施

项目1　检查与更换蓄电池

1 项目说明

上海大众桑塔纳2000型轿车在使用过程中，当出现车辆熄火后不能起动或起动困难故障时，若诊断是由蓄电池引起的，应该完成蓄电池的性能检查。必要时，应按技术标准对蓄电池进行充电或更换，并制订相应检修步骤。

2 技术标准与要求

（1）每个学员独立完成此项目。

（2）技术标准：见表1-5。

上海大众桑塔纳2000型轿车免维护蓄电池技术标准　　表1-5

蓄电池的放电电压	≥10.6V
蓄电池电眼的颜色显示	绿色圆点：蓄电池已充足电
	黑色圆点：没有容量或容量过低，蓄电池必须充电
	无色或黄色圆点：必须更换蓄电池

3 设备器材

（1）上海大众桑塔纳2000型轿车1辆。

（2）上海大众桑塔纳2000型轿车用蓄电池1个。

（3）12V高率放电计或蓄电池测试仪1个。

（4）汽车数字式万用表1个。

（5）蓄电池充电设备1台。

（6）常规工具1套。

4 作业准备

（1）车辆开进举升机工位并做好防护。

（2）清洁工具，万用表校零。

（3）准备作业单。

5 操作步骤

以上海大众桑塔纳2000型轿车装用的免维护蓄电池为例介绍操作步骤。

（1）用蘸水湿布清洁蓄电池表面（清除极桩和电缆卡子上的氧化物、表面的电解液等）、蓄电池侧面和电眼等。

（2）用眼睛观看免维护蓄电池的电眼颜色，如图1-15所示，填写作业记录单。

(3)检查蓄电池的容量,如图 1-16 所示,填写作业记录单。

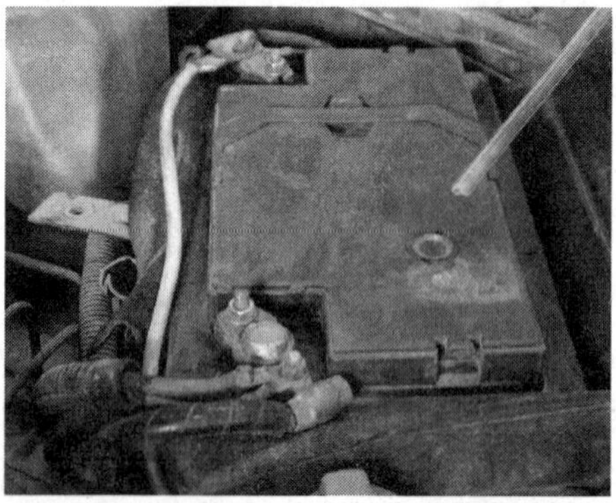

图 1-15　免维护蓄电池的电眼

图 1-16　检查蓄电池容量

(4)根据作业记录单判断蓄电池技术状况,若蓄电池已亏电,应进行补充充电;若蓄电池已经损坏,应该更换。

(5)蓄电池的补充充电步骤。

①按定流充电法接好电路,如图 1-17 所示。

②先以额定容量的 1/10 电流值充电,充到电压升至 13.8 ~ 14.6V。

③再将电流减半,一直充到单格电池电压达 15 ~ 16.2V,并在 2 ~ 3h 内保持不变,电解液密度也不再增高,同时电解液开始逸出气泡为止。

(6)蓄电池的更换步骤。

①松开蓄电池负极接柱并拆下蓄电池负极电缆。

②松开蓄电池正极接柱并拆下蓄电池正极电缆。

③拆卸蓄电池压紧夹持器螺栓、夹持器和蓄电池,并从蓄电池上拆卸蓄电池隔热体,如图 1-18 所示。

注意:蓄电池的倾斜角度不能超过 40°。

图 1-17　蓄电池的补充充电连接图

图 1-18　拆卸蓄电池

④选择同型号的蓄电池,按照与拆卸时的相反步骤安装蓄电池。

拆装电控汽车蓄电池时,应注意以下几点:拆装蓄电池之前应先关闭点火开关;拆装之前应读取系统的故障代码;拆下蓄电池充电或更换蓄电池后,在安装蓄电池时应注意正负极性不能接错，蓄电池极柱与线夹连接要牢固、搭铁要牢靠，否则将使电脑 ECU 中的线路烧损。

6 记录与分析

记录与分析见表 1-6。

检查与更换蓄电池作业记录单 表 1-6

姓名		班级		学号		组别	
车型		蓄电池型号		作业单号		作业日期	
检 查 项 目				检 查 结 果			
蓄电池的电眼状态							
蓄电池的容量							
处理意见							
制订修复工艺							

项目2 就车检查与更换发电机

1 项目说明

上海大众桑塔纳 2000 型轿车在使用过程中，当仪表板上的充电指示灯出现时亮时灭故障时，若诊断是由发电机引起的，首先应该完成发电机的就车性能检查，必要时应按技术标准对发电机传动带与发电机进行更换，并制订相应检修步骤。

2 技术标准与要求

(1)每个学员独立完成此项目。

(2)技术标准：发电机就车性能检查技术标准见表 1-7，拆装发电机的紧固力矩如图 1-19所示。

上海大众桑塔纳 2000 型轿车用发电机就车性能检查技术标准 表 1-7

电枢 B + 接柱与 E 接柱之间正向电阻	电阻值在 40 ~ 50Ω 以上，说明无故障 电阻值在 10Ω 左右，说明有整流二极管损坏 电阻值为 0Ω，说明有不同极性的整流二极管击穿
电枢 B + 接柱与 E 接柱之间反向电阻	电阻值应大于 10kΩ
D + 接线柱与 E 接柱之间电阻	电阻值应为 3.5 ~ 6Ω

3 设备器材

(1)上海大众桑塔纳 2000 型轿车 1 辆。

(2)上海大众桑塔纳 2000 型轿车用发电机 1 台。

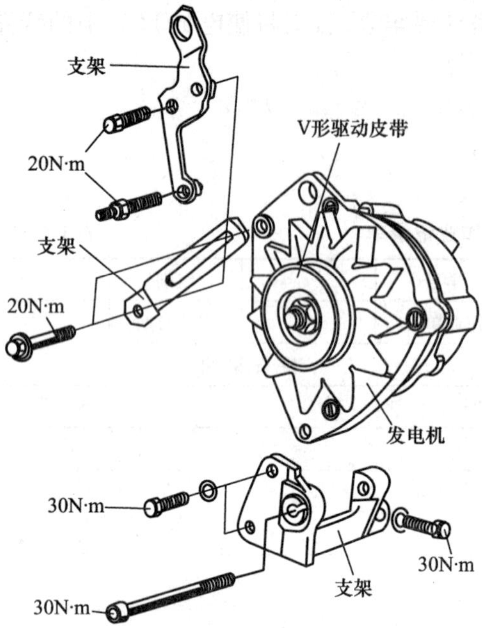

图 1-19　发电机的拆装分解图

(3)汽车数字式万用表 1 个。

(4)常规工具 1 套。

4 作业准备

(1)车辆开进举升机工位并做好防护。

(2)清洁工具,万用表校零。

(3)准备作业单。

5 操作步骤

(1)检查发电机 V 形驱动皮带,填写作业记录单。用肉眼观察 V 形驱动皮带有无裂纹或磨损,驱动皮带与皮带轮啮合是否正确,如图 1-20 所示,一旦发现有损坏现象应及时更换 V 形驱动皮带。同时,检查 V 形驱动皮带的挠度,填写作业记录单。

上海大众桑塔纳 2000 型轿车发电机 V 形驱动皮带布置如图 1-21 所示,检查 V 形驱动皮带挠度的方法是用拇指在发电机 V 形驱动皮带轮与张紧轮或张紧轮与水泵 V 形皮带轮的中央部位施加 100N 左右的压力,其 V 形驱动皮带的挠度应为:新驱动皮带为 2mm,旧驱动皮带为 5mm,如不符合规定应进行 V 形驱动皮带挠度的调整。

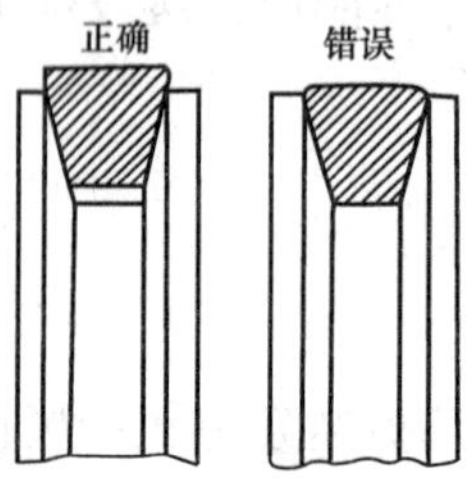

图 1-20　检查发电机 V 形驱动皮带啮合情况

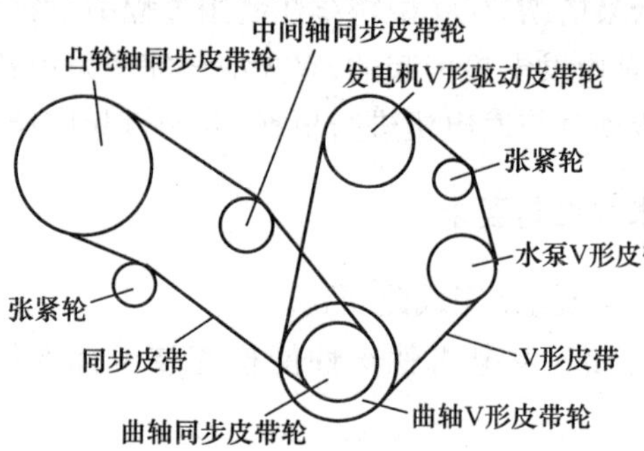

图 1-21　检查发电机 V 形驱动皮带挠度

发电机 V 形驱动皮带挠度的调整如图 1-22 所示,拧松张紧卡板 A 和发电机上的所有紧固螺栓(至少松开一圈,紧固螺栓松开后,发电机靠自重倒向一侧),用扭力扳手转动张紧螺母 B,使 V 形驱动皮带挠度符合规定值(新驱动皮带需要 8N · m 力矩,旧驱动皮带需要 4N · m 力矩),然后用 35N · m 的力矩拧紧张紧螺母 B 上的紧固螺栓,将张紧螺母紧固,用 20N · m 力矩将支架紧固在缸盖吊耳上。

(2)检查发电机输出端子的连接导线和插接器等,填写作业记录单。

(3)检查发电机的运转噪声,填写作业记录单。检查时,逐渐加大发动机节气门开度,使发电机转速逐渐升高,监听有无异常噪声,如有应及时更换发电机。

(4)检查发电机发电,填写作业记录单。发电机发电的检查有两种方法:第一种方法是观察充电指示灯熄灭情况,若充电指示灯一直亮着,说明发电机有故障,也可能是充电指示灯线路有故障,应及时维修;第二种方法是用万用表直流电压挡测量电压,在发电机未转动时测量蓄电池端电压,然后起动发动机并将转速提高到怠速以上转速,测量蓄电池端电压,若后者高于前者,说明发电机能发电,若测量电压一直不上升,说明发电机有故障,应及时维修。

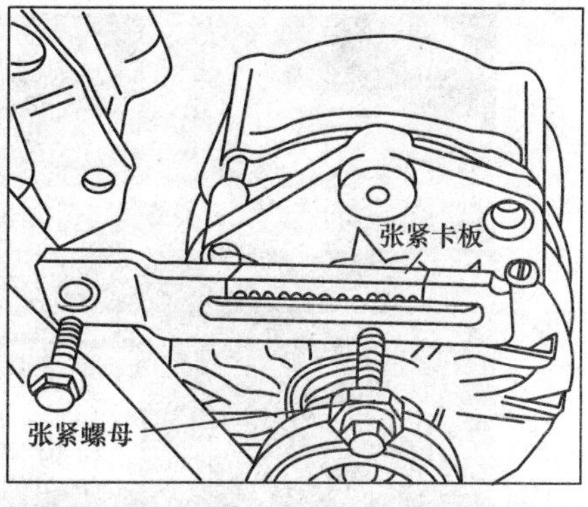

图1-22　调整发电机V形驱动皮带挠度

(5)就车静态检查发电机,填写作业记录单。

①用万用表的电阻挡测量发电机电枢B+接线柱与发电机外壳之间的正、反向电阻,如图1-23、图1-24所示,填写作业记录单。

图1-23　检查发电机B+接线柱与发电机外壳之间的正向电阻

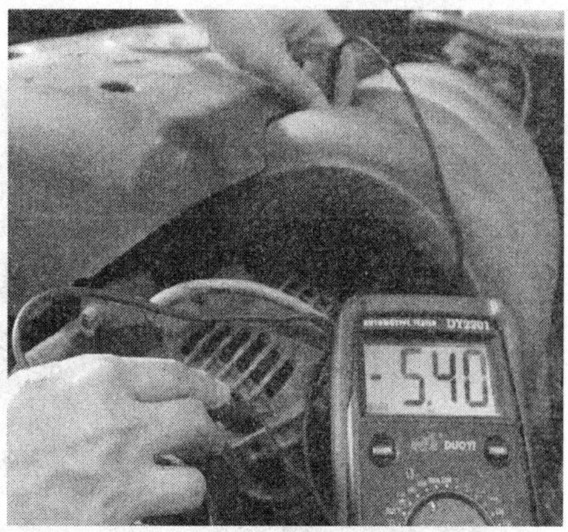

图1-24　检查发电机B+接线柱与发电机外壳之间的反向电阻

②用万用表的电阻挡测量发电机D+接线柱与发电机外壳之间的电阻,如图1-25所示,填写作业记录单。

③若上述测量的电阻值不符合表1-7的技术标准,应分解发电机进行检修或更换。

(6)发电机的更换步骤。

①拆下下机架上的发电机紧固螺母,如图1-26所示。

②在V形驱动皮带轮松开后,取下V形驱动皮带,如图1-27所示。

③拆下上机架上的发电机紧固螺栓,如图1-28所示。

④取下发电机。

⑤选择同型号的发电机,按照与拆卸时的相反步骤安装发电机。

注意:螺母和螺栓的紧固力矩应符合图1-19中标出的标准值。

6　记录与分析

记录与分析见表1-8。

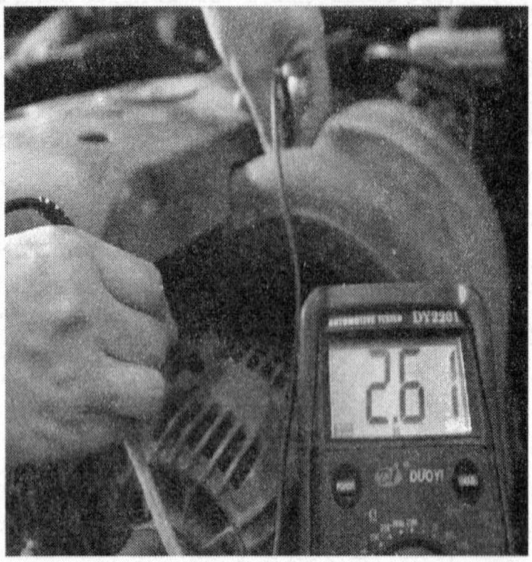

图 1-25　检查发电机 D + 接线柱与发电机外壳之间的电阻

图 1-26　拆下支架上的发电机紧固螺母

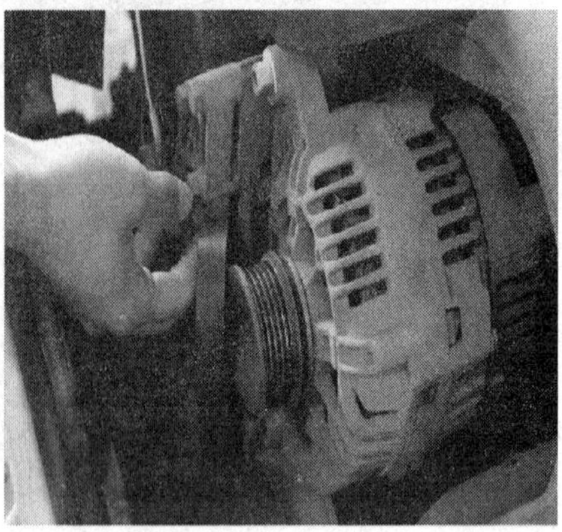

图 1-27　取下发电机 V 形驱动皮带

图 1-28　拆下上机架上的发电机紧固螺栓

就车检查与更换发电机作业记录单　　表 1-8

姓名		班级		学号		组别	
车型		发电机型号		作业单号		作业日期	
检 查 项 目				检 查 结 果			
发电机 V 形驱动皮带的外观							
发电机 V 形驱动皮带与皮带轮的啮合情况							
发电机 V 形驱动皮带的挠度							
发电机输出端子导线和插接器的连接情况							
发电机运转噪声							
发电机的发电情况							
电枢 B + 接柱与发电机外壳之间正向电阻							
电枢 B + 接柱与发电机外壳之间反向电阻							
D + 接线柱与发电机外壳之间电阻							
处理意见							
制订修复工艺							

项目3　解体检测发电机

1 项目说明

上海大众桑塔纳2000型轿车在使用过程中,当出现蓄电池经常亏电故障时,若诊断是由发电机内部引起的,应按技术标准完成发电机的解体检测,并制订相应检修步骤。

2 要求

每个学员独立完成此项目。

3 设备器材

(1)上海大众桑塔纳2000型轿车发电机总成1个。
(2)汽车数字式万用表1个。
(3)常规工具1套。
(4)拉拔器1个。

4 作业准备

(1)将发电机总成放在工作台上并准备工具盘和零件盘。
(2)清洁工具,万用表校零。
(3)准备作业单。

5 操作步骤

1)拆装交流发电机

(1)在发电机前后端盖上做好标记,如图1-29所示。

(2)拆下B+、D+接线柱上的紧固螺母和垫片,拆下后罩盖紧固螺钉,取下后罩盖,如图1-30所示。

图1-29　在发电机前后端盖上做标记

图1-30　取下发电机后罩盖

(3)拆下固定电刷组件和调节器的两个螺钉,取下电刷组件和调节器,如图 1-31 所示。

(4)用电烙铁焊开定子绕组与整流器二极管的引线,使定子总成与整流器分离,如图 1-32 所示。

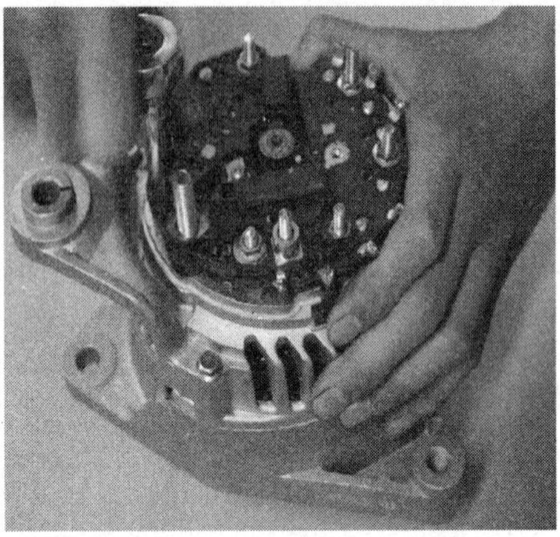

图 1-31　取下电刷组件和调节器

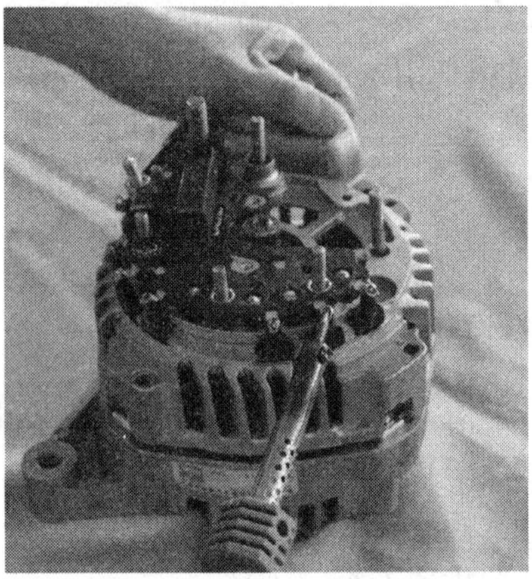

图 1-32　分离定子绕组与整流器

(5)拆下整流器的紧固螺栓,取下整流器总成,如图 1-33 所示。

(6)用拉拔器分离后端盖,如图 1-34 所示。

图 1-33　拆下发电机整流器紧固螺栓

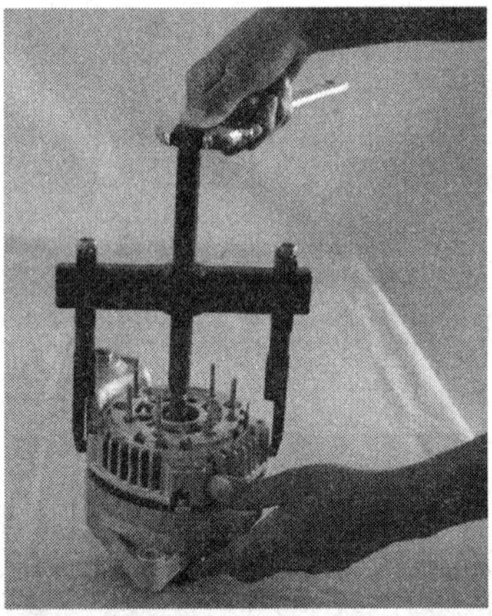

图 1-34　分离发电机后端盖

(7)拆下定子总成,如图 1-35 所示。

(8)将转子用软物包好并夹在台虎钳上,拆下带轮的紧固螺母,如图 1-36 所示。

(9)取下楔形皮带轮、转子总成、半圆键,如图 1-37 所示。

(10)按照与拆卸相反的顺序进行安装。

提示:楔形带轮紧固螺母的拧紧力矩为 35N · m。

2)解体检测交流发电机

(1)转子的检查。

①检查滑环和转子轴表面,如图 1-38 所示,填写作业记录单。

图 1-35　拆下定子总成

图 1-36　拆下带轮的紧固螺母

图 1-37　取下楔形皮带轮、转子总成和半圆键

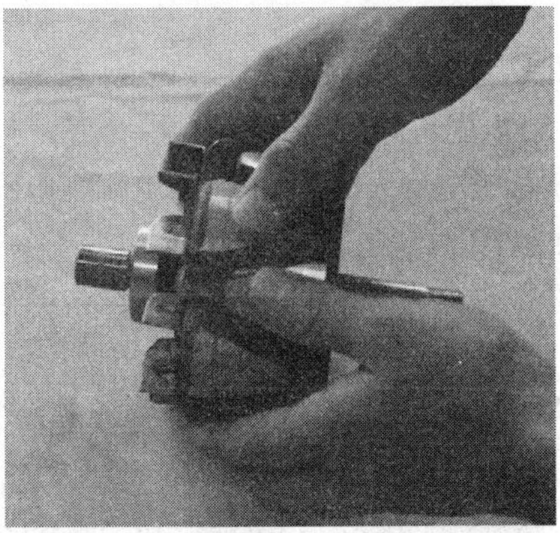

图 1-38　检查滑环和转子轴表面

②检查励磁绕组的搭铁故障，如图 1-39 所示，填写作业记录单。

③检查励磁绕组的短路和断路故障，如图 1-40 所示，填写作业记录单。

图 1-39　检查励磁绕组的搭铁故障

图 1-40　检查励磁绕组的短路和断路故障

(2)定子的检查。

①检查定子表面，如图 1-41 所示，填写作业记录单。

②检查定子绕组的断路故障，如图 1-42 所示，填写作业记录单。

图 1-41　检查定子表面

图 1-42　检查定子绕组的断路

③检查定子绕组的搭铁故障，如图 1-43 所示，填写作业记录单。

(3)电刷组件的检查。

①检查电刷表面有无油污、电刷在电刷架内滑动是否自如、电刷架有无裂纹、弹簧折断或锈蚀现象，填写作业记录单。

②检查电刷高度，如图 1-44 所示，填写作业记录单。

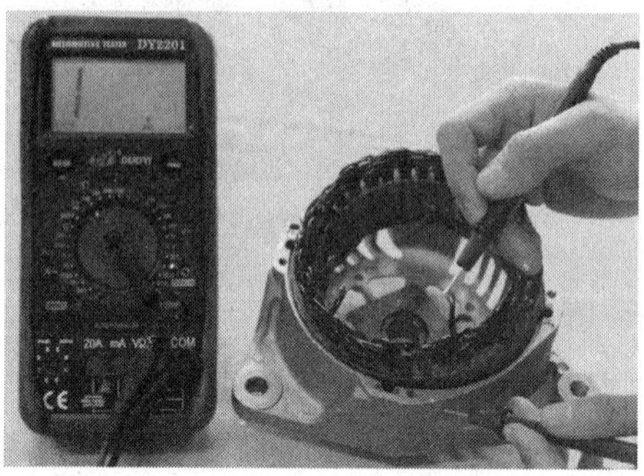

图 1-43　检查定子绕组的搭铁

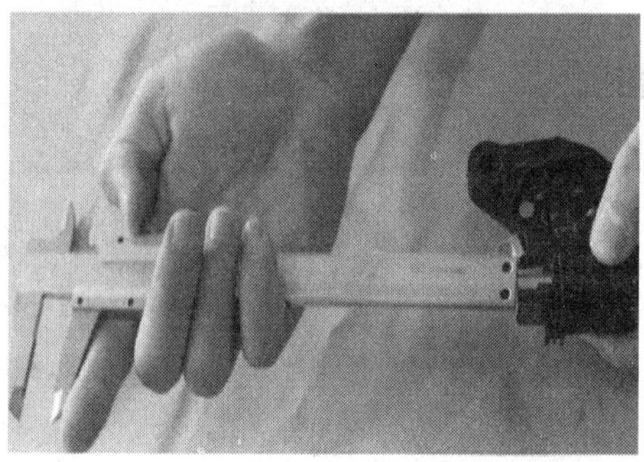

图 1-44　检查电刷高度

③检查电刷弹簧的压力，如图 1-45 所示，填写作业记录单。

(4)整流器的检查。

①检查整流正二极管，如图 1-46 所示，填写作业记录单。

②检查整流器负二极管，如图 1-47 所示，填写作业记录单。

③检测励磁二极管，如图 1-48 所示，填写作业记录单。

(5)调节器的检查。

①判断 IC 调节器搭铁形式，如图 1-49 所示，填写作业记录单。

②检查 IC 调节器的技术状况，如图 1-50 所示，填写作业记录单。

(6)发电机其他部分的检查。检查发电机壳体有无裂纹、轴承内是否缺油、V 形皮带槽内有无毛刺、V 形皮带轴孔与轴的配合间隙、转子轴承的轴向与径向间隙，填写作业记录单。

(7)根据作业记录单判断发电机性能,制订相应的修复工艺。

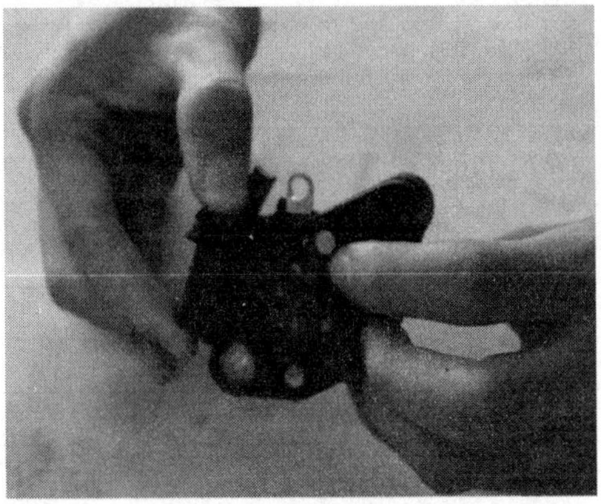

图1-45　检查电刷弹簧压力

图1-46　检查整流正二极管

图1-47　检查整流负二极管

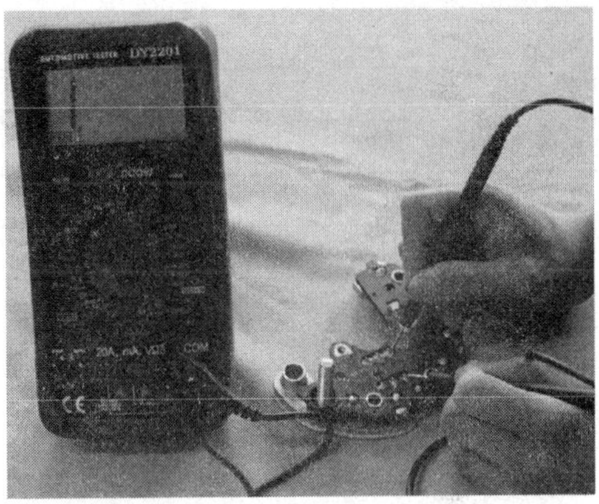

图1-48　检查励磁二极管

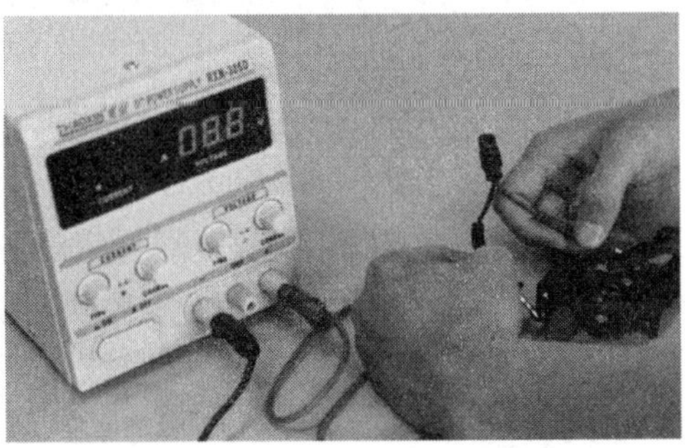

图1-49　判断IC调节器的搭铁形式

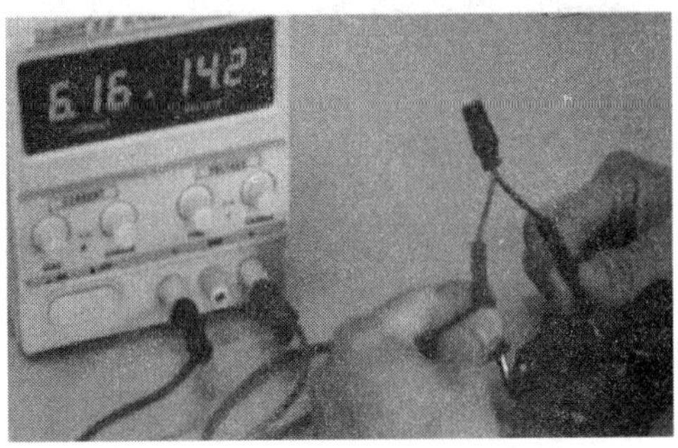

图1-50　检查IC调节器技术状况

注意:发电机维修装复完之后要转动发电机皮带轮,转子转动平顺,无摩擦及碰击声。

6 记录与分析

记录与分析见表1-9。

解体检测发电机作业记录单　　表 1-9

姓名		班级		学号		组别	
车型		发电动型号		作业单号		作业日期	
检 查 项 目				检 查 结 果			
滑环和转子轴表面							
励磁绕组的搭铁故障							
励磁绕组的短路和断路故障							
定子表面							
定子绕组的短路与断路故障							
定子绕组的搭铁故障							
电刷和电刷架表面、相对运动							
电刷高度							
电刷弹簧压力							
整流正二极管							
整流负二极管							
励磁二极管							
IC 调节器搭铁形式							
IC 调节器管技术状况							
发电机其他部件							
处理意见							
制订修复工艺							

项目 4　诊断与修复不充电故障

1　项目说明

上海大众桑塔纳 2000 型轿车出现电源系统充电指示灯常亮且不充电故障时，应该从搭铁、连接线路等涉及整个电源系统的部位着手进行检查。若诊断为可能是由发电机、调节器等故障引起，应该完成对发电机总成的就车性能检查，必要时应按技术标准完成发电机总成的解体检查和更换，故障诊断的流程如图 1-51 所示。

2　要求

每位学员独立完成此项目。

3　设备器材

(1)上海大众桑塔纳 2000 型轿车 1 辆。

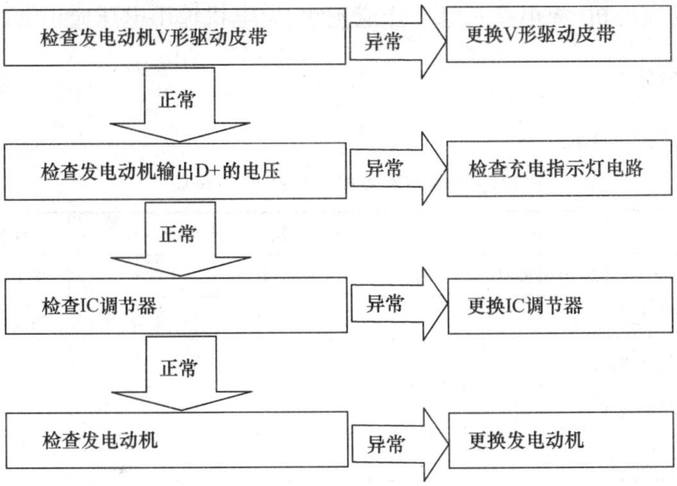

图 1-51　不充电故障诊断的流程

(2)数字式万用表1个。

(3)常规工具1套。

4　作业准备

(1)车辆开进举升机工位并做好防护。

(2)清洁工具,万用表校零。

(3)检查仪表板充电指示灯。

(4)准备作业单。

5　操作步骤

(1)检查发电机V形驱动皮带,如图1-52所示,填写作业记录单。

(2)检查发电机输出端子D+的电压,如图1-53所示,填写作业记录单。

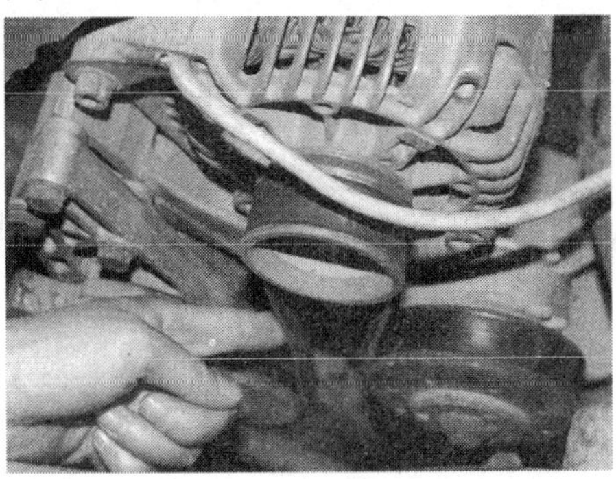

图 1-52　检查发电机V形驱动皮带的外观

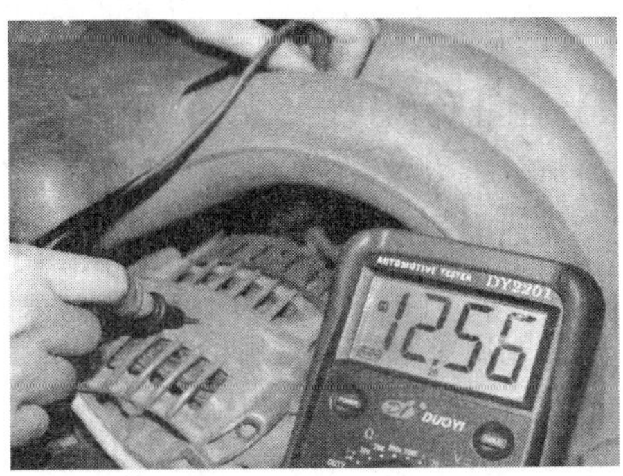

图 1-53　检查发电机输出端子D+的电压

(3)检查IC调节器,填写作业记录单。

(4)检查发电机,填写作业记录单。

(5)确认并排除故障后,将发电机装回汽车上。

(6)再次起动发动机,充电指示灯工作应正常,发电机输出电压应正常。

6 记录与分析

记录与分析见表1-10。

诊断与修复不充电故障作业记录单　　表1-10

姓名		班级		学号		组别	
车型		发电机型号		作业单号		作业日期	
检查项目			检查结果				
发电机V形驱动皮带的外观							
发电机V形驱动皮带的挠度							
发电机输出端子B+的电压							
发电机输出端子D+的电压							
充电指示灯电路							
IC电压调节器							
发电机							
故障原因							
制订不充电故障诊断与修复工艺							

三、学习评价

1 理论考核

1)分析题

(1)简述上海大众桑塔纳2000型轿车电源系统的结构特点。

(2)试分析电源系统常见故障、故障原因以及对发动机工作的影响。

(3)简述电源系统的检修项目、检修方法及技术要点。

2)判断题

(1)配制电解液时应将硫酸徐徐倒入蒸馏水中。　　(　　)

(2)奥迪、桑塔纳轿车配用的交流发电机,既有励磁二极管,又有中性点二极管。　　(　　)

(3)充电指示灯熄灭,表明发电机有故障而不发电。　　(　　)

(4)不允许用发电机的输出端搭铁试火的方法检查发电机是否发电,否则将会烧毁发电机的电枢。　　(　　)

(5)交流发电机的输出电流不需要进行调节。　　(　　)

3）选择题

（1）在讨论铅酸蓄电池结构时，甲说 12V 铅酸蓄电池由 6 个单格电池并联组成，乙说 12V 铅酸蓄电池由 6 个单格电池串联组成，你以为（　　）。

A. 甲正确　　B. 乙正确　　C. 甲乙都正确　　D. 甲乙都不正确

（2）铅酸蓄电池在使用过程中，如发现电解液的液面下降，应及时补充（　　）。

A. 电解液　　B. 稀硫酸　　C. 蒸馏水　　D. 自来水

（3）在讨论铅酸蓄电池电极桩的连接时，甲说，脱开铅酸蓄电池电缆时，始终要先拆下负极电缆，乙说，连接铅酸蓄电池电缆时，始终要先连接负极电缆，你认为（　　）。

A. 甲正确　　B. 乙正确　　C. 甲乙都正确　　D. 甲乙都不正确

（4）发电机出现不发电故障，短接调节器的“+”与 F 接线柱后，发电机开始发电，这说明故障出在（　　）。

A. 发电机　　B. 电流表　　C. 调节器　　D. 蓄电池

2 技能考核

“项目1　检查与更换蓄电池”的评分表见表 1-11。

检查与更换蓄电池项目评分表　　表 1-11

基本信息	姓　名		学号		班级		组别	
	规定时间		完成时间		考核日期		总评成绩	
任务工单	序号	步　骤		完成情况			标准分	评分
				完成	未完成			
	1	考核准备 蓄电池 量具					10	
	2	清洁蓄电池					5	
	3	清洁量具					5	
	4	量具使用					10	
	5	检查蓄电池的电解液液面高度					5	
	6	检测蓄电池的电解液密度与温度					5	
	7	检测蓄电池的放电电压					5	
	8	确定蓄电池的修复方法					10	
	9	清洁及整理					10	
安全							5	
5S							5	
沟通表达							5	
工单填写							10	
工艺制订							10	

“项目2　就车检查与更换发电机”的评分表见表1-12。

就车检查与更换发电机项目评分表　　表1-12

<table>
<tr><td rowspan="2">基本信息</td><td>姓　名</td><td></td><td>学号</td><td></td><td>班级</td><td></td><td>组别</td><td></td></tr>
<tr><td>规定时间</td><td></td><td>完成时间</td><td></td><td>考核日期</td><td></td><td>总评成绩</td><td></td></tr>
<tr><td rowspan="13">任务工单</td><td rowspan="2">序号</td><td colspan="2" rowspan="2">步　骤</td><td colspan="2">完成情况</td><td rowspan="2">标准分</td><td colspan="2" rowspan="2">评分</td></tr>
<tr><td>完成</td><td>未完成</td></tr>
<tr><td>1</td><td colspan="2">考核准备
机件
量具</td><td></td><td></td><td>5</td><td colspan="2"></td></tr>
<tr><td>2</td><td colspan="2">万用表校零</td><td></td><td></td><td>5</td><td colspan="2"></td></tr>
<tr><td>3</td><td colspan="2">检查发电机V形驱动皮带</td><td></td><td></td><td>5</td><td colspan="2"></td></tr>
<tr><td>4</td><td colspan="2">更换发电机V形驱动皮带</td><td></td><td></td><td>5</td><td colspan="2"></td></tr>
<tr><td>5</td><td colspan="2">调整发电机V形驱动皮带的挠度</td><td></td><td></td><td>10</td><td colspan="2"></td></tr>
<tr><td>6</td><td colspan="2">检查发电机输出端子连接导线和插接器</td><td></td><td></td><td>5</td><td colspan="2"></td></tr>
<tr><td>7</td><td colspan="2">检查发电机运转噪声</td><td></td><td></td><td>5</td><td colspan="2"></td></tr>
<tr><td>8</td><td colspan="2">检查发电机发电</td><td></td><td></td><td>5</td><td colspan="2"></td></tr>
<tr><td>9</td><td colspan="2">就车静态检查发电机</td><td></td><td></td><td>5</td><td colspan="2"></td></tr>
<tr><td>10</td><td colspan="2">拆卸与更换发电机</td><td></td><td></td><td>10</td><td colspan="2"></td></tr>
<tr><td>11</td><td colspan="2">清洁及整理</td><td></td><td></td><td>5</td><td colspan="2"></td></tr>
<tr><td colspan="2">安全</td><td colspan="4"></td><td>5</td><td colspan="2"></td></tr>
<tr><td colspan="2">5S</td><td colspan="4"></td><td>5</td><td colspan="2"></td></tr>
<tr><td colspan="2">沟通表达</td><td colspan="4"></td><td>5</td><td colspan="2"></td></tr>
<tr><td colspan="2">工单填写</td><td colspan="4"></td><td>10</td><td colspan="2"></td></tr>
<tr><td colspan="2">工艺制订</td><td colspan="4"></td><td>10</td><td colspan="2"></td></tr>
</table>

“项目3　解体检测发电机”的评分表见表1-13。

解体检测发电机项目评分表

表1-13

<table>
<tr><td rowspan="2">基本信息</td><td>姓　名</td><td></td><td>学号</td><td></td><td>班级</td><td></td><td>组别</td><td></td></tr>
<tr><td>规定时间</td><td></td><td>完成时间</td><td></td><td>考核日期</td><td></td><td>总评成绩</td><td></td></tr>
<tr><td rowspan="15">任务工单</td><td rowspan="2">序号</td><td colspan="3" rowspan="2">步　骤</td><td colspan="2">完成情况</td><td rowspan="2">标准分</td><td rowspan="2">评分</td></tr>
<tr><td>完成</td><td>未完成</td></tr>
<tr><td>1</td><td colspan="3">考核准备
机件
量具</td><td></td><td></td><td>5</td><td></td></tr>
<tr><td>2</td><td colspan="3">万用表校零</td><td></td><td></td><td>5</td><td></td></tr>
<tr><td>3</td><td colspan="3">分解发电机</td><td></td><td></td><td>5</td><td></td></tr>
<tr><td>4</td><td colspan="3">检查发电机定子</td><td></td><td></td><td>5</td><td></td></tr>
<tr><td>5</td><td colspan="3">检查发电机转子</td><td></td><td></td><td>5</td><td></td></tr>
<tr><td>6</td><td colspan="3">检查发电机电刷组件</td><td></td><td></td><td>5</td><td></td></tr>
<tr><td>7</td><td colspan="3">检查发电机整流器</td><td></td><td></td><td>5</td><td></td></tr>
<tr><td>8</td><td colspan="3">检查IC调节器</td><td></td><td></td><td>5</td><td></td></tr>
<tr><td>9</td><td colspan="3">检查发电机其他部分</td><td></td><td></td><td>5</td><td></td></tr>
<tr><td>10</td><td colspan="3">装复发电机</td><td></td><td></td><td>5</td><td></td></tr>
<tr><td>11</td><td colspan="3">确定发电机性能</td><td></td><td></td><td>5</td><td></td></tr>
<tr><td>12</td><td colspan="3">确定发电机的修复方法</td><td></td><td></td><td>5</td><td></td></tr>
<tr><td>13</td><td colspan="3">清洁及整理</td><td></td><td></td><td>5</td><td></td></tr>
<tr><td colspan="2">安全</td><td colspan="5"></td><td>5</td><td></td></tr>
<tr><td colspan="2">5S</td><td colspan="5"></td><td>5</td><td></td></tr>
<tr><td colspan="2">沟通表达</td><td colspan="5"></td><td>5</td><td></td></tr>
<tr><td colspan="2">工单填写</td><td colspan="5"></td><td>10</td><td></td></tr>
<tr><td colspan="2">工艺制订</td><td colspan="5"></td><td>10</td><td></td></tr>
</table>

"项目4　诊断与修复不充电故障"的评分表见表1-14。

诊断与修复不充电故障项目评分表　　　　表1-14

<table>
<tr><td rowspan="2">基本信息</td><td colspan="2">姓　名</td><td></td><td>学号</td><td></td><td>班级</td><td></td><td>组别</td><td></td></tr>
<tr><td colspan="2">规定时间</td><td></td><td>完成时间</td><td></td><td>考核日期</td><td></td><td>总评成绩</td><td></td></tr>
<tr><td rowspan="11">任务工单</td><td rowspan="2">序号</td><td colspan="4" rowspan="2">步　　骤</td><td colspan="2">完成情况</td><td rowspan="2">标准分</td><td rowspan="2">评分</td></tr>
<tr><td>完成</td><td>未完成</td></tr>
<tr><td>1</td><td colspan="4">考核准备
验证故障现象</td><td></td><td></td><td>5</td><td></td></tr>
<tr><td>2</td><td colspan="4">万用表校零</td><td></td><td></td><td>5</td><td></td></tr>
<tr><td>3</td><td colspan="4">检查发电机V形驱动皮带</td><td></td><td></td><td>10</td><td></td></tr>
<tr><td>4</td><td colspan="4">检查发电机输出端子D+电压</td><td></td><td></td><td>5</td><td></td></tr>
<tr><td>5</td><td colspan="4">充电指示灯电路的检查</td><td></td><td></td><td>5</td><td></td></tr>
<tr><td>6</td><td colspan="4">检查IC调节器的性能</td><td></td><td></td><td>10</td><td></td></tr>
<tr><td>7</td><td colspan="4">拆检交流发电机</td><td></td><td></td><td>10</td><td></td></tr>
<tr><td>8</td><td colspan="4">确定故障原因及其故障诊断与修复方法</td><td></td><td></td><td>10</td><td></td></tr>
<tr><td>9</td><td colspan="4">清洁及整理</td><td></td><td></td><td>5</td><td></td></tr>
<tr><td colspan="2">安全</td><td colspan="6"></td><td>5</td><td></td></tr>
<tr><td colspan="2">5S</td><td colspan="6"></td><td>5</td><td></td></tr>
<tr><td colspan="2">沟通表达</td><td colspan="6"></td><td>5</td><td></td></tr>
<tr><td colspan="2">工单填写</td><td colspan="6"></td><td>10</td><td></td></tr>
<tr><td colspan="2">工艺制订</td><td colspan="6"></td><td>10</td><td></td></tr>
</table>

四、拓展学习

在环境、能源危机之下，电动汽车是21世纪汽车工业发展的一个方向。蓄电池是电动汽车的动力源，电动汽车用蓄电池有很多种类，例如铅酸蓄电池、镍蓄电池、锂蓄电池、钠硫蓄电池、锌-空气电池、燃料电池、太阳能电池等。

1　镍蓄电池

镍蓄电池包括镍镉（Ni-Cd）蓄电池和镍氢（Ni-MH）蓄电池。

（1）镍镉蓄电池属于碱性蓄电池，它的比能量可达53W·h/kg，其比功率超过190W/kg，可以快速充电（1min能恢复50%容量），过充放电性能好，深度放电性能好，循环使用寿命较长，是铅酸蓄电池的2倍多，达到了2000多次，价格为铅酸蓄电池的4～5倍。镍镉蓄电池的初期购置成本较高，但由于其比能量和使用寿命都比铅酸蓄电池好，因此在电动汽车上实际使用成本不比铅酸蓄电池高，甚至还会更低。另外，镍镉蓄电池如果使用后没得到很好的回收，它会造成重金属镉污染。

镍镉蓄电池正极板活性物质为 $Ni(OH)_3$（氢氧化镍），负极为Cd（镉），电解液密度为

1.2～1.27g/cm^3 的KOH(氢氧化钾)溶液。放电时,正极活性物质转变为 $Ni(OH)_2$(氢氧化亚镍),负极的活性物质转变为 $Cd(OH)_2$(氢氧化亚镉),充电过程相反。

镍镉蓄电池单格电池电压为1.2V,因此6V蓄电池由5个单格电池组成,12V蓄电池由10个单格电池组成。与相同性能的铅酸蓄电池相比,质量轻35%、体积小30%、价格高3～4倍,但使用寿命要长4～6倍。

(2)镍氢蓄电池和镍镉蓄电池一样,也属于碱性电池,它的许多基本特性和镍镉蓄电池相似,但镍氢蓄电池不存在重金属镉污染问题,它不含镉和铅之类的重金属,被称为“绿色电池”。

镍氢蓄电池以储氢合金作为活性物质的负极,以氢氧化镍作为活性物质的正极,电解质是混有氢氧化锂的氢氧化钾溶液。放电时,正极上的羟基氢氧化镍被减少成氢氧化镍,负极上的氢化金属被氧化成合金,充电过程相反。

镍氢蓄电池的总体性能与镉镍蓄电池差不多,但没有镉污染,因此近年来在混合动力汽车上受到青睐。

2 锂电池

锂电池(这里主要指二次锂电池)具有比能量高等一系列优点,受到了美国、欧洲和日本的高度重视。锂电池有锂离子电池、高温锂熔盐电池、锂聚合物电池(常温)及锂聚合物固体电解质电池(常温)。

(1)高温锂熔盐电池:该电池的负极板活性物质是锂合金,正极板活性物质是硫化铁,正负极板间是氮化硼毛毡状多孔性隔膜,电解质是LiBr、LiCI、LiF等盐的混合物。高温锂熔盐电池比能量一般为100W·h/kg,比功率为100～120W/kg,100%放电时循环寿命约350次。

(2)锂聚合物电池(常温):这种电池的正极板活性物质为锂合金,负极板活性物质为高分子导电材料(导电材料的种类很多,有聚乙炔、聚苯胺、聚对苯酚等),电解质为有机熔剂。聚苯胺电池比能量最高可达到350W·h/kg,但比功率目前只有50～60W/kg,寿命也只有300次左右,而且过充电、快充电、价格等问题还没有解决。

3 燃料电池

燃料电池是一种将化学能直接转换成电能的装置,它的正极是氧电极,负极是氢或碳氢化合物或乙醇等燃料电极。催化剂在正极催化氧的还原反应,从外电路向氧电极传导电子;在负极催化燃料的氧化反应,向外电路传导电子;电解液输送氧电极和燃料电极反应生成的离子,并阻止电子的传递。电子通过外电路做功,并形成电的回路。

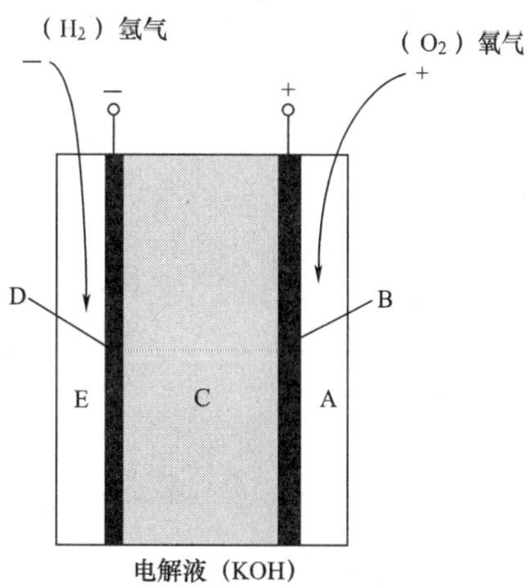

图1-54　燃料电池的工作原理图

下面以氢氧燃料电池为例简单介绍燃料电池的工作原理,如图1-54所示。A是 O_2(氧气)腔,由高压氧气腔供给;E是 H_2(氢气)腔,由高压氢气筒供给;正极 B 是多孔性的氢电极，用钴和铝做催化剂；负极 D 是多孔性的氢电极，用钯做催化剂；C 是饱和的石棉填充物；电解液是 KOH 的水溶液。

放电时在负极 D 处，H_2 在固体多孔电极中扩散，由于催化剂的作用，发生化学反应并放出电子，即 $H_2 + 2OH^- \longrightarrow 2H_2O + 2e$。

在正极 B 处，O_2 与 H_2O（水）及外电路流出来的电子在催化剂的作用下发生反应，生成 OH^-（氢氧根离子），进入电解液，即 $O_2 + 2H_2O + 4e \longrightarrow 4OH^-$。

电池总的反应式为：$2H_2 + O_2 \longrightarrow 2H_2O$。

在反应过程中，H_2 和 O_2 不断地消耗生成水，只要不断地供给 H_2 和 O_2，反应就继续进行，不断地向外输出电能。因此，燃料电池既不同于一次电池，也不同于可以充电的二次电池。

学习任务2　诊断与修复汽车起动系统

工作情境描述

某上海大众汽车维修站接收一辆上海大众桑塔纳2000型轿车，行驶了5万km，根据车主反映，该车在起动时起动机转速低，且有时转动有时不转动。维修人员根据故障现象判定是起动机运转不正常故障，必须对起动系统进行检修。

请通过检测起动系统，判断起动系统的技术状况；若需要修复起动系统，请制订起动系统修复方法和工艺流程。

学习目标

通过本任务学习，应能：

1. 叙述上海大众桑塔纳2000型轿车起动系统；
2. 描述起动系统的常见故障，分析起动系统常见故障的原因；
3. 描述起动系统主要组成部件的检测与修复方法；
4. 根据维修手册，正确选用工具和检测设备，在规定时间内，安全规范地进行起动机的解体检测及汽车不起动故障的诊断与修复，制订相应的修复方法和工艺流程。

学习时间

12学时。

学习引导

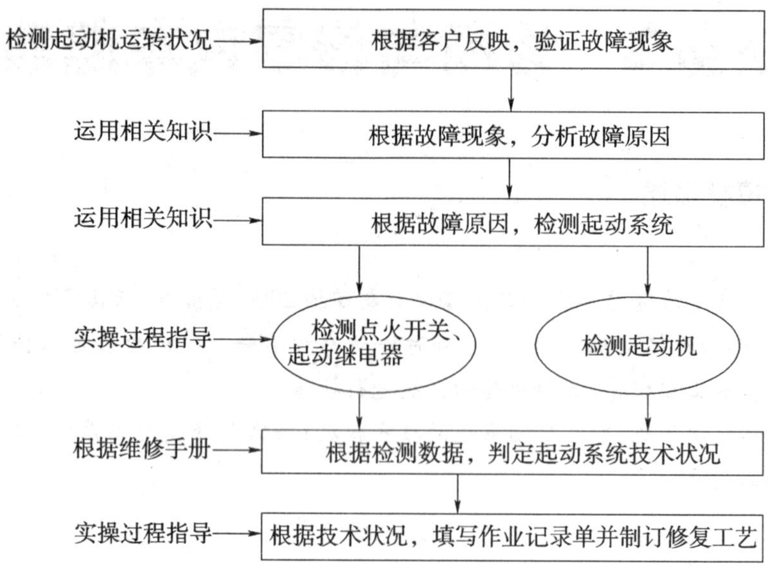

一、知 识 准 备

1 上海大众桑塔纳2000型轿车起动系统

汽车发动机没有自起动的能力，需由外力带动曲轴旋转才能进入正常工作状态。发动机常用的起动方式有人力起动、辅助汽油机起动和电力起动三种形式。人力起动最简单，但不方便，现在一些汽车上作为后备方式保留着；辅助汽油机起动主要用于大功率的柴油发动机上；电力起动操作简便，起动迅速可靠，具有重复起动的能力，因此被现代汽车广泛采用。

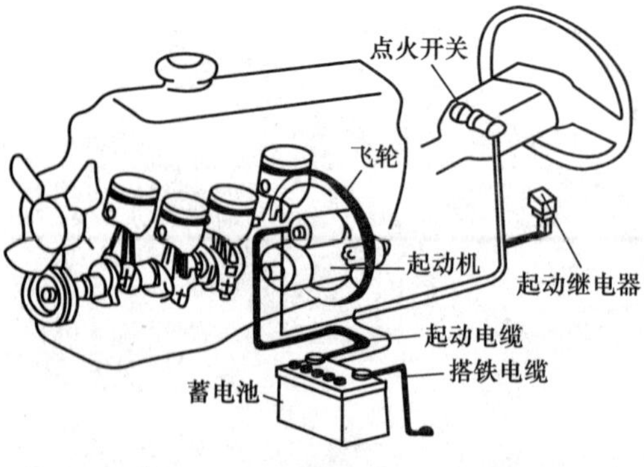

图2-1 典型起动系统组成布置图

按起动机不同的控制过程，电力起动可分为常规起动和自动起动两种起动方式。常规起动是指驾驶人将点火开关旋转至起动挡位，直接接通起动机的控制回路，起动发动机。自动起动则是起动时驾驶人不通过点火开关直接控制起动机的控制回路，而是通过点火开关向电子控制单元（电脑）表明要起动发动机的意愿，电子控制单元（电脑）在成功地进行一系列的安全检查后，接通起动机控制回路，起动发动机。

典型的起动系统如图2-1所示，主要由起

动机和起动机控制电路两部分组成。起动机在点火开关和起动继电器的控制下，将蓄电池的电能转化为机械能，带动发动机飞轮齿圈使曲轴转动，完成发动机的起动。

上海大众桑塔纳2000型轿车起动系统主要由蓄电池、起动机、点火开关等组成。

上海大众桑塔纳2000型轿车用起动机为串励直流式，主要由直流电动机、传动机构、控制装置三部分组成，其型号为QD1229（长沙汽车电器厂生产）和QD1225（上海汽车电动机厂生产），起动机技术参数见表2-1。

上海大众桑塔纳2000型轿车用起动机技术参数　　表2-1

起动机型号	QD1225、QD1229	最大输出转矩（N·m）	≥13
额定电压（V）	12	驱动齿轮齿数（个）	9
额定功率（kW）	0.95	压力角（°）	12
制动电流（A）	≤480	驱动齿轮模数	2.1167
起动电流（A）	110	质量（kg）	4.7

上海大众桑塔纳2000型轿车起动系统电路如图2-2所示。起动机电源端子30用黑色导线与蓄电池正极连接，起动机端子50用红黑色导线与中央线路板C插座的18接点C18连接。

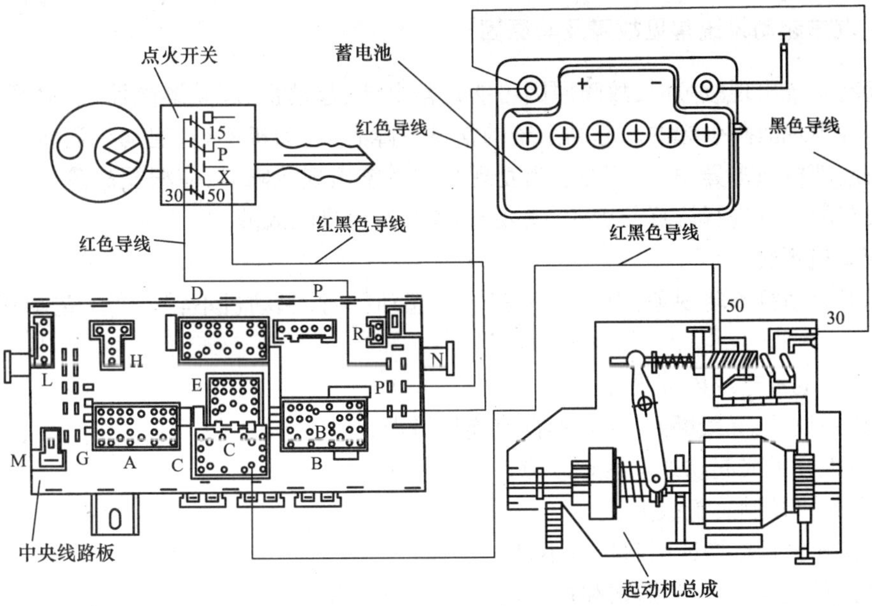

图2-2　上海大众桑塔纳2000型轿车起动系统电路

起动系统的工作情况如下：

（1）起动发动机时，起动系统的工作原理。

①接通起动开关，电磁开关线圈电路接通。起动发动机时，将点火开关转到起动挡，电磁开关中吸拉线圈和保持线圈即被接通，吸拉线圈电流回路：蓄电池正极→中央线路板单端子插座P→中央线路板内部电路→中央线路板单端子插座P→点火开关30端子→点火开关起动挡→点火开关50端子→中央线路板B8结点→中央线路板内部电路→中央线路板

C18 结点→起动机 50 端子→吸拉线圈→起动机 C 端子(图中未画出)→励磁绕组→电枢线圈→搭铁→蓄电池负极。保持线圈电流回路:蓄电池正极→中央线路板单端子插座 P→中央线路板内部电路→中央线路板单端子插座 P→点火开关 30 端子→点火开关起动挡→点火开关 50 端子→中央线路板 B8 结点→中央线路板内部电路→中央线路板 C18 结点→起动机 50 端子→保持线圈→搭铁→蓄电池负极。

②电磁开关与传动机构工作,起动机主回路接通,起动发动机。当吸拉线圈和保持线圈接通电流时,两线圈产生的磁吸力使活动铁芯向右移动,使接触盘将起动机主电路接通,其电流回路:蓄电池正极→起动机 30 端子→电动机开关接触盘→起动机 C 端子→励磁绕组→电枢绕组→搭铁→蓄电池负极。起动机主电路接通时,起动机产生电磁转矩使发动机也转动。

(2)发动机起动后,起动系统工作原理。当发动机起动后,松开点火开关,点火开关自动转回到点火挡,吸拉线圈电流路径改变,其电流回路:蓄电池正极→点火开关 30 端子→起动机 C 端子→吸拉线圈→起动机 50 端子→保持线圈→搭铁→蓄电池负极。由于吸拉线圈和保持线圈接通电流后所产生的电磁吸力方向相反,相互削弱,活动铁芯在复位弹簧的作用下复位,起动机主回路切断而停转,起动工作结束。

2 汽车起动系统常见故障及其原因

当起动系统出现故障时,故障原因可能是蓄电池、起动机、起动继电器、点火开关、起动系统线路等出现故障引起的。起动系统的常见故障有:起动机不转、起动机运转无力、起动机空转及起动机撞击异响等。因此,当发现起动系统出现故障时,应根据故障现象,结合起动系统线路的特点进行认真分析,查找故障原因,及时排除故障。

1)起动机不转

常见的起动机不转现象:点火开关旋转至起动挡时,起动机不转。产生起动机不转的原因有:

(1)蓄电池亏电或内部损坏;

(2)线路故障:导线断路、接触不良或连接错误;

(3)点火开关或起动继电器有故障;

(4)起动机控制装置故障:

①电磁开关触点烧蚀引起接触不良;

②电磁开关线圈断路、搭铁和短路。

(5)起动机内部故障:

①电枢轴弯曲或轴承过紧;

②换向器脏污或烧坏;

③电刷磨损过短、弹簧过软、电刷在架内卡住与换向器不能接触;

④电枢绕组或励磁绕组短路、断路或搭铁。

2)起动机运转无力

起动机运转无力现象:接通起动开关,起动机转动缓慢或不能连续运转。产生起动机运转无力的原因有:

(1)蓄电池和导线故障:蓄电池存电不足或起动机线路接头松动、脏污,接触不良引起;

(2)起动机故障:

①电枢绕组或励磁绕组局部短路,使起动机功率下降;

②电枢轴弯曲,轴承间隙过大导致转子与定子碰擦;

③电刷磨损过多,弹簧过软,使电刷与换向器接触不良;

④换向器表面烧蚀、脏污;

⑤电磁开关主触点、接触盘烧蚀;

⑥电磁开关线圈局部短路;

⑦起动机轴承过紧,转动阻力过大。

3)起动机空转

起动机空转现象:接通起动开关,起动机只是空转,不能啮入飞轮齿圈带动发动机运转。产生起动机空转的原因主要有:

(1)飞轮齿圈磨损过甚或损坏;

(2)单向离合器失效打滑;

(3)电磁开关铁芯行程太短,驱动小齿轮与飞轮齿圈不能啮合,拨叉连接处脱开。

4)起动机撞击异响

起动机撞击异响的现象:接通起动开关,可听到"嘎、嘎"的齿轮撞击声。产生起动机撞击异响的原因主要有:

(1)起动机齿轮或飞轮齿圈损坏;

(2)电磁开关行程调整不当,使起动机驱动齿轮未啮入飞轮齿圈之前,起动机主电路过早接通;

(3)起动机固定螺钉松动或离合器壳松动;

(4)电磁开关内部线路接触不良。

3　汽车起动系统主要组成部件的检测与修复方法

1)点火开关的检查

起动系统的起动继电器常开触点的闭合由点火开关控制。点火开关有四个接线柱,其中接线柱1接电源,接线柱2接至电压调节器正接线柱和点火线圈低压接线柱,接线柱3接至辅助电气设备,接线柱4接至起动继电器。

点火开关工作挡位与内部连接情况如图2-3所示,共有四个挡位,各挡位电路控制情况如下:

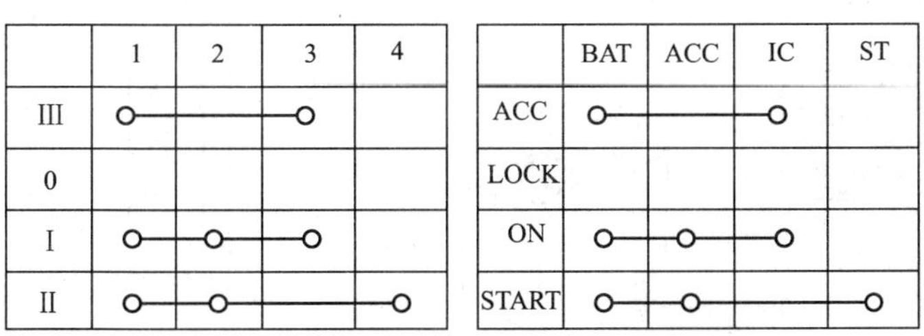

图2-3　点火开关工作挡位示意图

(1)0 挡位:等效于点火开关处于“LOCK”位置,全车用电设备断电。

(2)Ⅰ挡位:等效于点火开关处于“ON”位置,接线柱1与接线柱2和3接通,主要用电设备投入工作。

(3)Ⅱ挡位:等效于点火开关处于“START”位置,接线柱1与接线柱2和4接通,起动机控制电路被接通,发动机起动后自动回至Ⅰ挡位。

(4)Ⅲ挡位:等效于点火开关处于“ACC”位置,接线柱1与接线柱3接通,接通辅助电器电路,使部分辅助电器(如收放机、点烟器等)开始工作。

点火开关的性能检查一般可用万用表测量各接线柱之间的导通情况,如果各接线柱导通情况与图2-3中所示的状态不相符,则说明点火开关内部有问题,应更换点火开关。

2)起动继电器的检查

继电器是利用较小电流来控制大电流的一种电磁开关,起动继电器用来保护点火开关。起动继电器主要由电磁线圈和带复位弹簧的触点构成,通过电磁线圈产生的电磁力来改变触点的原始状态,实现对电磁开关的控制。

起动继电器的性能检查分两步:第一步,用万用表电阻挡测量,继电器电磁线圈两脚之间应能导通,触点两脚之间应不能导通;第二步,在电磁线圈两脚接上9~12V电压,同时用万用表电阻挡测量常开触点两脚之间应能导通,如图2-4所示。若测量结果不符合要求,应更换起动继电器。

3)起动机的检修

起动机是起动系统最主要的组成部分之一,在车上进行起动检测之前,一定要将变速器置于空挡,并拉紧驻车制动器操纵手柄。在拆卸起动机之前,应先拆下蓄电池的搭铁电缆。有些起动机在起动机与法兰之间使用了多块薄垫片,在装配时应按原样装回。

(1)起动机的调整。起动机的调整主要是指起动机工作时,驱动齿轮与止推垫圈间隙的调整和电磁开关接通时刻的调整。

①驱动齿轮与止推垫圈间隙的调整:起动机不工作时,驱动齿轮前端面与端盖凸缘间距离A(图2-5)应为29~32mm。若间距不当,则需通过锁紧螺母和调整(限位)螺母进行调整。有些起动机该间隙由结构设计保证,不需调整。

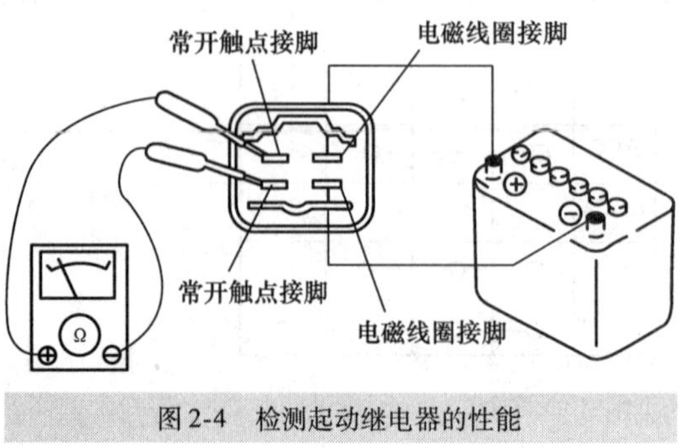

图2-4 检测起动继电器的性能

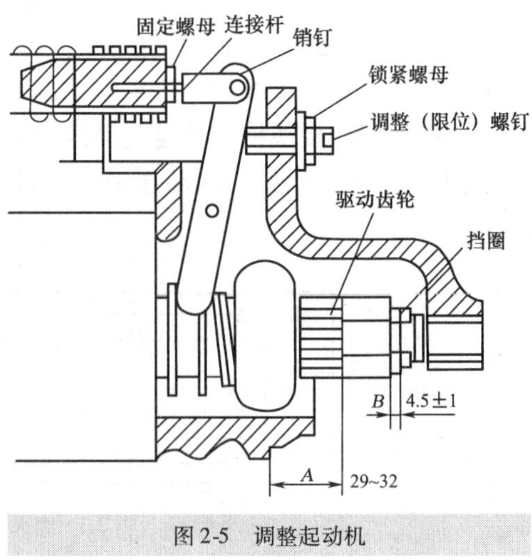

图2-5 调整起动机

②电磁开关接通时刻的调整：当电磁开关通电，活动铁芯完全吸入时，驱动齿轮最前端面与限位螺母间的间隙应为(4.5±1)mm。若不符合规定，利用固定螺母和连接杆进行调整，以保证主开关适时接通。

(2)起动机的解体检测与修复。

①电磁开关的检查。电磁开关的检查主要包括吸拉线圈和保持线圈、复位弹簧和短路接触盘的检查。

检查吸拉线圈和保持线圈时，可用万用表电阻挡对其电阻值进行测量，部分起动机线圈电阻标准值见表2-2。若线圈内部短路或断路则应更换。

起动机电磁开关线圈电阻值　　表2-2

起动机型号	保持线圈(Ω)	吸拉线圈(Ω)
QD1211	0.88±0.1	0.27±0.05
QD124F	0.97±0.1	0.6±0.05
QD124A	1.29±0.12	0.33±0.03

检查复位弹簧时，用手先将挂钩及活动铁芯压入电磁开关，然后放松，活动铁芯应能迅速复位。如铁芯不能复位或出现卡滞现象，则应更换复位弹簧或电磁开关总成。

检查接触盘短路时，同样用手推动活动铁芯，使其接触盘与两接线柱接触，然后将万用表的两只表笔分别连接起动机的两接线柱，应导通，并且在正常情况下电阻值应该为0Ω。

②直流电动机的检查。

a.电枢的检查：包括电枢绕组、换向器和电枢轴的检查。

检查电枢绕组断路时，通过外观检查即可判断，不必采用仪器检查。电枢绕组搭铁故障可用万用表进行检查，如图2-6所示。连接电枢铁芯与换向片，万用表应不导通或试灯应不发亮。如万用表导通或试灯发亮，说明电枢绕组搭铁。如有搭铁故障则需要更换电枢总成。

电枢绕组短路故障需利用电枢检验仪进行检查，如图2-7所示。电枢绕组短路故障检查时，先将电枢放在检验仪的U形铁芯上，并在电枢上部放一钢片(如锯条)，然后接通检验仪电源，再缓慢转动电枢一周，钢片应不跳动。如钢片跳动，说明电枢绕组有短路故障。

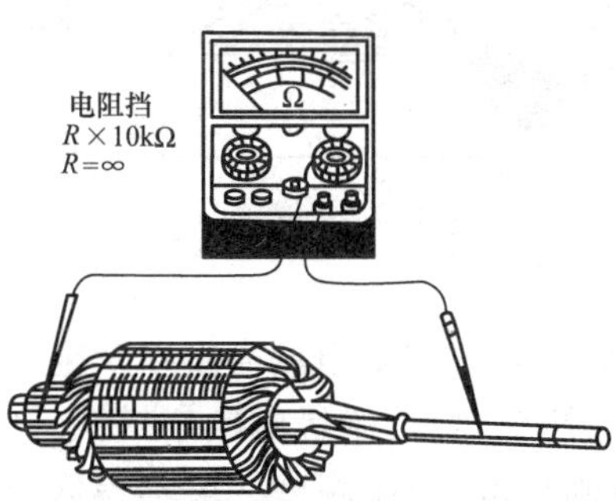

图2-6　检查电枢绕组的搭铁

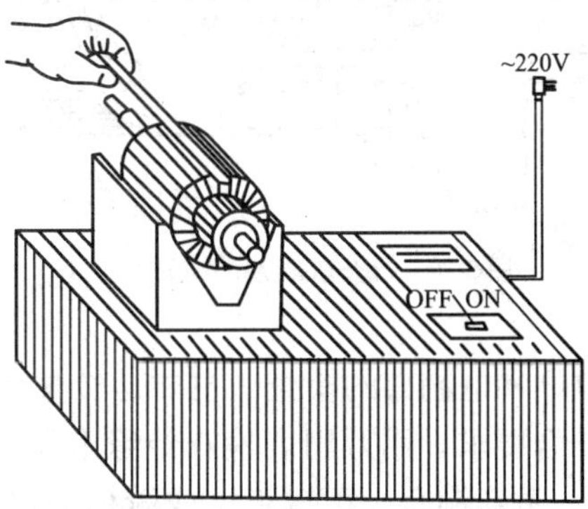

图2-7　检查电枢绕组的短路

b.换向器的检查。换向器的故障多为表面烧蚀、云母层突出等。轻微烧蚀的用00号砂纸打磨即可。严重烧蚀或失圆(圆度超过0.025mm)时，应进行精车加工。换向器的剩余厚度不得小于2mm，否则予以更换。

c. 电枢轴的检查。电枢轴径向圆跳动检查如图2-8所示，其径向圆跳动量不应大于0.15mm。否则说明电枢轴弯曲严重，应予校正或更换。

d. 磁极的检查。主要是检查励磁绕组有无断路、搭铁和短路故障。

检查励磁绕组断路时，可用220V交流试灯进行，如图2-9所示。连接励磁绕组引线端头和绝缘电刷，试灯应当发亮。如试灯不亮，说明励磁绕组断路。

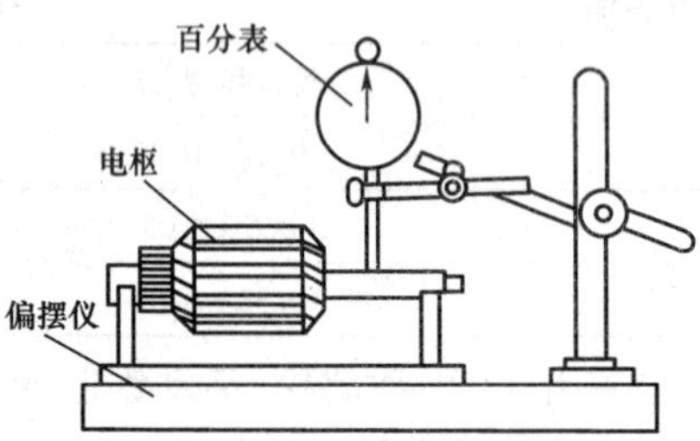

图2-8　检查电枢轴径向圆跳动

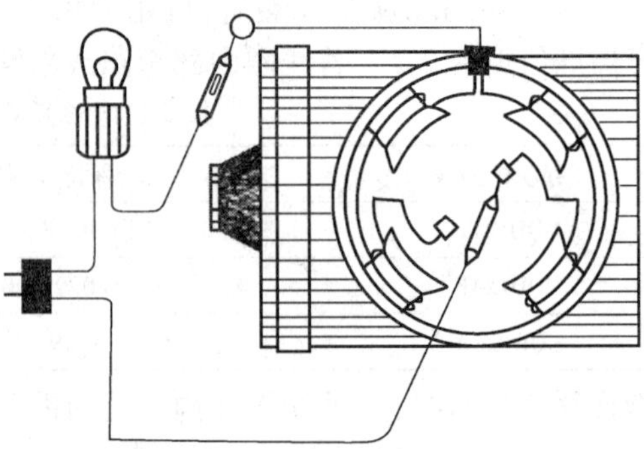
图2-9　检查励磁绕组的断路

检查励磁绕组搭铁时，可用220V交流试灯进行，如图2-10所示。连接励磁绕组引线端头和起动机壳体，试灯应不发亮。如试灯发亮，说明励磁绕组有搭铁故障。

检查励磁绕组短路时，如图2-11所示。开关接通时（通电时间不超过5s），用螺丝刀检查每个磁极的电磁吸力是否相同。如某一磁极的电磁吸力过小，说明该磁极上的励磁绕组匝间短路。如有短路故障则应重新绕制励磁绕组或更换起动机。

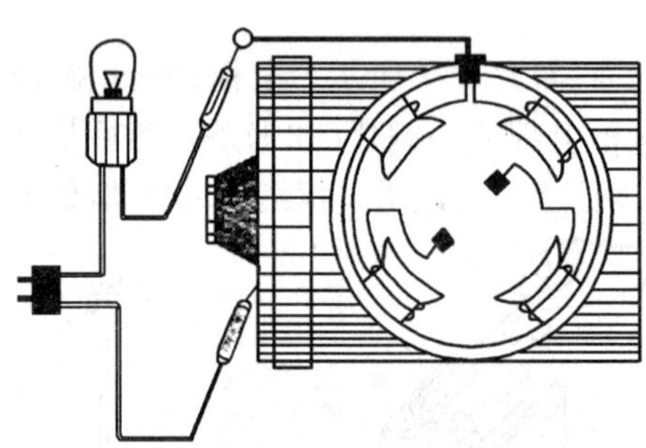
图2-10　检查励磁绕组的搭铁

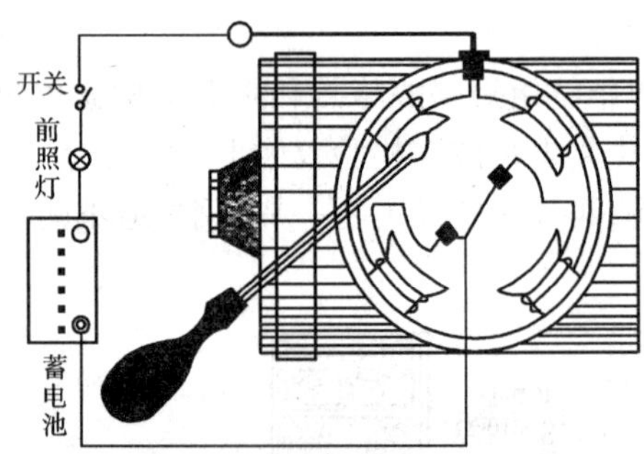

图2-11　检查励磁绕组的短路

e. 电刷和电刷架的检查。主要是检查绝缘电刷架搭铁故障、电刷高度以及电刷弹簧弹力是否符合要求。用万用表检查绝缘电刷架的绝缘情况时，若绝缘电刷架搭铁，则需更换绝缘垫后，重新铆合。用钢板尺或游标卡尺测量电刷高度，电刷高度一般不得低于标准尺寸的2/3，电刷与换向器的接触面积应在75%以上。否则应予更换新电刷。用弹簧秤检测电刷弹簧压力，弹簧压力一般为12～15N，如压力不足，可逆着弹簧的螺旋方向扳动弹簧来增加弹力，如仍无效，则应予更换。

③传动装置的检查。传动装置的检查主要是检查单向离合器的功能和制动转矩。

a. 单向离合器功能的检查。如图2-12所示，一手握住离合器壳体，一手转动驱动齿轮。当顺时针方向转动驱动齿轮时，齿轮应被锁止；当逆时针方向转动齿轮时，应能灵活自如，否则应更换单向离合器。

b. 单向离合器制动转矩的检查。如图2-13所示，将单向离合器夹在台虎钳上，用扭力扳手沿顺时针方向转动时，应能承受制动试验时的最大转矩（单向离合器一般为25N·m）而不打滑。

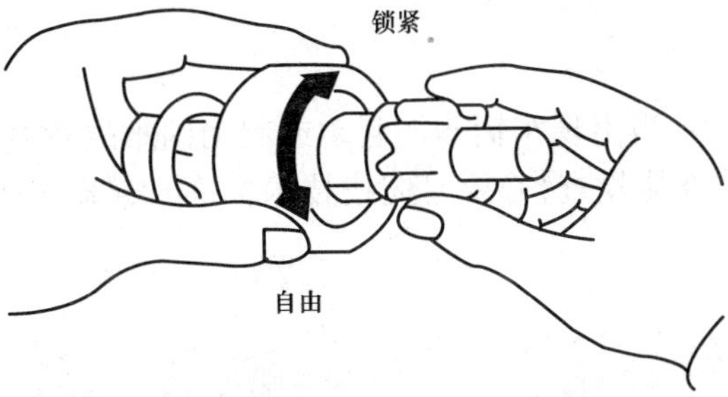

图2-12　检查离合器单向传力功能

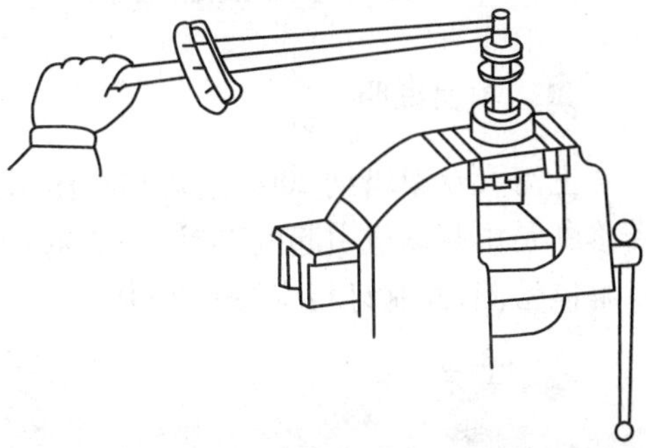

图2-13　检查离合器制动转矩

(3)起动机的动态检测与修复。起动机修复后，必须进行空载试验和全制动试验，如不符合要求，应重新检测和修复。

①空载试验。空载试验的目的是通过测量空载转速和空载电流来判断起动机有无故障，试验方法如图2-14所示。将起动机固定后，接通起动机电路，起动机应运转均匀，电刷无火花。此时所测空载电流、电压和转速，应符合相关规定。

如果电流大于标准而转速小于标准，则可能是起动机装配过紧，电枢绕组、励磁绕组有短路或搭铁故障；如果电流和转速都小于标准，则说明起动机内部电路有接触不良处。

注意：每次空载试验时间不应超过1min，以免起动机过热。

②全制动试验。全制动试验是在空载试验通过后进行，其目的是通过测量全制动时的电流和转矩来判断起动机有无故障，试验方法如图2-15所示。试验时观察在制动状态下，单向离合器是否打滑，并迅速记下电流表、电压表和弹簧秤的读数。如果电流大而转矩小，

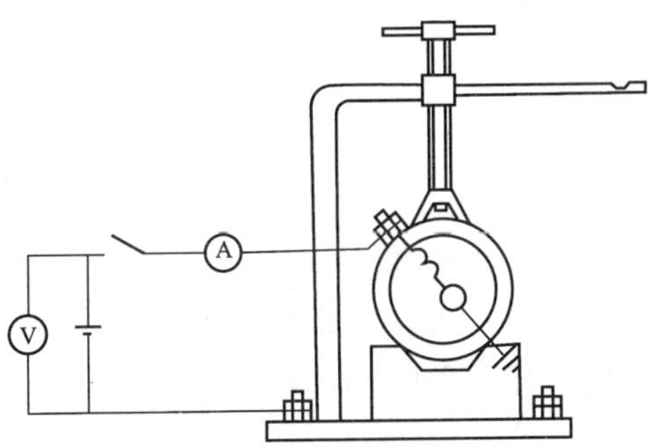

图2-14　起动机空载试验

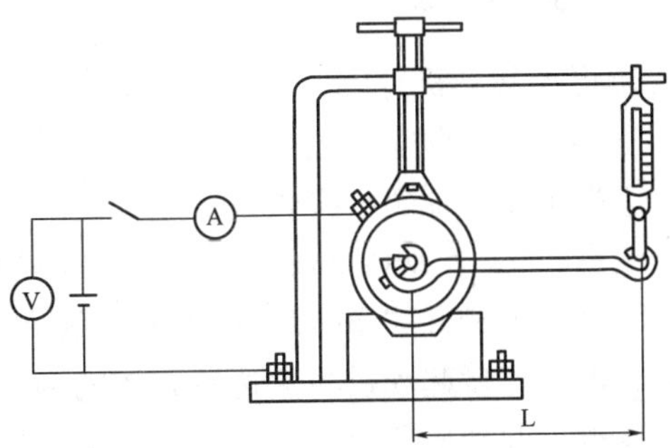

图2-15　起动机全制动试验

则说明励磁绕组或电枢绕组有短路或搭铁故障；如果电流和转矩都小，则说明起动机内部线路电阻过大。

注意：每次制动试验时间不应超过5s，以免损坏起动机或蓄电池。

二、任务实施

项目1　检测与修复起动机

1　项目说明

上海大众桑塔纳2000型轿车在使用过程中，当出现车辆不能起动或起动困难故障时，若诊断是由起动机引起的，应该完成起动机的性能检查，必要时应按技术标准对起动机进行解体检测，并制订相应检修步骤。

2　要求

每个学员独立完成此项目。

3　设备器材

(1)上海大众桑塔纳2000型轿车1辆。
(2)上海大众桑塔纳2000型轿车用起动机1台。
(3)汽车数字式万用表1个。
(4)常规工具1套。

4　作业准备

(1)车辆开进举升机工位并做好防护。
(2)清洁工具，万用表校零。
(3)准备作业单。

5　操作步骤

1)更换起动机总成
(1)拆卸起动机总成。
①拆下蓄电池负极搭铁线。
注意：拆下负极搭铁线前应读取故障码和音响系统防盗密码。
②拆下电磁开关50接线柱上的导线和30接线柱上的导线，如图2-16所示。
③拆下连接起动机与变速器壳体的两个紧固螺栓，如图2-17所示。
④拆下起动机总成。
(2)安装起动机总成。按照拆卸起动机总成相反的步骤进行安装。
注意：安装起动机时，起动机与变速器壳的连接螺栓的拧紧力矩应符合要求，规定的拧紧力矩为 20N · m。

图 2-16　拆下起动机的连接导线

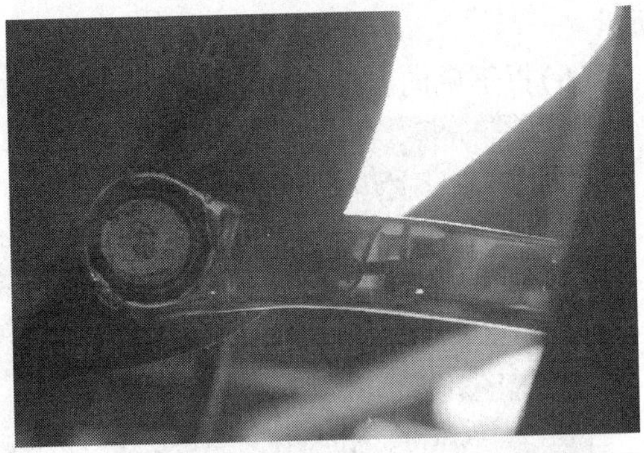

图 2-17　拆下起动机的紧固螺栓

2)拆装起动机

(1)拆卸电磁开关至起动机的导线紧固螺母,拆下导线接头,如图 2-18 所示。

(2)拆下电磁开关上的外部紧固螺钉,如图 2-19 所示。

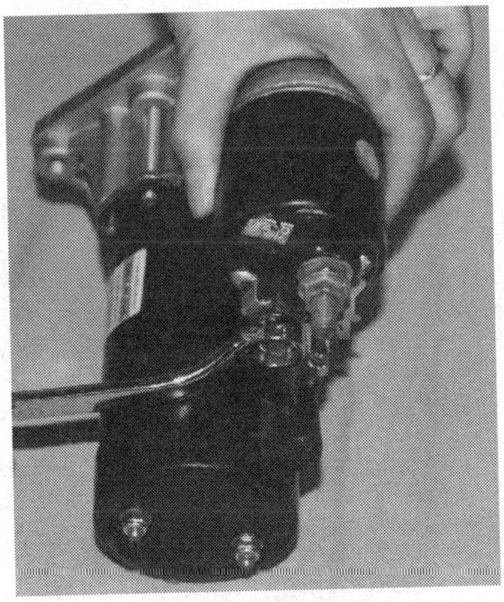

图 2-18　拆下电磁开关至起动机的导线接头

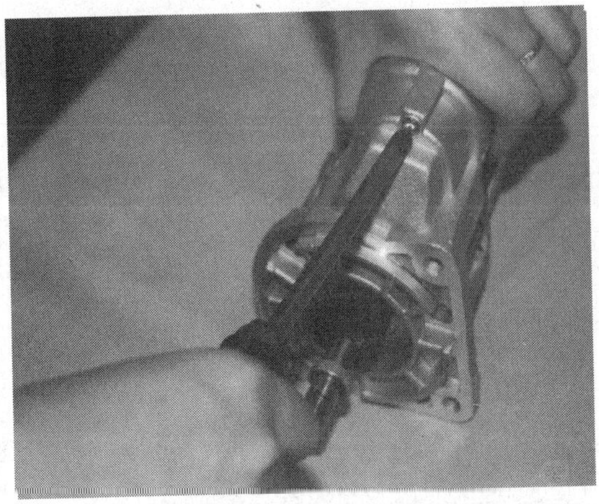

图 2-19　拆下电磁开关上的外部紧固螺钉

(3)拆下起动机前端盖的 3 个紧固螺钉,拆下前端盖,如图 2-20 所示。

(4)拆下固定电磁开关的 2 个紧固螺钉,拆下电磁开关,如图 2-21 所示。

图 2-20　拆下前端盖

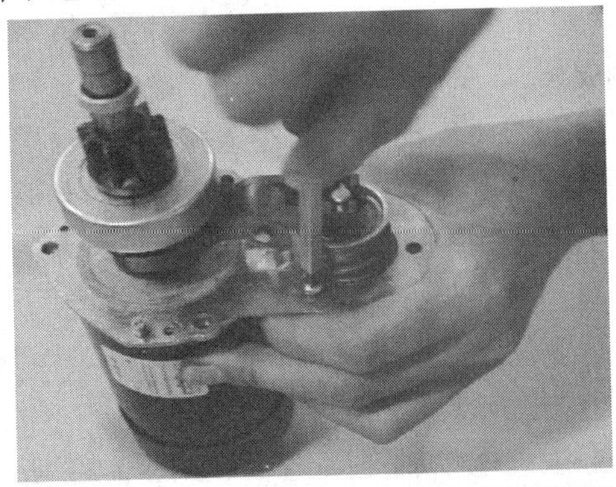

图 2-21　拆下电磁开关

(5)拔下拨叉中部的轴销,将拨叉与单向离合器分离,并将拨叉与铁芯分开,如图 2-22 所示。

(6)拆下单向离合器和卡环,拆下单向离合器,拆下减速齿轮组件,如图 2-23 所示。

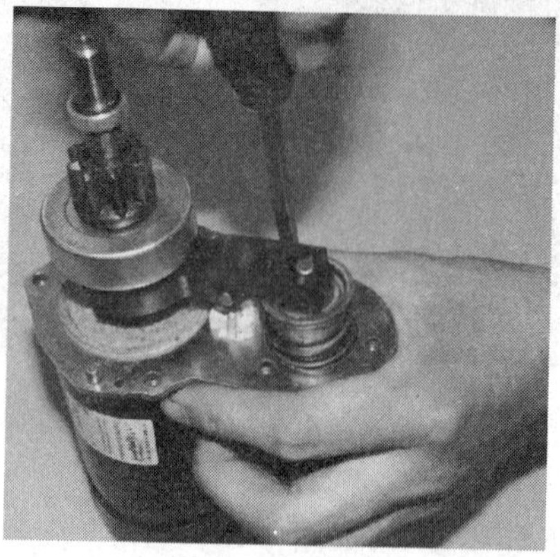

图 2-22 拆下拨叉

图 2-23 拆下减速齿轮组件

(7)拆下后端盖上的两个螺母,拆下后端盖,如图 2-24 所示。

(8)拆下电刷弹簧,如图 2-25 所示。

注意:拆下电刷弹簧时,应防止弹簧飞出伤人。

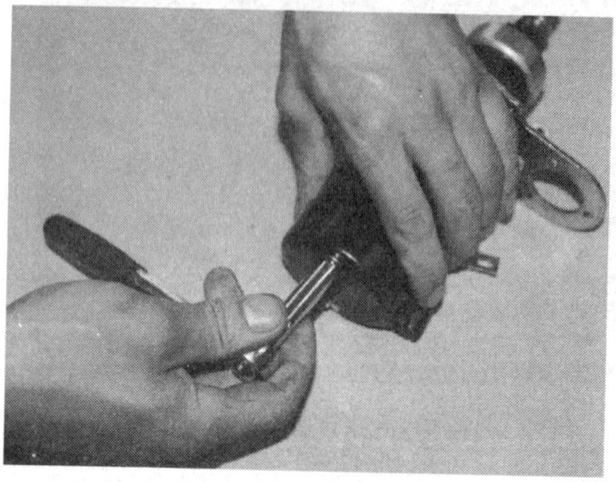

图 2-24 拆下起动机后端盖

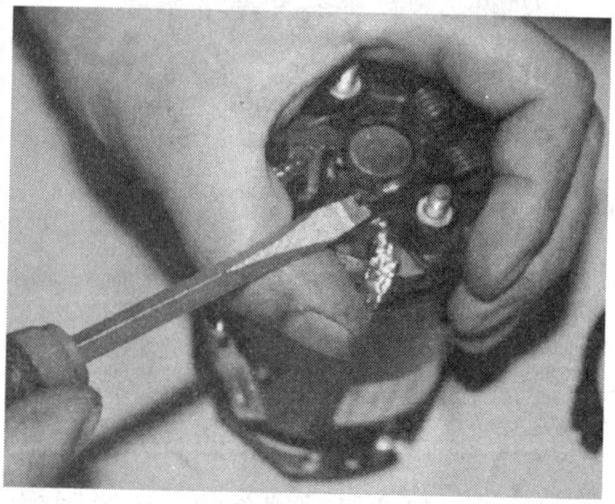

图 2-25 拆下电刷弹簧

(9)取出 2 个电刷和绝缘垫片后,拆下电刷支架,如图 2-26 所示。

(10)撬下电枢轴上的小盖帽,拆下轴端卡环。将电枢转子从壳体中取出,拆下电枢轴端上的垫片,如图 2-27 所示。

(11)按照与拆卸相反的顺序进行安装。

3)解体检测起动机总成

(1)检查转子总成。

①检查电枢轴是否弯曲,如图 2-28 所示,填写作业记录单。

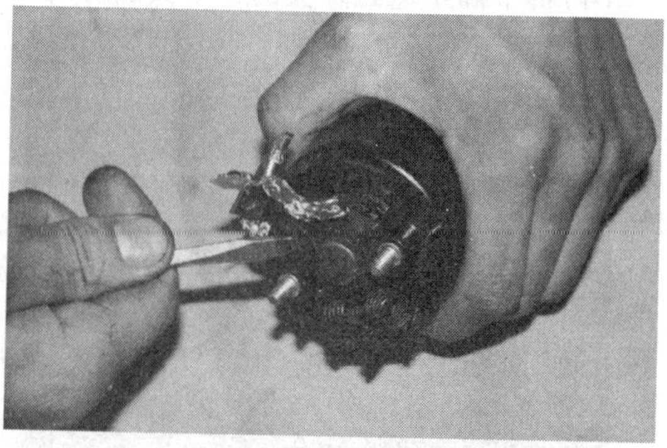

图 2-26 分离电刷和电刷架

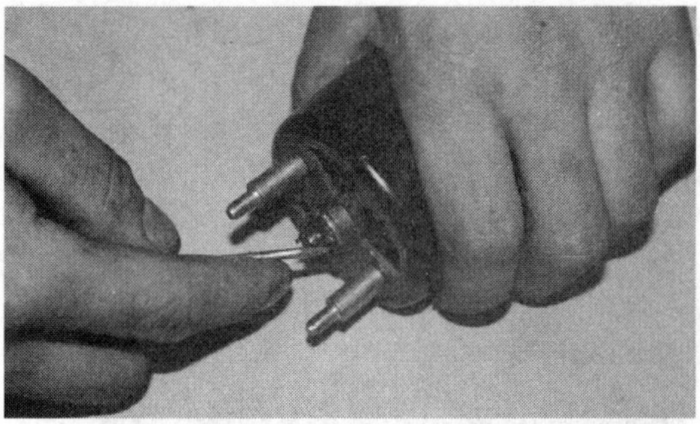

图 2-27　拆下电枢总成

图 2-28　检查电枢轴是否弯曲

②检查换向器表面，如图 2-29 所示，填写作业记录单。

③检查电枢线圈的搭铁，如图 2-30 所示，填写作业记录单。

图 2-29　检查换向器表面

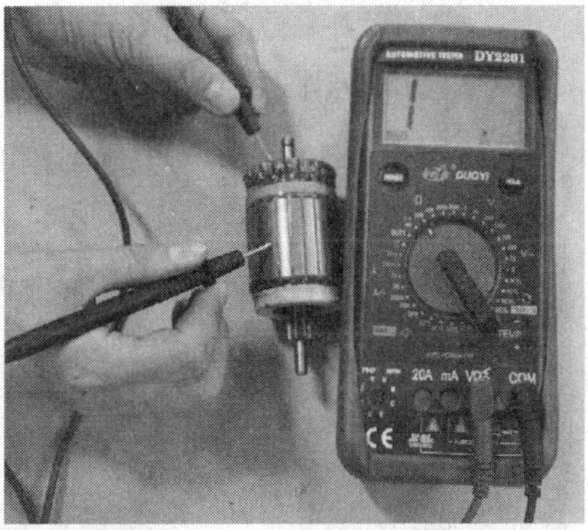

图 2-30　检查电枢线圈的搭铁

④检查电枢线圈的断路，如图 2-31 所示，填写作业记录单。

⑤检查电枢线圈的短路，如图 2-32 所示，填写作业记录单。

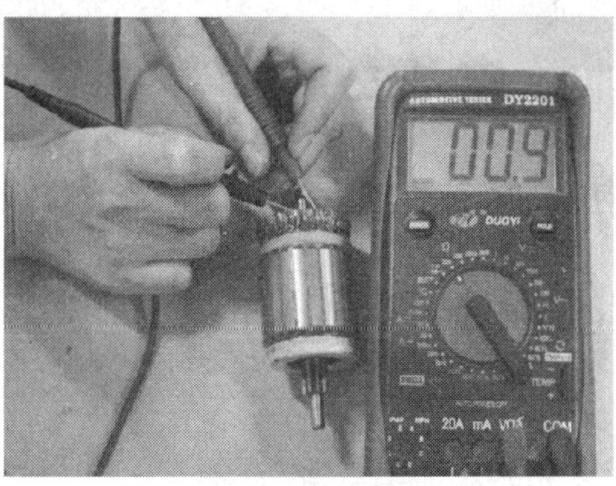

图 2-31　检查电枢线圈的断路

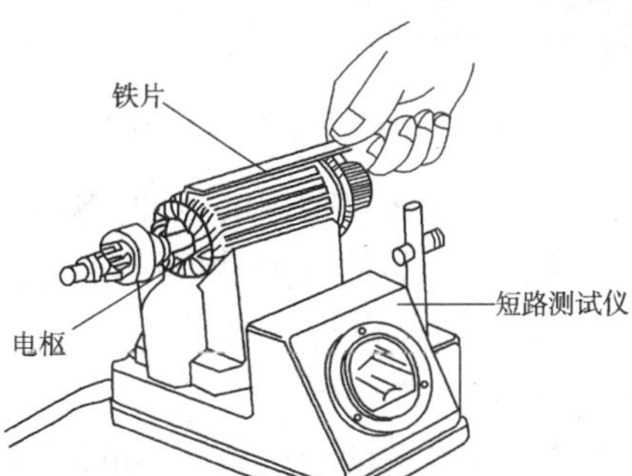

图 2-32　检查电枢线圈的短路

(2)检查定子总成。检查永久磁铁，如图 2-33 所示，填写作业记录单。

(3)电刷组件的检查。

①检查绝缘电刷架与电刷架座盖间的断路,如图 2-34 所示,填写作业记录单。

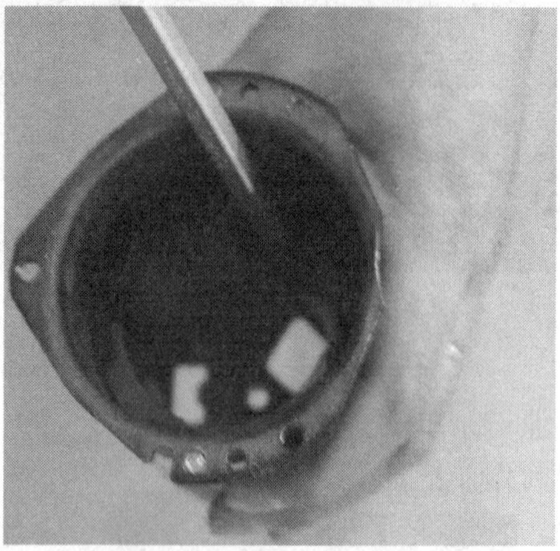

图 2-33　检查定子总成的永久磁铁

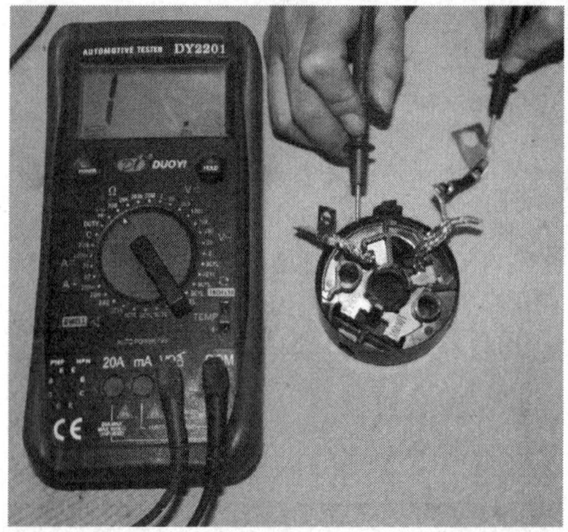

图 2-34　检查绝缘电刷架与电刷架座盖间的断路

②检查两个搭铁电刷架与电刷架座盖间的搭铁,如图 2-35 所示,填写作业记录单。

③检查电刷的高度,如图 2-36 所示,填写作业记录单。

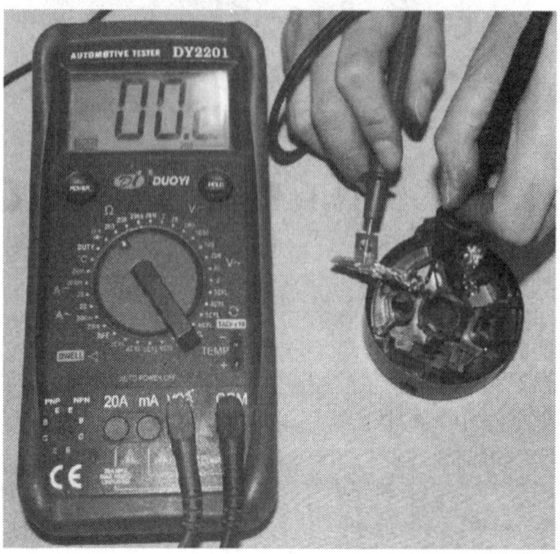

图 2-35　检查搭铁电刷架与电刷架座盖间的搭铁

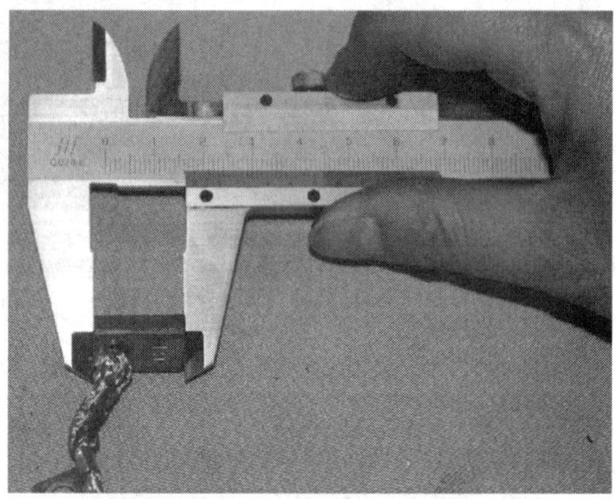

图 2-36　检查电刷的高度

④检查电刷在电刷架内的运动,电刷与换向器的接触情况,填写作业记录单。

⑤检查电刷弹簧的弹力,填写作业记录单。

(4)检查单向离合器,如图 2-37 所示,填写作业记录单。

(5)电磁开关的检查。

①检查电磁开关的吸拉线圈,如图 2-38 所示,填写作业记录单。

②检查电磁开关的保持线圈,如图 2-39 所示,填写作业记录单。

③检查电磁开关内两接线柱间的接触情况,如图 2-40 所示,填写作业记录单。

(6)根据作业记录单判断起动机总成性能,制定相应的修复工艺。

注意:起动机总成维修装复完之后要进行空载试验和全制动试验。

图2-37　检查单向离合器

图2-38　检查电磁开关的吸拉线圈

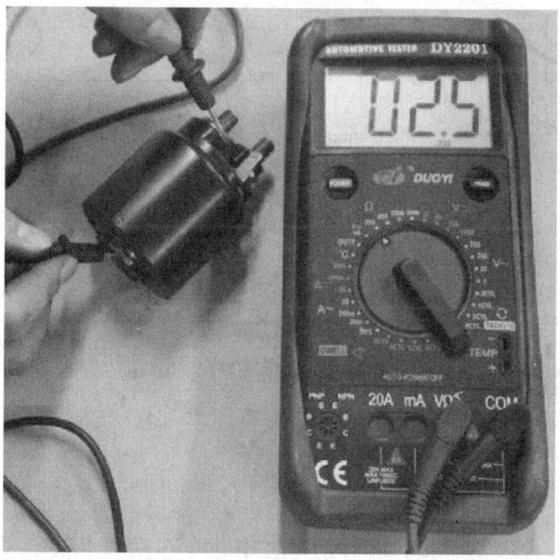

图2-39　检查电磁开关的保持线圈

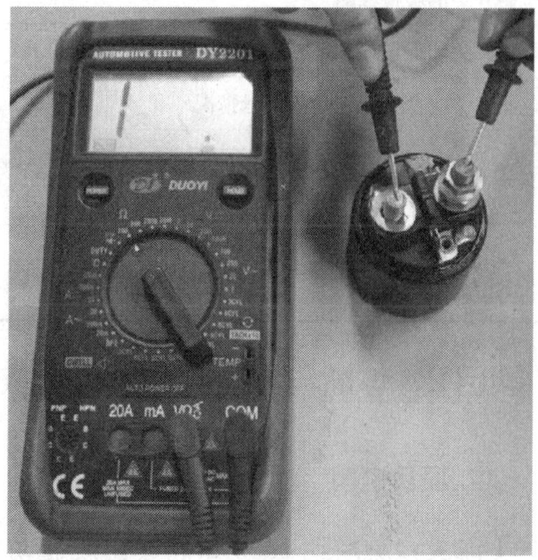

图2-40　检查电磁开关内接线柱

6　记录与分析

记录与分析见表2-3。

检测与修复起动机作业记录单　　表2-3

姓名		班级		学号		组别	
车型		发动机型号		作业单号		作业日期	
检 查 项 目				检 查 结 果			
电枢轴是否弯曲							
换向器表面							
电枢线圈的搭铁							
电枢线圈的断路							
电枢线圈的短路							

续上表

检查项目	检查结果
定子总成的永久磁铁	
电刷总成的检查	
绝缘电刷架与电刷架座盖间的断路	
搭铁电刷架与电刷架座盖间的搭铁	
电刷的高度	
电刷在电刷架内的运动	
电刷弹簧的弹力	
单向离合器	
电磁开关的吸拉线圈	
电磁开关的保持线圈	
电磁开关内两接线柱间的接触情况	
处理意见	
制订修复工艺	

项目2 诊断与修复起动机不转故障

1 项目说明

上海大众桑塔纳2000型轿车出现起动机不转故障时，应该从蓄电池、连接线路、点火开关、起动机等涉及整个起动系统的部位着手进行检查。若诊断为可能是由于起动机故障引起，应该完成对起动机的就车性能检查，必要时应按技术标准完成起动机的解体检查和更换，故障诊断的流程如图2-41所示。

2 要求

每位学员独立完成此项目。

3 设备器材

(1)上海大众桑塔纳2000型轿车1辆。
(2)数字式万用表1个。
(3)常规工具1套。

4 作业准备

(1)车辆开进举升机工位并做好防护。

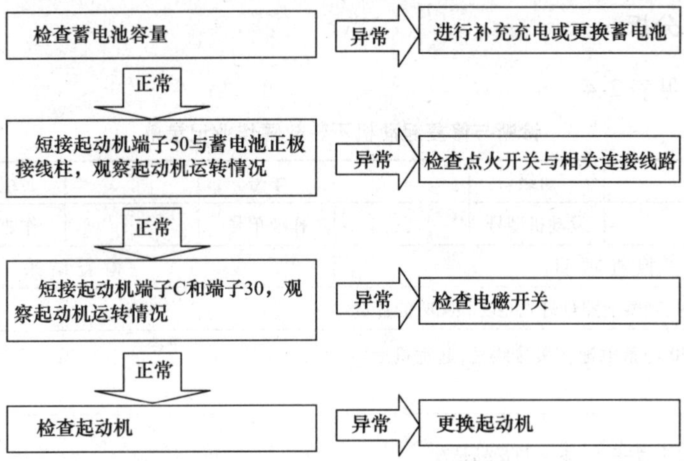

图 2-41　起动机不转故障诊断的流程

(2)清洁工具,万用表校零。

(3)准备作业单。

5 操作步骤

(1)起动发动机的同时,接通前照灯或喇叭,观察灯光亮度和喇叭音量,填写作业记录单。

(2)短接起动机端子50与蓄电池正极接线柱,观察起动机运转情况,如图2-42所示,填写作业记录单。

(3)短接起动机端子C和端子30,观察起动机运转情况,如图2-43所示,填写作业记录单。

图 2-42　短接蓄电池正极接线柱与起动机端子50

图 2-43　短接起动机端子C和端子30

(4)若短接起动机开关接线柱,起动机仍然不转,则从汽车上拆下起动机,然后进行解体检测,确认故障原因并修复。

(5)故障排除后,将起动机装回发动机。

6 记录与分析

记录与分析见表 2-4。

诊断与修复起动机不转故障作业记录单　　表 2-4

<table>
<tr><td>姓名</td><td></td><td>班级</td><td></td><td>学号</td><td></td><td>组别</td><td></td></tr>
<tr><td>车型</td><td></td><td>发动机型号</td><td></td><td>作业单号</td><td></td><td>作业日期</td><td></td></tr>
<tr><td colspan="4">检 查 项 目</td><td colspan="4">检 查 结 果</td></tr>
<tr><td colspan="4">起动发动机的同时,观察前照灯灯光亮度和喇叭的音量</td><td colspan="4"></td></tr>
<tr><td colspan="4">短接起动机端子 50 与蓄电池正极接线柱,起动机运转情况</td><td colspan="4"></td></tr>
<tr><td colspan="4">短接起动机端子 C 和端子 30,起动机运转情况</td><td colspan="4"></td></tr>
<tr><td colspan="2">处理意见</td><td colspan="6"></td></tr>
<tr><td colspan="2">制订修复工艺</td><td colspan="6"></td></tr>
</table>

三、学 习 评 价

1 理论考核

1)分析题

(1)分析上海大众桑塔纳 2000 型轿车起动机的控制电路。

(2)试分析起动系统常见故障及其原因。

(3)简述起动机主要部件的检修方法及技术要点。

2)判断题

(1)减速起动机中的减速装置可以起到降速增矩的作用。 (　　)

(2)用万用表检查电刷架时,两个绝缘电刷架和电刷架座盖之间应该绝缘。 (　　)

(3)起动机电枢装配过紧可能会造成起动机运转无力。 (　　)

(4)进行空载试验能观察单向离合器是否打滑。 (　　)

(5)起动机不转的故障诊断过程中,短接起动机电磁开关与蓄电池正极接线柱的目的是将点火开关和起动继电器短路。 (　　)

3)选择题

(1)起动机空转的原因之一是(　　)。

A. 蓄电池亏电　　B. 单向离合器打滑　　C. 电刷过短　　D. 电磁开关损坏

(2)不会引起起动机运转无力的原因是(　　)。

A. 吸拉线圈断路　　B. 蓄电池亏电

C. 换向器脏污　　　　　　　　　　　　D. 电磁开关中接触片烧蚀、变形

(3)在起动机的解体检测过程中,电枢的不正常现象有(　　)。

A. 换向器片和电枢轴之间绝缘　　　　B. 换向器片和电枢铁芯之间绝缘

C. 各换向器片之间绝缘　　　　　　　D. 换向器片和电枢线圈之间绝缘

(4)在检查起动机运转无力的故障时,短接起动机电磁开关两接线柱后,起动机转动仍然缓慢无力,其原因是(　　)。

A. 起动机传动机构有故障　　　　　　B. 起动机电磁开关有故障

C. 蓄电池存电量不足　　　　　　　　D. 单向离合器打滑

2 技能考核

"项目1　检测与修复起动机"的评分表见表2-5。

检测与修复起动机项目评分表　　　　表2-5

基本信息	姓　名		学号		班级		组别	
	规定时间		完成时间		考核日期		总评成绩	
任务工单	序号	步　骤			完成情况		标准分	评分
					完成	未完成		
	1	考核准备 机件 量具					5	
	2	清洁起动机表面					5	
	3	清洁量具					5	
	4	量具使用					5	
	5	起动机的拆卸					5	
	6	起动机的分解					5	
	7	起动机各部件的检测					5	
	8	确定起动机的修复方法					5	
	9	起动机的装复					5	
	10	起动机的空载试验和全制动试验					10	
	11	起动机的安装					5	
	12	清洁及整理					5	
安全							5	
5S							5	
沟通表达							5	
工单填写							10	
工艺制订							10	

“项目 2　诊断与修复起动机不转故障”的评分表见表 2-6。

诊断与修复起动机不转故障项目评分表　　表 2-6

<table>
<tr><td rowspan="2">基本信息</td><td colspan="2">姓　名</td><td></td><td>学号</td><td></td><td>班级</td><td></td><td>组别</td><td></td></tr>
<tr><td colspan="2">规定时间</td><td></td><td>完成时间</td><td></td><td>考核日期</td><td></td><td>总评成绩</td><td></td></tr>
<tr><td rowspan="13">任务工单</td><td rowspan="2">序号</td><td colspan="4" rowspan="2">步　　骤</td><td colspan="2">完成情况</td><td rowspan="2">标准分</td><td rowspan="2">评分</td></tr>
<tr><td>完成</td><td>未完成</td></tr>
<tr><td>1</td><td colspan="4">考核准备
验证故障现象</td><td></td><td></td><td>5</td><td></td></tr>
<tr><td>2</td><td colspan="4">调整万用表</td><td></td><td></td><td>5</td><td></td></tr>
<tr><td>3</td><td colspan="4">清洁量具</td><td></td><td></td><td>5</td><td></td></tr>
<tr><td>4</td><td colspan="4">调整游标卡尺</td><td></td><td></td><td>5</td><td></td></tr>
<tr><td>5</td><td colspan="4">检查蓄电池电量</td><td></td><td></td><td>5</td><td></td></tr>
<tr><td>6</td><td colspan="4">检查起动系统连接电路</td><td></td><td></td><td>10</td><td></td></tr>
<tr><td>7</td><td colspan="4">检查点火开关</td><td></td><td></td><td>5</td><td></td></tr>
<tr><td>8</td><td colspan="4">检查起动机电磁开关</td><td></td><td></td><td>5</td><td></td></tr>
<tr><td>9</td><td colspan="4">拆检起动机</td><td></td><td></td><td>10</td><td></td></tr>
<tr><td>10</td><td colspan="4">确定故障原因及其故障诊断与修复方法</td><td></td><td></td><td>5</td><td></td></tr>
<tr><td>11</td><td colspan="4">清洁及整理</td><td></td><td></td><td>5</td><td></td></tr>
<tr><td colspan="2">安全</td><td colspan="6"></td><td>5</td><td></td></tr>
<tr><td colspan="2">5S</td><td colspan="6"></td><td>5</td><td></td></tr>
<tr><td colspan="2">沟通表达</td><td colspan="6"></td><td>5</td><td></td></tr>
<tr><td colspan="2">工单填写</td><td colspan="6"></td><td>10</td><td></td></tr>
<tr><td colspan="2">工艺制订</td><td colspan="6"></td><td>10</td><td></td></tr>
</table>

四、拓 展 学 习

起动控制电路是指除起动机本身电路以外的起动系统电路。起动控制电路随车型的不同而有所不同，大体上可以分为无起动继电器的起动控制电路、带起动继电器的起动控制电路和带组合继电器的起动控制电路三种。上海大众桑塔纳 2000 型轿车属于不带起动继电器的起动控制电路，下面分析带起动继电器的起动控制电路和带组合继电器的起动控制电路。

1　带起动继电器的起动控制电路

丰田威驰轿车起动机的控制电路属于带起动继电器的起动控制电路，如图 2-44 所示。在其控制电路中，点火开关的 30 号端子经中线路板内部线路接电源，点火开关的 50 号端子经中线路板内部线路引到起动机电磁开关的 50 号端子，电磁开关的 30 号端子用黑色导线直接连接在蓄电池正极上。

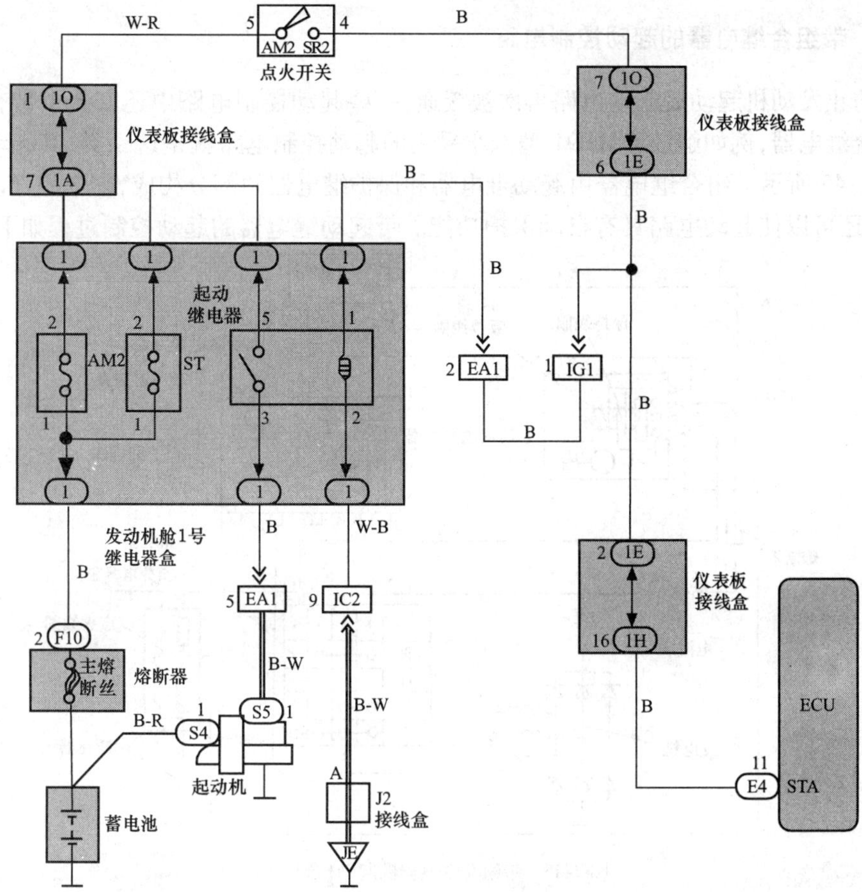

图 2-44 丰田威驰轿车的起动控制电路

丰田威驰轿车起动机为减速起动机,减速起动机在电枢轴与驱动齿轮之间安装行星齿轮减速器。这样既增加了起动机的起动转矩,同时又使起动机整体质量减少约 35%,总长度缩短 29%,减轻蓄电池的负担,是现代主要的汽车起动机类型。

起动系统的工作过程如下:

(1)当点火开关处于"START"挡时,接通控制电路。

(2)第一级控制电路:蓄电池正极→主熔断丝→1 号继电器盒内 AM2 熔断丝→仪表板接线盒→点火开关"ON"→仪表板接线盒。此时,控制电路被分成两支路:一路进入 ECU 插接器端子 STA,ECU 接收起动信号后,控制喷油控制电路等的动作;另一路进入起动继电器线圈,控制常开开关的闭合:起动继电器线圈→IC2 插接器→J2 接线盒→搭铁→蓄电池负极。

(3)第二级控制电路:蓄电池正极→主熔断丝→ST 熔断丝→起动继电器开关→EA1 插接器→起动机端子 S5(吸拉线圈和保持线圈)→搭铁→蓄电池负极。此时起动机电磁开关闭合,接通起动机主电路。

(4)主电路:蓄电池正极→起动机端子 S4→起动机→搭铁→蓄电池负极。此时起动机开始工作。

2 带组合继电器的起动控制电路

为防止发动机起动后起动电路再次被接通，一些起动控制电路中还安装了带有保护功能的组合继电器，例如解放 CA1091 型汽车采用的起动控制电路就是这一类，其起动控制电路如图 2-45 所示。组合继电器由起动继电器和保护继电器两部分构成，它不但可以保护点火开关，还可以使起动电路具有自动保护功能。带起动继电器的起动控制过程如下：

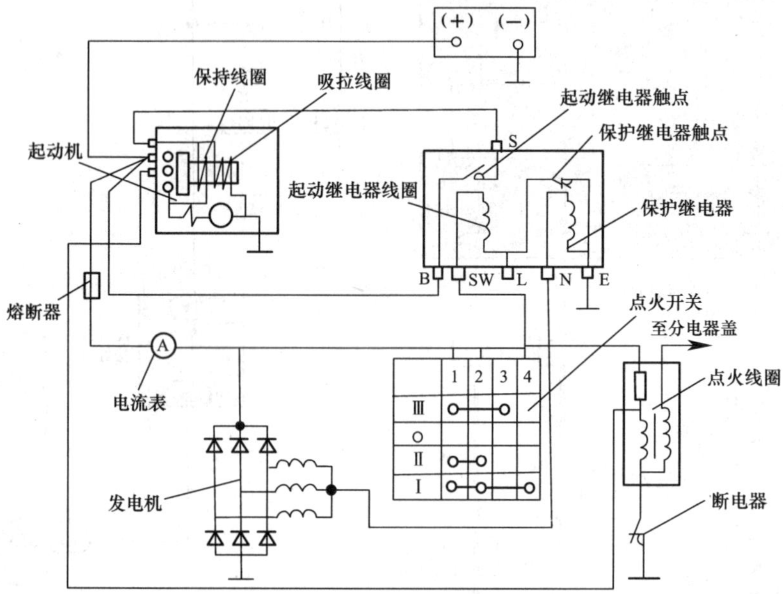

图 2-45 带组合继电器的起动控制电路

(1) 当点火开关置于起动挡时，起动继电器线圈有电流通过，其回路为蓄电池正极→电流表→点火开关→起动继电器线圈→保护继电器触点→搭铁→蓄电池负极。由于起动继电器触点闭合，电流由蓄电池经起动继电器触点到起动机电磁开关的吸拉线圈和保持线圈，接通了电磁开关控制回路。起动机主回路接通，起动机开始运转。

(2) 发动机起动后，松开点火开关钥匙，起动继电器线圈电流中断，触点打开。该触点打开后，起动机主回路断开，起动机停止运转。

(3) 在发动机发动后，如果驾驶人没有及时松开点火开关钥匙，起动机也会停止工作。若发动机正常运转，即使将点火开关旋至起动挡，起动机也不会工作，这是因为组合继电器的自动保护作用，其原理如下：发动机起动后，发电机发电，其中性点 N 建立一定电压，并对保护继电器线圈供电，其电流回路为发电机中性点 N→组合继电器“N”接线柱→保护继电器线圈→搭铁→发电机负极。由于发电机中性点电压已较高，使保护继电器触点打开，起动线圈的电流被切断，起动机继电器触点打开，起动机即自动停止工作。

若发动机在正常运转，由于误操作或其他原因，点火开关被旋至起动挡，因发电机中性点电压始终使保护继电器线圈通电，其触点一直打开，起动继电器线圈无电流通过，因此起动电磁开关吸拉线圈和保持线圈不可能有电流通过，电动机就不会动作，这有效地防止了齿轮的撞击，对起动机起保护作用。

学习任务3　诊断与修复汽车电动车窗系统

工作情境描述

某丰田汽车4S店接收一辆丰田花冠轿车，根据车主反映，该车右前门车窗玻璃不能升降。维修人员根据故障现象判断其原因可能为车窗电动机或控制开关损坏造成的，必须对电动车窗系统进行检修。

请通过检测汽车电动车窗系统，判断电动车窗系统的技术状况；若需要修复电动车窗系统，请制订电动车窗系统修复方法和工艺流程。

学习目标

通过本任务学习，应能：

1. 叙述丰田花冠轿车电动车窗系统；

2. 描述汽车电动车窗系统的常见故障，分析汽车电动车窗系统常见故障的原因；

3. 描述电动车窗系统主要组成部件的检测与修复方法；

4. 根据维修手册，正确选用工具和检测设备，在规定时间内，安全规范地进行车窗主开关的检查与更换及电动车窗不升降故障的诊断与修复，制订相应的修复方法和工艺流程。

学习时间

6学时。

学习引导

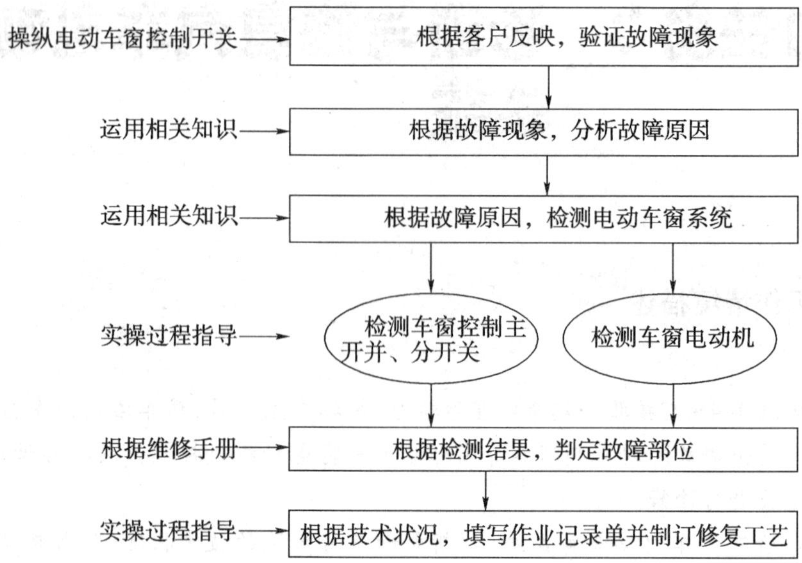

一、知 识 准 备

1 丰田花冠轿车电动车窗系统

为了方便驾驶人和乘客，并减轻他们的劳动强度，增强行车安全，现代汽车大多数安装了电动车窗，电动车窗是指以电为动力使车窗玻璃自动升降的车窗系统。驾驶人或乘员操纵控制开关接通车窗升降电动机的电路，电动机产生动力通过一系列的机械传动，使车窗玻璃按要求进行升降。电动车窗的作用有：手动升降、自动升降、车窗锁止、防夹保护、延时操作、门锁联动关闭等。

电动车窗系统一般由车窗玻璃、玻璃升降器、电动机、开关等装置组成。电动车窗电动机及控制开关等在车上的布置如图 3-1 所示。

电动车窗使用的电动机是双向的，有的为永磁式，有的为双磁场式。现代汽车的每个车窗都装有一个电动机，通过开关控制电动机的电流方向，使车窗升降。

电动车窗控制开关一般有两套：一套为主开关，装在仪表板或驾驶人侧的车门上，这样驾驶人就可以控制每个车窗玻璃的升降；另一套为分开关，分别安装在每个车窗上，由乘客进行操纵。每个车窗的电动机都要通过总开关搭铁，所以电流不但通过每个车窗上的分开关，还通过总开关上的相应开关。有些汽车的主开关上还装有锁止开关，如果将锁止开关断开，分开关就不起作用。

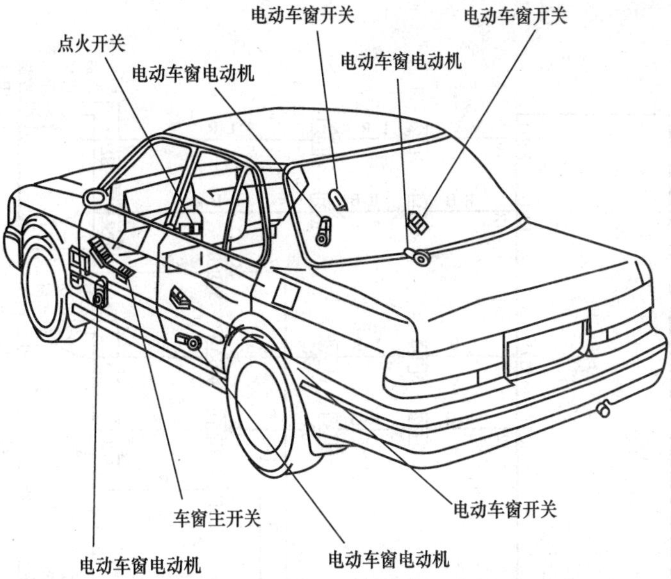

图3-1 电动车窗系统在车上的组成布置图

为防止电路过载,电路或电动机内装有一个或多个热敏断路开关,用来控制电流。当车窗完全关闭或由于结冰而车窗玻璃不能自由运动时,即使操纵的开关没有断开,热敏开关也会自动断路。有的汽车上还专门装有一个延时开关,在点火开关断开以后约10min内或在车门打开以前,仍有电流供给,使驾驶人和乘客能有时间关闭车窗及操纵其他辅助设备。

车窗玻璃升降器是一个执行机构,它执行驾驶人或乘员的指令使车窗玻璃升降,常见的有钢丝滚筒式和交叉传动臂式两种。

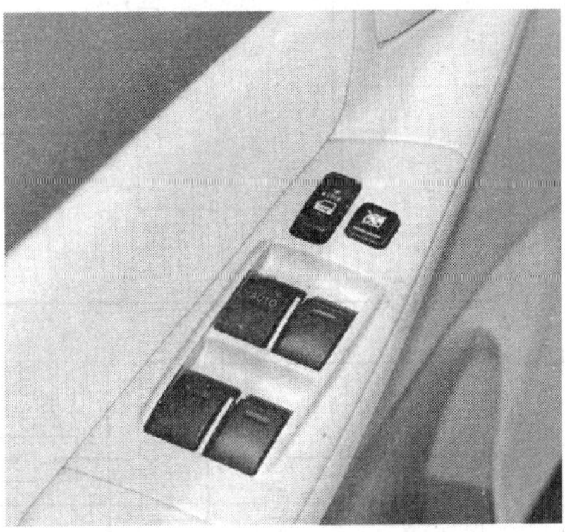

图3-2 丰田花冠轿车电动车窗主开关外观图

丰田花冠轿车电动车窗系统由车窗控制开关、车窗电动机和玻璃升降器等组成。控制开关包括电动车窗主开关(图3-2)、前排乘员侧电动车窗控制开关、左后电动车窗控制开关和右后电动车窗控制开关。车窗电动机采用永磁式直流电动机,通过改变电动机的电流方向可以实现车窗玻璃的上升和下降。车窗玻璃升降器采用绳轮式,当电动机电路接通后,电动机转轴输出转矩,经蜗轮蜗杆减速后,再由缓冲联轴器传递到转丝筒,带动转丝筒旋转,使钢丝绳拉动安装在玻璃支架上的滑动支架在导轨中上下运动,达到车窗玻璃升降的目的。

丰田花冠轿车电动车窗控制电路如图3-3所示,主要由电源、熔断器、继电器、控制开关、车窗电动机等组成。

丰田花冠轿车电动车窗具体控制原理如下:

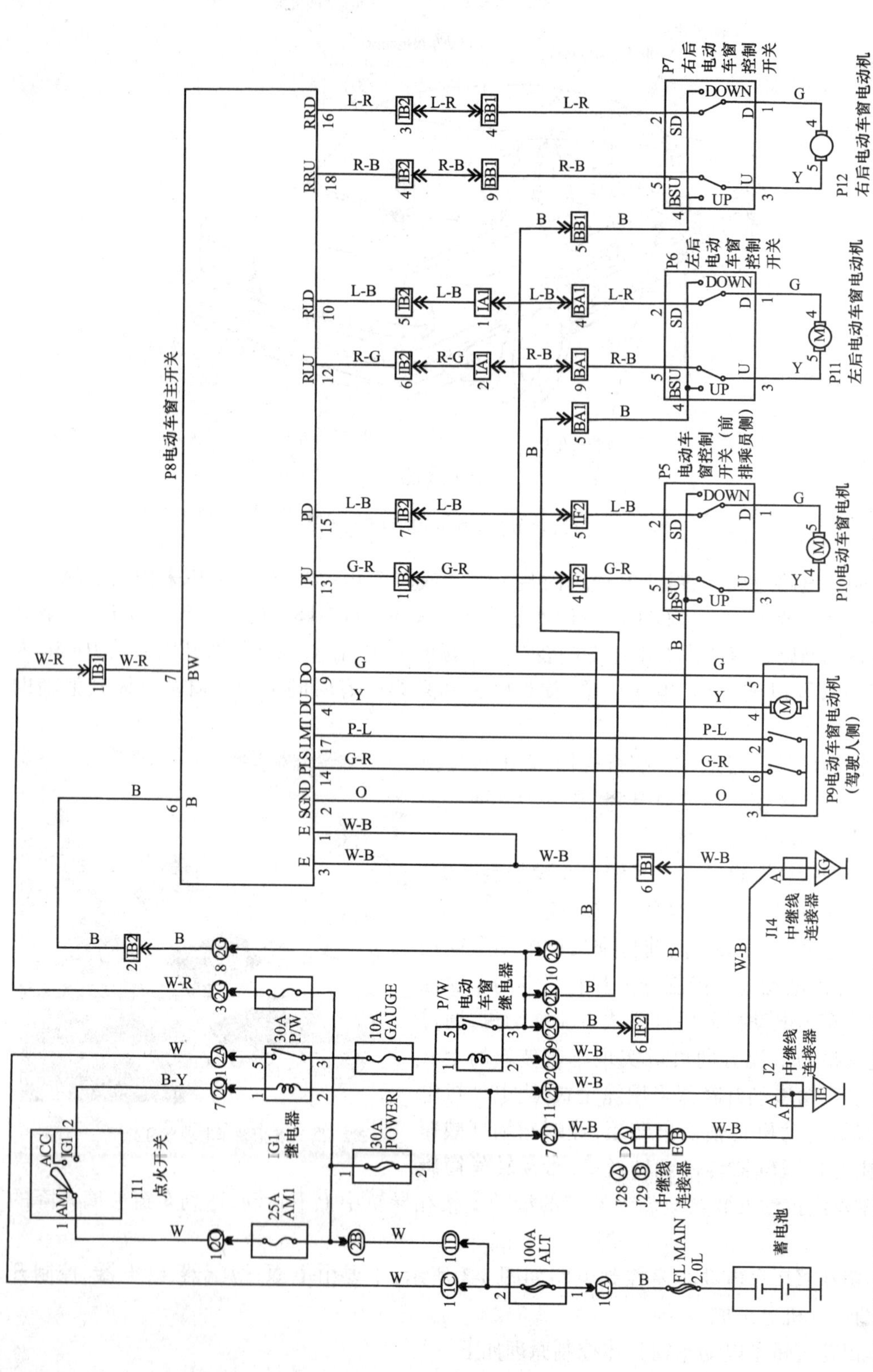

图 3-3　丰田花冠轿车电动车窗控制电路

(1)电源电流。接通点火开关后,IG1继电器触点闭合,从而P/W电动车窗继电器触点闭合,电动车窗电源电流为:蓄电池正极→100A熔断器→IG1继电器→10A熔断器→P/W电动车窗继电器触点,而后分为四路供电。

(2)驾驶人侧电动车窗玻璃升降过程。当驾驶人按下电动车窗主开关相应的驾驶人侧车窗上升开关时,P9车窗电动机电流回路为:P/W电动车窗继电器触点→电动车窗主开关P8的端子6→电动车窗主开关P8的端子4→P9电动车窗电动机→电动车窗主开关P8的端子9→电动车窗主开关P8的端子E→搭铁→蓄电池负极。P9电动车窗电动机通电工作,使车窗玻璃上升。当需要驾驶人侧车窗玻璃下降时,只需按下电动车窗主开关相应的驾驶人侧车窗下降开关,P9电动车窗电动机的电流方向相反,电动机通电反转使车窗玻璃下降。

(3)左后侧电动车窗玻璃升降过程。当驾驶人按下电动车窗主开关相应的左后侧车窗上升开关时,P11左后电动车窗电动机电流回路为:P/W电动车窗继电器触点→电动车窗主开关P8的端子6→电动车窗主开关P8的端子12→左后电动车窗控制开关P6的端子5→左后电动车窗控制开关P6的端子3→P11左后电动车窗电动机→左后电动车窗控制开关P6的端子1→左后电动车窗控制开关P6的端子2→电动车窗主开关P8的端子10→电动车窗主开关P8的端子1→搭铁→蓄电池负极。P11左后电动车窗电动机通电工作,使车窗玻璃上升。当需要左后侧车窗玻璃下降时,只需按下电动车窗主开关相应的左后侧车窗下降开关,P11左后电动车窗电动机的电流方向相反,电动机通电反转使车窗玻璃下降。

左后侧电动车窗玻璃升降也可以通过操纵左后电动车窗控制开关来实现。此时P11左后电动车窗电动机的回路为:P/W电动车窗继电器触点→左后电动车窗控制开关P6的端子4→左后电动车窗控制开关P6的端子3→P11左后电动车窗电动机→左后电动车窗控制开关P6的端子1→左后电动车窗控制开关P6的端子2→电动车窗主开关P8的端子10→电动车窗主开关P8的端子1→搭铁→蓄电池负极。

前排乘员侧电动车窗玻璃和右后侧电动车窗玻璃的升降控制过程与左后侧电动车窗玻璃升降控制过程相同。

2　汽车电动车窗系统常见故障及其原因

电动车窗系统常见故障有车窗玻璃升降器不工作,车窗玻璃升降器工作时有异常声响,车窗电动机正常、玻璃升降器不工作和车窗玻璃升降器工作时发卡、阻力大等。

1)车窗玻璃升降器不工作

车窗玻璃升降器不工作的原因有:

(1)熔断器熔断;

(2)连接导线断路;

(3)有关继电器、开关损坏;

(4)车窗电动机损坏;

(5)搭铁点锈蚀、松动。

2)车窗玻璃升降器工作时有异常声响

车窗玻璃升降器工作时有异常声响的原因有:

(1)安装时没有调整好;

(2)车窗玻璃升降器故障；

(3)车窗电动机盖板或固定架与车窗玻璃碰擦。

3)车窗电动机正常、玻璃升降器不工作

车窗电动机正常、玻璃升降器不工作的原因是玻璃升降器损坏故障造成。

4)车窗玻璃升降器工作时发卡、阻力大

车窗玻璃升降器工作时发卡、阻力大的原因有：

(1)导轨凹部有异物、导轨损坏或变形；

(2)车窗电动机损坏；

(3)玻璃升降器故障。

3 汽车电动车窗系统主要组成部件的检测与修复方法

1)电动车窗控制开关的检修

用万用表的电阻挡分别检查电动车窗主开关和分开关在车窗处于上升、下降和关闭状态时各端子之间的导通情况，其导通情况应符合标准规定，若不符合规定，应更换。

2)电动车窗电动机的检修

如图3-4所示，断开车窗电动机连接器，直接将蓄电池的正、负极分别接在车窗电动机的两个端子上，这时车窗玻璃应能向某一方向运动；将蓄电池的正、负极反接，车窗玻璃应能向相反的方向运动。否则说明电动机有故障，应进行更换。

注意：在进行车窗电动机的测试时，若电动机停止转动，要立刻断开端子引线，否则会烧坏电动机。

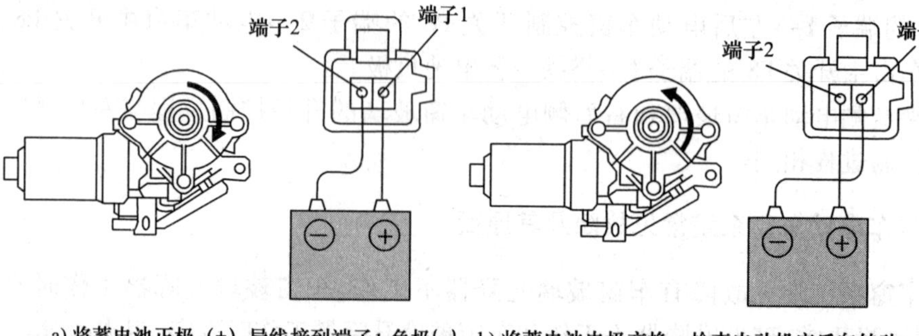

a) 将蓄电池正极（+）导线接到端子1，负极(−)导线接到端子2，检查电动机应转动　b) 将蓄电池电极交换，检查电动机应反向转动

图3-4　检查电动车窗电动机

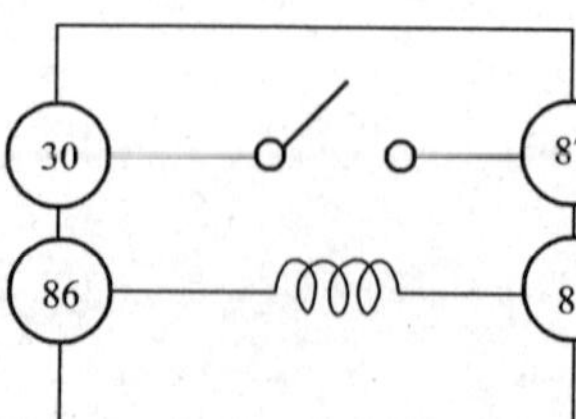

图3-5　车窗继电器的结构原理图

3)电动车窗继电器的检修

电动车窗继电器结构原理如图3-5所示。检查分两步：第一步静态检查，将万用表置于R×1挡，测量端子85和端子86之间的导通性，若不导通说明继电器线圈损坏，应更换继电器；测量端子30和端子87之间的导通性，若导通说明开关触点烧结或常闭，应更换继电器。第二步工作状况检查，将蓄电池的正负极分别接端子85和86，然后用万用表电阻挡测量端

子30和87的导通性,若不导通应更换继电器。

4)熔断器的检修

用万用表检测熔断器的导通情况,用万用表测量熔断器的电阻值,阻值小于1Ω正常,否则应更换。

二、任 务 实 施

项目1　检查与更换电动车窗主开关

1 项目说明

丰田花冠轿车出现所有车窗玻璃升降器都不工作故障时,若诊断为可能是由于电动车窗主开关引起,应该完成对电动车窗主开关的性能检查,必要时应按技术标准对电动车窗主开关进行更换,并制订相应检修步骤。

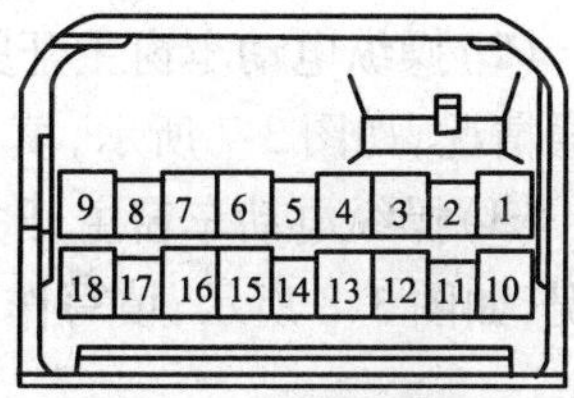

图3-6　丰田花冠轿车电动车窗主开关线束连接器端子

2 技术标准与要求

(1)每位学员独立完成此项目。

(2)技术标准:丰田花冠轿车电动车窗主开关连接器端子如图3-6所示,主开关各端子在不同状态时的导通情况见表3-1。

电动车窗主开关处于各不同状态时控制开关各端子的导通情况　　表3-1

开关位置	测试仪器所连接的控制开关端子号	状　　态
OFF	—	不导通
UP(驾驶人侧)	8-1	导通
DOWN(驾驶人侧)	5-1	导通
UP(前排乘员侧)	6-16、15-1	导通
DOWN(前排乘员侧)	6-15、16-1	导通
UP(左后)	6-12、13-1	导通
DOWN(左后)	6-13、12-1	导通
UP(右后)	6-10、18-1	导通
DOWN(右后)	6-18、10-1	导通

3 设备器材

(1)丰田花冠轿车1辆。

(2)汽车数字式万用表、试灯各1个。

(3)常用工具1套。

4 作业准备

(1)车辆开进举升机工位并做好防护。

(2)清洁工具,万用表校零。

(3)准备工具车、零件车。

(4)准备作业单。

5 操作步骤

(1)拆下电动车窗主开关(丰田花冠轿车的电动车窗主开关和中控门锁主开关是一体的)。

(2)操纵电动车窗主开关使驾驶人侧车窗玻璃上升,检查此时主开关连接器各端子的导通情况,如图3-7所示,填写作业记录单。

(3)操纵电动车窗主开关使驾驶人侧车窗下降,检查此时主开关连接器各端子的导通情况,如图3-8所示,填写作业记录单。

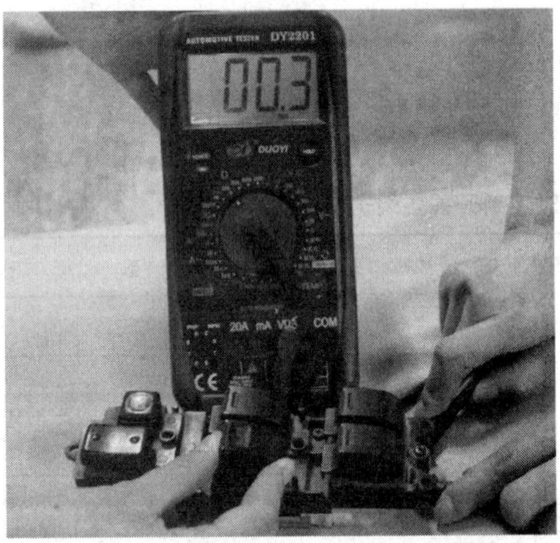

图3-7 检查驾驶人侧车窗上升时主开关连接器各端子的导通情况

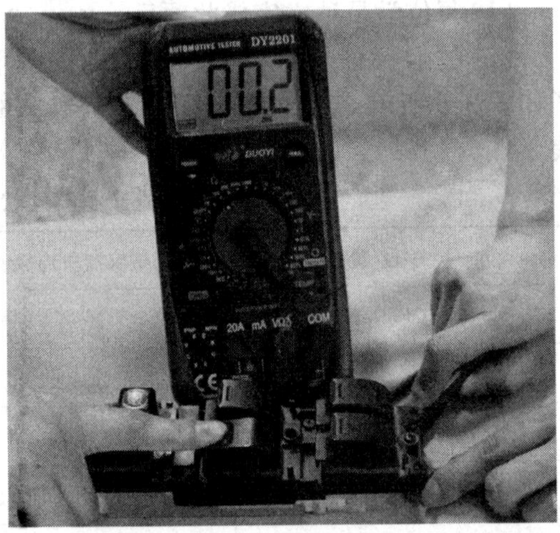

图3-8 检查驾驶人侧车窗下降时主开关连接器各端子的导通情况

(4)操纵电动车窗主开关使前排乘员侧车窗上升,检查此时主开关连接器各端子的导通情况,如图3-9所示,填写作业记录单。

(5)操纵电动车窗主开关使前排乘员侧车窗下降,检查此时主开关连接器各端子的导通情况,如图3-10所示,填写作业记录单。

(6)操纵电动车窗主开关使左后排乘员侧车窗上升,检查此时主开关连接器各端子的导通情况,如图3-11所示,填写作业记录单。

(7)操纵电动车窗主开关使左后排乘员侧车窗下降,检查此时主开关连接器各端子的导通情况,如图3-12所示,填写作业记录单。

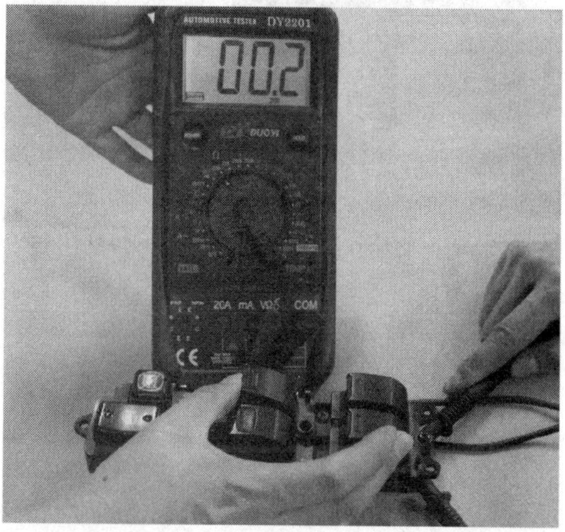

图3-9 检查前排乘员侧车窗上升时主开关连接器各端子的导通情况

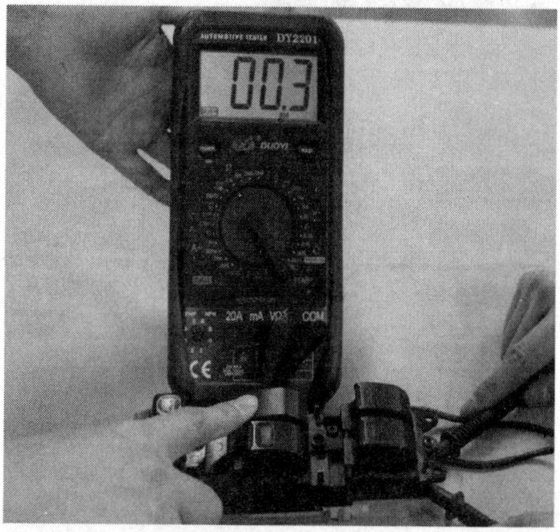

图3-10 检查前排乘员侧车窗下降时主开关连接器各端子的导通情况

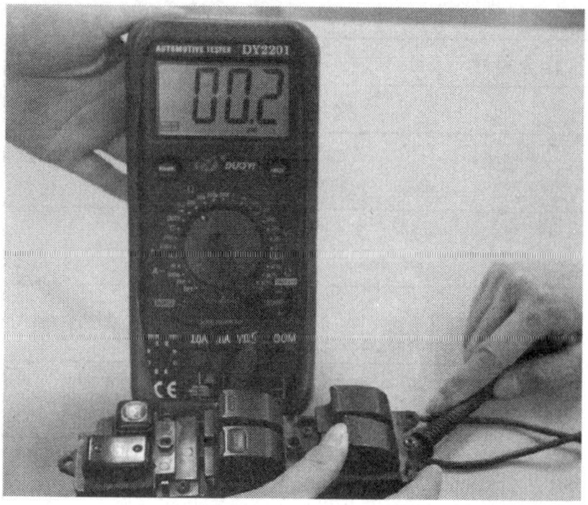

图3-11 检查左后排乘员侧车窗上升时主开关连接器各端子的导通情况

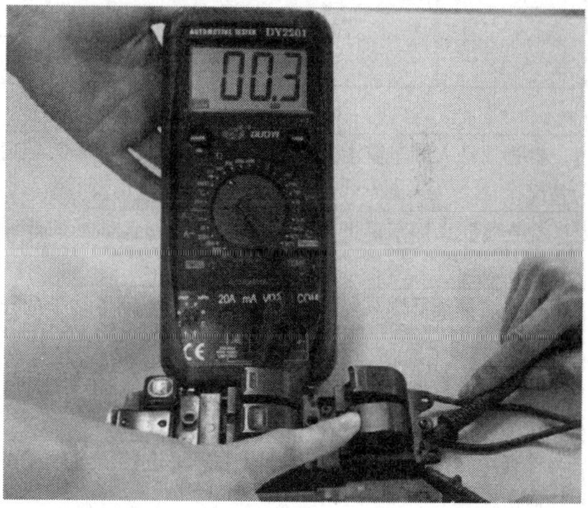

图3-12 检查左后排乘员侧车窗下降时主开关连接器各端子的导通情况

(8)操纵电动车窗主开关使右后排乘员侧车窗上升,检查此时主开关连接器各端子的导通情况,如图3-13所示,填写作业记录单。

(9)操纵电动车窗主开关使右后排乘员侧车窗下降,检查此时主开关连接器各端子的导通情况,如图3-14所示,填写作业记录单。

(10)若上述测量的结果不符合表3-1的技术标准,应更换该开关。

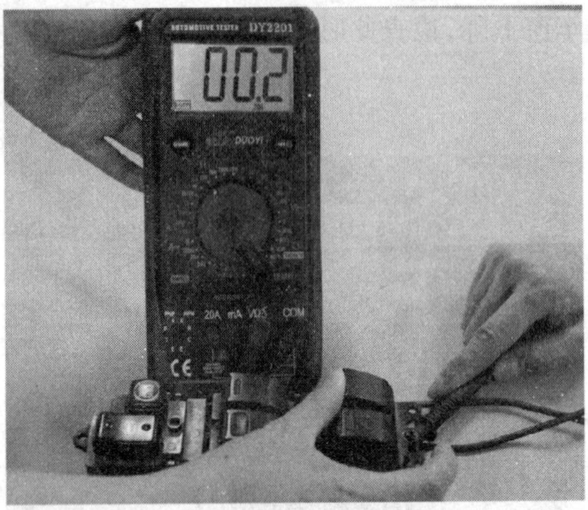

图 3-13　检查右后排乘员侧车窗上升时主开关连接器各端子的导通情况

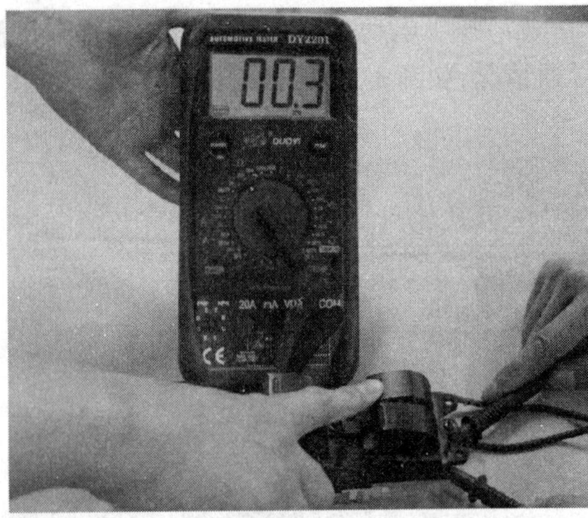

图 3-14　检查右后排乘员侧车窗下降时主开关连接器各端子的导通情况

6 记录与分析

记录与分析见表 3-2。

检查及更换电动车窗主开关作业记录单　　表 3-2

姓名		班级		学号		组别	
车型		发动机型号		作业单号		作业日期	
检 查 项 目				检 查 结 果			
检查驾驶人侧车窗上升时主开关连接器各端子的导通情况							
检查驾驶人侧车窗下降时主开关连接器各端子的导通情况							
检查前排乘员侧车窗上升时主开关连接器各端子的导通情况							
检查前排乘员侧车窗下降时主开关连接器各端子的导通情况							
检查左后排乘员侧车窗上升时主开关连接器各端子的导通情况							
检查左后排乘员侧车窗下降时主开关连接器各端子的导通情况							
检查右后排乘员侧车窗上升时主开关连接器各端子的导通情况							
检查右后排乘员侧车窗下降时主开关连接器各端子的导通情况							
处理意见							
制订修复工艺							

项目2 诊断与修复汽车电动车窗不升降故障

1 项目说明

丰田花冠轿车出现电动车窗不升降故障时,应该从熔断器、搭铁及线路连接等涉及整个电动车窗系统的部位着手进行检查,若诊断为可能是由于控制开关、车窗电动机等故障引起,应该完成对控制开关、车窗电动机检查,必要时应按技术标准完成控制开关、车窗电动机的更换,故障诊断的流程如图3-15所示。

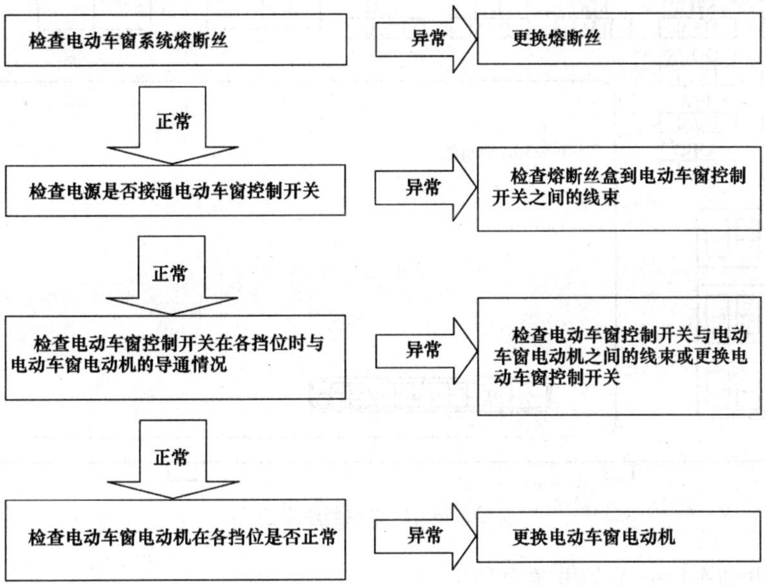

图3-15 汽车电动车窗不升降故障诊断的流程

2 要求

每位学员独立完成此项目。

3 设备器材

(1)丰田花冠轿车1辆。
(2)汽车数字式万用表、试灯各1个。
(3)常用工具1套。

4 作业准备

(1)车辆开进举升机工位并做好防护。
(2)准备工具车、零件车。
(3)清洁工具,万用表校零。
(4)准备作业单。

5 操作步骤

1)检查电动车窗系统的熔断丝

丰田花冠轿车的仪表熔断丝盒内的熔断丝位置如图3-16所示。打开仪表板熔断丝盒,找到并检查P/W熔断丝,填写作业记录单。

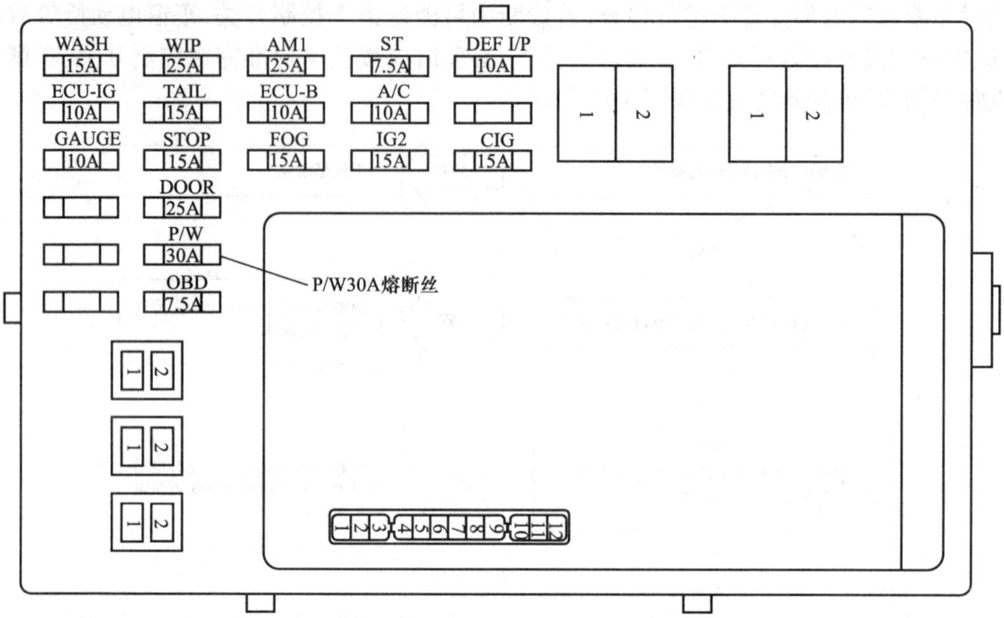

图3-16 P/W熔断丝位置

2)检查电动车窗开关的电源电压

(1)断开电动车窗主开关线束连接器,接通点火开关,检查电动车窗主开关P8的电源端子与蓄电池负极间电压,如图3-17所示,填写作业记录单。

(2)断开左后电动车窗分开关线束连接器,接通点火开关,检查左后电动车窗分开关P6的电源端子与蓄电池负极间电压,如图3-18所示,填写作业记录单。

图3-17 检查电动车窗主开关的电源电压

图3-18 检查左后电动车窗分开关的电源电压

(3)用同样的方法,检查右前电动车窗分开关和右后电动车窗分开关的电源电压,填写作业记录单。

3)检查电动车窗开关与车窗电动机之间的线路

(1)检查电动车窗主开关与左前车窗电动机之间的线路,如图3-19所示,填写作业记录单。

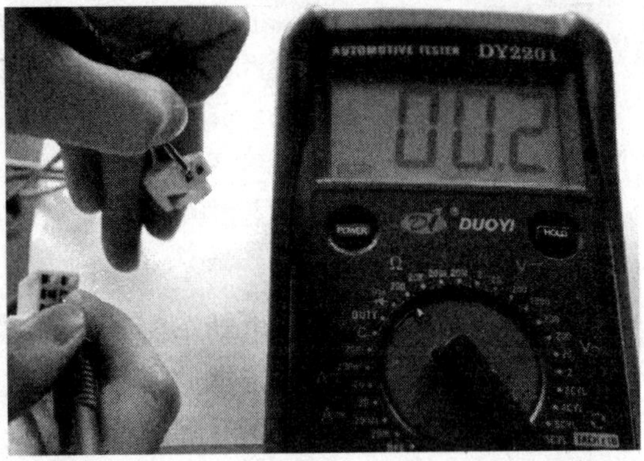

图3-19　检查电动车窗主开关与左前车窗电动机之间的线路

(2)用同样的方法,检查电动车窗主开关与左后车窗电动机、右前车窗电动机、右后车窗电动机之间的线路,填写作业记录单。

(3)检查各电动车窗电动机,填写作业记录单。

(4)若电动车窗控制开关、电动车窗电动机不能正常运行,应更换。

6　记录与分析

记录与分析见表3-3。

诊断与修复汽车电动车窗不升降故障作业记录单　表3-3

姓名		班级		学号		组别	
车型		VIN码		作业单号		作业日期	
检查项目				检查结果			
电动车窗系统的熔断丝							
电动车窗主开关的电源电压							
左后电动车窗分开关的电源电压							
右前电动车窗分开关的电源电压							
右后电动车窗分开关的电源电压							
电动车窗主开关与左前车窗电动机之间的线路							
电动车窗主开关与左后车窗电动机之间的线路							
电动车窗主开关与右前车窗电动机之间的线路							
电动车窗主开关与右后车窗电动机之间的线路							
四个车窗电动机							
处理意见							
制订电动车窗不升降故障诊断与修复工艺							

三、学习评价

1 理论考核

1)分析题

(1)简述丰田花冠轿车电动车窗系统的结构特点。

(2)试分析电动车窗系统常见故障及其故障原因。

(3)简述汽车电动车窗不升降的检测方法。

(4)简述丰田花冠轿车电动车窗工作原理。

(5)简述电动汽车车窗主开关的检测方法。

2)判断题

(1)断开车窗电动机连接器,直接将蓄电池的正、负极分别接在车窗电动机的两个端子上,这时车窗玻璃应能向某一方向运动;如果将蓄电池的正、负极反接,车窗玻璃应能向相同的方向运动。 ( )

(2)用万用表检测熔断器的导通情况,用万用表测量熔断器的电阻值,阻值大于1Ω正常。 ( )

(3)丰田花冠轿车的车窗玻璃升降器采用交臂式。 ( )

3)选择题

(1)丰田花冠轿车的电动车窗控制开关一般有两套,一套为主开关,这个主开关安装在( )。

A.仪表板上　B.驾驶人侧的车门上　C.变速杆前　D.ABC都不正确

(2)检查电动车窗电动机时,用蓄电池的正负极分别接电动机连线的端子后,电动机转动,互换蓄电池正负极和端子连接后,电动机反转,说明( )。

A.电动机良好　B.不能判断电动机的好坏

C.电动机损坏　D.操作不正确

(3)下列关于电动车窗说法不正确的是( )。

A.车窗玻璃升降器是一个执行机构,它执行驾驶人或乘客的指令使车窗玻璃升降

B.电动车窗系统一般由车窗玻璃、玻璃升降器、电动机、开关等装置组成

C.电动车窗的作用有手动升降、自动升降、车窗锁止、防夹保护、延时操作、门锁联动关闭等

D.丰田花冠轿车电动车窗系统的车窗控制开关只有主开关,没有分开关

(4)永磁式电动车窗电动机通过( )来控制电动机正反转。

A.改变电动机励磁绕组的电流方向　B.改变电动机励磁绕组的匝数

C.改变电枢绕组的匝数　D.改变电枢绕组的电流方向

2 技能考核

“项目1　检查及更换电动车窗主开关”的评分表见表3-4。

检查及更换电动车窗主开关项目评分表　　表3-4

<table>
<tr><td rowspan="2">基本信息</td><td colspan="2">姓　名</td><td></td><td>学号</td><td></td><td>班级</td><td></td><td>组别</td><td></td></tr>
<tr><td colspan="2">规定时间</td><td></td><td>完成时间</td><td></td><td>考核日期</td><td></td><td>总评成绩</td><td></td></tr>
<tr><td rowspan="11">任务工单</td><td rowspan="2">序号</td><td colspan="4" rowspan="2">步　骤</td><td colspan="2">完成情况</td><td rowspan="2">标准分</td><td rowspan="2">评分</td></tr>
<tr><td>完成</td><td>未完成</td></tr>
<tr><td>1</td><td colspan="4">考核准备
资料
工具</td><td></td><td></td><td>10</td><td></td></tr>
<tr><td>2</td><td colspan="4">验证车窗开关</td><td></td><td></td><td>5</td><td></td></tr>
<tr><td>3</td><td colspan="4">清洁工具，整理资料</td><td></td><td></td><td>5</td><td></td></tr>
<tr><td>4</td><td colspan="4">拆下车窗主开关</td><td></td><td></td><td>10</td><td></td></tr>
<tr><td>5</td><td colspan="4">分析丰田花冠轿车电路图</td><td></td><td></td><td>5</td><td></td></tr>
<tr><td>6</td><td colspan="4">检测在各状态下主开关线束连接器各端子的导通情况</td><td></td><td></td><td>5</td><td></td></tr>
<tr><td>7</td><td colspan="4">进行测量结果分析</td><td></td><td></td><td>10</td><td></td></tr>
<tr><td>8</td><td colspan="4">制订修复工艺</td><td></td><td></td><td>5</td><td></td></tr>
<tr><td>9</td><td colspan="4">清洁及整理</td><td></td><td></td><td>10</td><td></td></tr>
<tr><td colspan="2">安全</td><td colspan="6"></td><td>5</td><td></td></tr>
<tr><td colspan="2">5S</td><td colspan="6"></td><td>5</td><td></td></tr>
<tr><td colspan="2">沟通表达</td><td colspan="6"></td><td>5</td><td></td></tr>
<tr><td colspan="2">工单填写</td><td colspan="6"></td><td>10</td><td></td></tr>
<tr><td colspan="2">工艺制订</td><td colspan="6"></td><td>10</td><td></td></tr>
</table>

“项目2　诊断与修复汽车电动车窗不升降故障”的评分表见表3-5。

诊断与修复汽车电动车窗不升降故障项目评分表　　　表3-5

<table>
<tr><td rowspan="2">基本信息</td><td colspan="2">姓　名</td><td></td><td>学号</td><td></td><td>班级</td><td></td><td>组别</td><td></td></tr>
<tr><td colspan="2">规定时间</td><td></td><td>完成时间</td><td></td><td>考核日期</td><td></td><td>总评成绩</td><td></td></tr>
<tr><td rowspan="11">任务工单</td><td rowspan="2">序号</td><td colspan="4" rowspan="2">步　　骤</td><td colspan="2">完成情况</td><td rowspan="2">标准分</td><td rowspan="2">评分</td></tr>
<tr><td>完成</td><td>未完成</td></tr>
<tr><td>1</td><td colspan="4">考核准备
资料
工具</td><td></td><td></td><td>10</td><td></td></tr>
<tr><td>2</td><td colspan="4">清洁工具，整理资料</td><td></td><td></td><td>5</td><td></td></tr>
<tr><td>3</td><td colspan="4">验证故障现象</td><td></td><td></td><td>5</td><td></td></tr>
<tr><td>4</td><td colspan="4">分析故障原因</td><td></td><td></td><td>5</td><td></td></tr>
<tr><td>5</td><td colspan="4">分析丰田花冠轿车电路图</td><td></td><td></td><td>5</td><td></td></tr>
<tr><td>6</td><td colspan="4">用万用表、试灯进行检测</td><td></td><td></td><td>10</td><td></td></tr>
<tr><td>7</td><td colspan="4">进行测量结果分析</td><td></td><td></td><td>10</td><td></td></tr>
<tr><td>8</td><td colspan="4">制订修复工艺</td><td></td><td></td><td>5</td><td></td></tr>
<tr><td>9</td><td colspan="4">清洁及整理</td><td></td><td></td><td>10</td><td></td></tr>
<tr><td colspan="2">安全</td><td colspan="6"></td><td>5</td><td></td></tr>
<tr><td colspan="2">5S</td><td colspan="6"></td><td>5</td><td></td></tr>
<tr><td colspan="2">沟通表达</td><td colspan="6"></td><td>5</td><td></td></tr>
<tr><td colspan="2">工单填写</td><td colspan="6"></td><td>10</td><td></td></tr>
<tr><td colspan="2">工艺制订</td><td colspan="6"></td><td>10</td><td></td></tr>
</table>

四、拓 展 学 习

当驾驶人操作电动车窗时，如果没有注意乘员的手或物件伸出窗口，就容易被上升的车窗玻璃夹住，为了安全起见，现在很多汽车的电动车窗都增加了防夹功能。当车窗在任意位置有物体被夹住时，控制器会立即停止上升动作，并自动返回到下死点，然后立即断电停机，以释放被夹物体，保护驾驶人和乘客的安全(特别是6岁以下的儿童)。在上、下死点位置，无论车窗开关是否松开，控制器均会自动断电，以避免电动机因长时间堵转而烧毁。

如果电动车窗出现机械故障被卡住，控制器也会立即断电，有效保护电动机不烧毁。

上海大众帕萨特领驭轿车的电动车窗有防夹功能。如图 3-20 所示，车窗电动机中有一个霍尔传感器，它可以检测到车窗关闭过程中是否有东西卡住车窗。霍尔传感器安装在门控制单元的印刷电路板上，与电动机的轴处于同一高度。一个环形磁铁安装在霍尔传感器上。当车窗在关闭过程中遇到阻碍，霍尔传感器检测到电动机转速发生变化后向车门控制单元发出电动机转速变化信号，车门控制单元由此识别出车窗遇到阻碍，控制车窗电动机反向旋转，车窗反向移动，从而实现车窗的防夹功能。

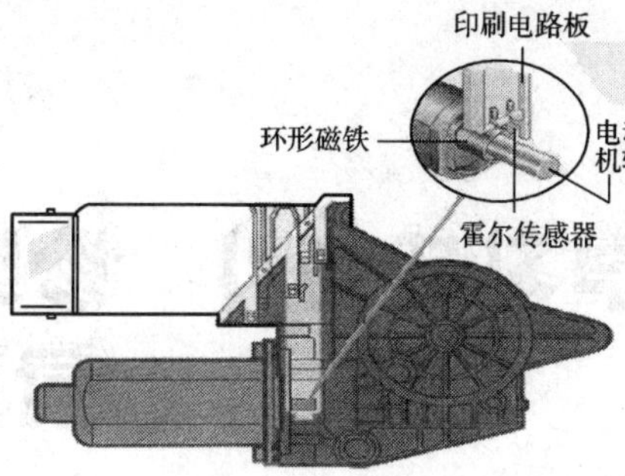

图 3-20　上海大众帕萨特领驭轿车电动车窗防夹功能原理图

学习任务4　诊断与修复汽车电动后视镜系统

工作情境描述

某汽车维修站接收一辆丰田花冠轿车,根据车主反映,该车出现左边电动后视镜不能调节的现象。维修人员根据故障现象判定其原因可能为电动后视镜系统的开关失灵,必须对电动后视镜系统进行检修。

请通过检测电动后视镜系统,判断电动后视镜系统的技术状况;若需要修复电动后视镜系统,请制订电动后视镜系统修复方法和工艺流程。

学习目标

通过本任务学习,应能:

1. 叙述丰田花冠轿车电动后视镜系统的结构特点;

2. 描述汽车电动后视镜系统的常见故障,分析汽车电动后视镜系统常见故障的原因;

3. 描述电动后视镜系统各主要部件的性能检查方法;

4. 根据维修手册,正确选用工具和检测设备,在规定时间内,安全规范地进行电动后视镜控制开关的性能检查与更换、电动后视镜系统不工作故障的诊断与修复,制订相应的修复方法和工艺流程。

学习时间

6 学时。

学习引导

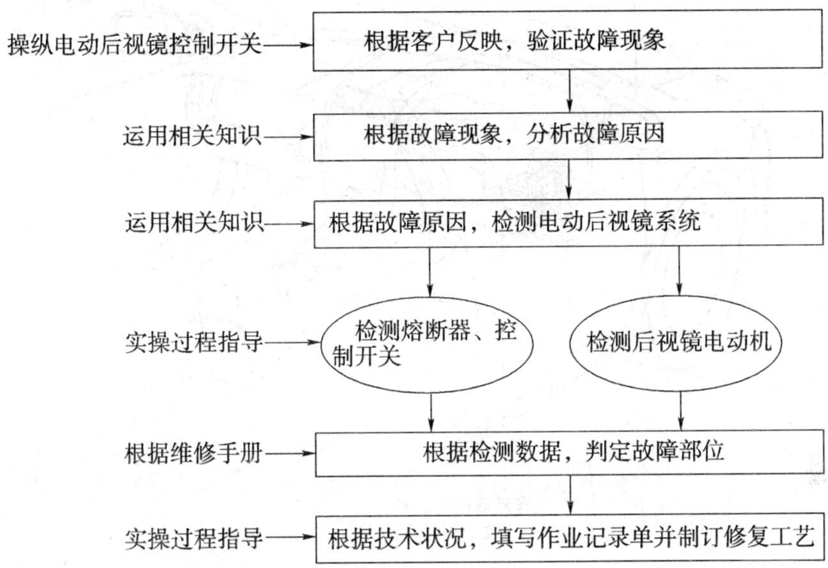

一、知 识 准 备

1　丰田花冠轿车电动后视镜系统

后视镜是汽车必备的安全装置之一，驾驶人在行车过程中，通过后视镜来获取汽车后方和侧面等外部信息。为了便于驾驶人调整后视镜的角度，许多轿车安装了电动后视镜（又称自动后视镜），驾驶人坐在座椅上通过控制开关可以方便快捷地对左、右后视镜的后视角度进行随意调节，避免驾驶人开车时将手伸出车外调整后视镜的危险性，使用方便、安全可靠。

丰田花冠轿车的电动后视镜系统如图 4-1 所示，主要由镜面玻璃、电动机、控制开关、线束和壳体等组成。

丰田花冠轿车两侧电动后视镜内各有两个电动机，通过控制两个电动机的电流方向，即可使镜面产生上、下、左、右四种运动，以获得不同方位的位置调整。丰田花冠轿车两侧后视镜总成及线束连接器如图 4-2 所示。

丰田花冠轿车电动后视镜控制开关如图 4-3 所示。当点火开关置于 ON 时，将控制开关球形钮旋转，以选择所需要调整的后视镜。在控制开关面板上印有 L、R，L 表示左侧后视镜，R 表示右侧后视镜，中间则是停止操作。选择好需要调整的后视镜后，只要上、下、左、右摇动开关的球形钮，就可以调整后视镜反射面的空间角度。调整工作完毕，可将开关转回中间位置以防误碰。

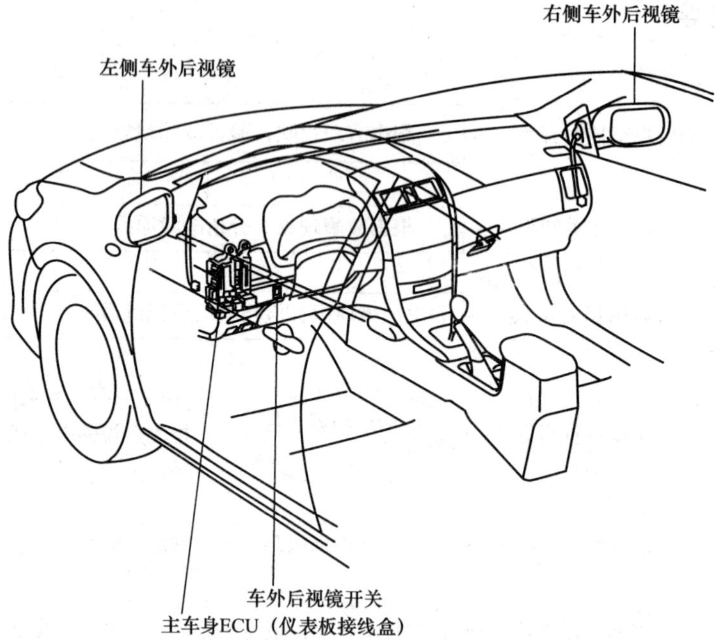

图 4-1　丰田花冠轿车电动后视镜系统

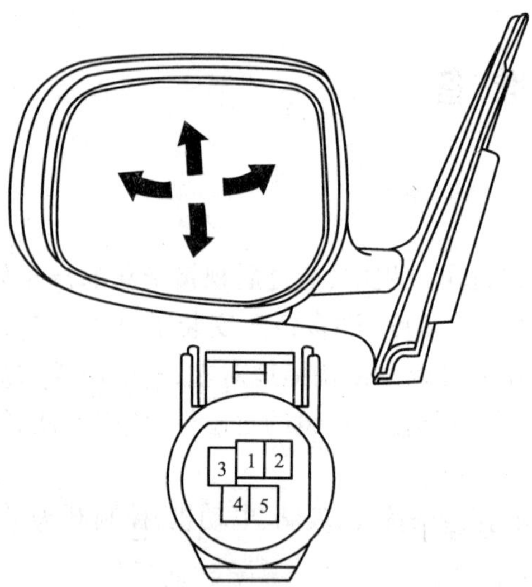

图 4-2　丰田花冠轿车电动后视镜总成及线束连接器

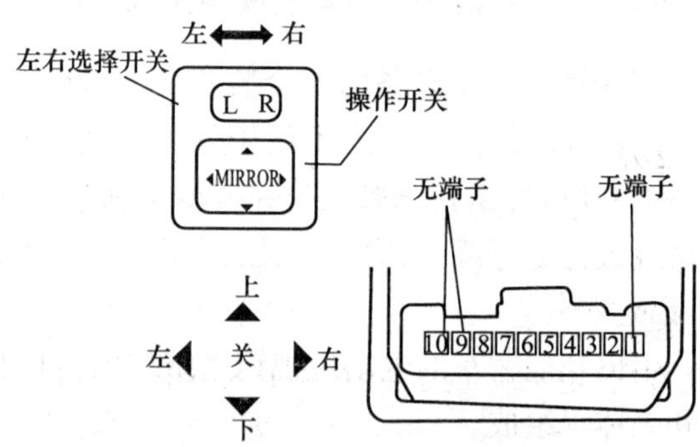

图 4-3　丰田花冠轿车电动后视镜控制开关

丰田花冠轿车电动后视镜的控制电路如图 4-4 所示。当点火开关处于“ACC”挡时，蓄电池电源通过一系列熔断丝，通过电动后视镜开关的上/下、左/右开关的操作，控制后视镜电动机相应动作，从而带动后视镜上/下或左/右方向的运动。

丰田花冠轿车电动后视镜具体控制原理如下：

(1)电源电流。蓄电池电源→F10 熔断丝→点火开关“ACC”挡→7.5A ACC 熔断丝→

电动后视镜开关端子8。

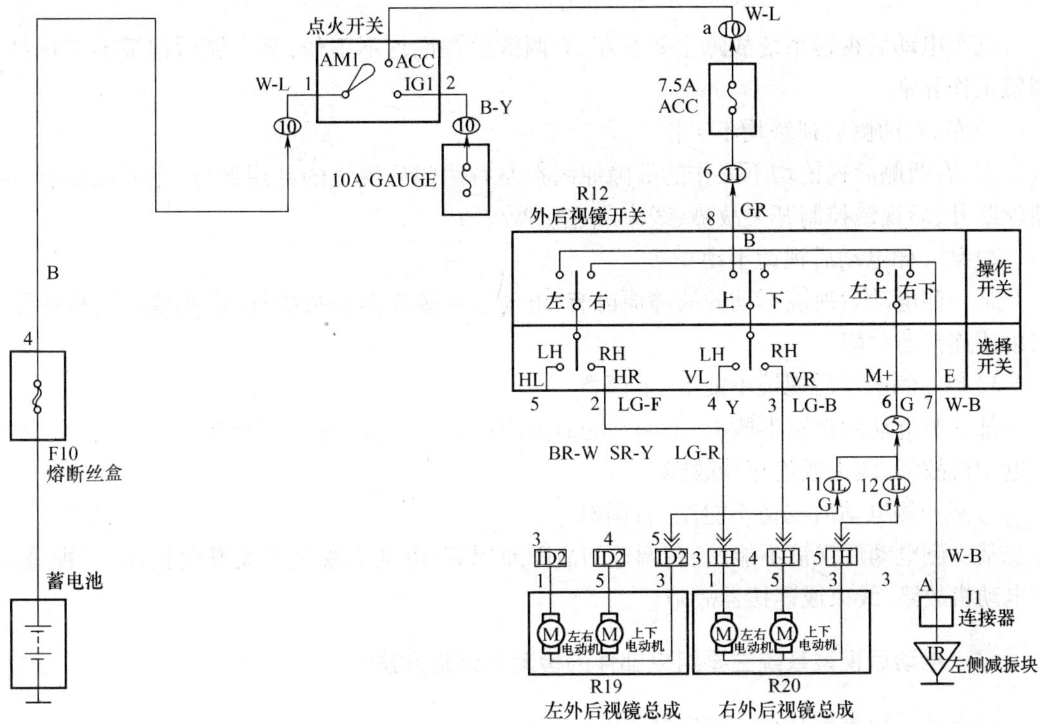

图4-4　丰田花冠轿车电动后视镜的控制电路

(2)左后视镜的运动。将左右选择开关拨至“L”。

①左后视镜向上运动:当后视镜操作开关处于“上”位置时,开关端子4-8、6-7接通。电流方向:电动后视镜开关端子8→电动后视镜开关端子4→上下电动机→电动后视镜开关端子6→电动后视镜开关端子7→搭铁→蓄电池负极。上下电动机控制后视镜向上运动。

②左后视镜向下运动:当后视镜操作开关处于“下”位置时,开关端子6-8、4-7接通。电流方向:电动后视镜开关端子8→电动后视镜开关端子6→上下电动机→电动后视镜开关端子4→电动后视镜开关端子7→搭铁→蓄电池负极。上下电动机控制后视镜向下运动。

③左后视镜向左运动:当后视镜操作开关处于“左”位置时,开关端子5-8、6-7接通。电流方向:电动后视镜开关端子8→电动后视镜开关端子5→左右电动机→电动后视镜开关端子6→电动后视镜开关端子7→搭铁→蓄电池负极。左右电动机控制后视镜向左运动。

④左后视镜向右运动:当后视镜操作开关处于“右”位置时,开关端子5-7、6-8接通。电流方向:电动后视镜开关端子8→电动后视镜开关端子6→左右电动机→电动后视镜开关端子5→电动后视镜开关端子7→搭铁→蓄电池负极。左右电动机控制后视镜向右运动。

(3)右后视镜的运动。右侧后视镜的控制原理与左侧相同,只要将左右选择开关拨至“R”即可。

2 汽车电动后视镜系统常见故障及其原因

汽车电动后视镜系统故障主要有左、右两侧后视镜均不工作；某一侧后视镜不工作；后视镜工作异常。

1）左、右两侧后视镜均不工作

左、右两侧后视镜均不工作的故障原因在左右两侧后视镜的共用部分，主要原因有：熔断丝断开、后视镜控制开关故障、线束或连接器故障。

2）某一侧电动后视镜不动

某一侧电动后视镜不动的故障原因有：电动后视镜控制开关损坏、后视镜电动机故障、线束或连接器故障。

3）某一侧电动后视镜不能上、下调整

某一侧电动后视镜不能上、下调整的故障原因有：电动后视镜控制开关损坏、后视镜上下电动机故障、线束或连接器故障。

4）某一侧电动后视镜不能左、右调整

某一侧电动后视镜不能左、右调整的故障原因有：电动后视镜开关开关损坏、后视镜左右电动机故障、线束或连接器故障。

3 电动后视镜系统主要组成部件的检测与修复方法

1）电动后视镜控制开关的检修

用万用表的电阻挡或试灯检查控制开关线束连接器各端子在不同状态时的导通性，其导通情况应符合标准规定，若检查结果不符合规定，应更换开关。

2）后视镜电动机的检查

如图 4-5 所示，断开后视镜电动机连接器，施加蓄电池电压并检查后视镜电动机的动作，其动作应符合标准规定，若检查结果不符合规定，应更换后视镜总成。

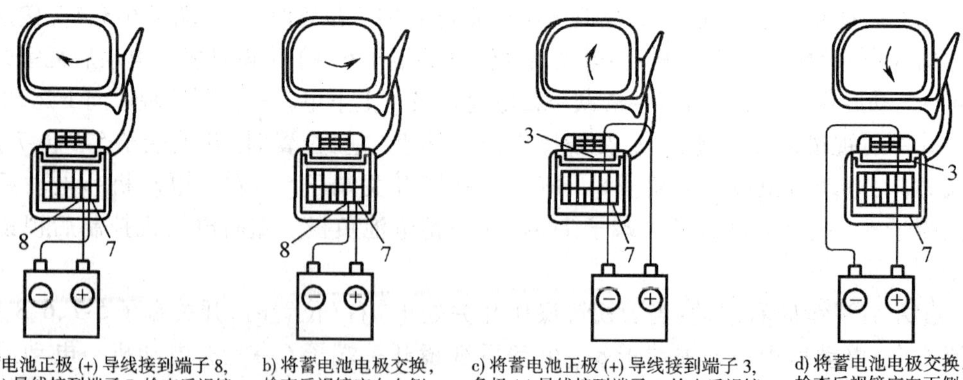

a) 将蓄电池正极 (+) 导线接到端子 8，负极 (–) 导线接到端子 7，检查后视镜应向左侧转动

b) 将蓄电池电极交换，检查后视镜应向右侧转动

c) 将蓄电池正极 (+) 导线接到端子 3，负极 (–) 导线接到端子 7，检查后视镜应向上侧转动

d) 将蓄电池电极交换，检查后视镜应向下侧转动

图 4-5 检查电动后视镜电动机

二、任务实施

项目1 检查及更换电动后视镜控制开关

1 项目说明

丰田花冠轿车出现某一侧后视镜不能向左、右、上、下四个方向转动故障时,若诊断为可能是由于电动后视镜控制开关的故障引起,应该完成对电动后视镜控制开关的性能检查,必要时应按技术标准完成电动后视镜控制开关的更换。

2 技术标准与要求

(1)每位学员独立完成此项目。

(2)技术标准:丰田花冠轿车电动后视镜控制开关线束连接器各端子在不同状态时的导通情况见表4-1、表4-2。

左侧后视镜处于各不同状态时控制开关各端子的导通情况　　表4-1

开关位置	测试仪器所连接的控制开关端子号	状　态
OFF(断开)	—	不导通
UP(向上)	4-8、6-7	导通
DOWN(向下)	6-8、4-7	导通
LEFT(向左)	5-8、6-7	导通
RIGHT(向右)	5-7、6-8	导通

右侧后视镜处于各不同状态时控制开关各端子的导通情况　　表4-2

开关位置	测试仪器所连接的控制开关端子号	状　态
OFF(断开)	—	不导通
UP(向上)	3-8、6-7	导通
DOWN(向下)	3-7、6-8	导通
LEFT(向左)	2-8、6-7	导通
RIGHT(向右)	2-7、6-8	导通

3 设备器材

(1)丰田花冠轿车1辆。

(2)汽车数字式万用表1个

(3)常用工具1套。

(4)扭力扳手、旋具各1个。

4 作业准备

(1)车辆开进举升机工位并做好防护。

(2)清洁工具,万用表校零。

(3)拆卸仪表板下装饰板总成。

(4)准备作业单。

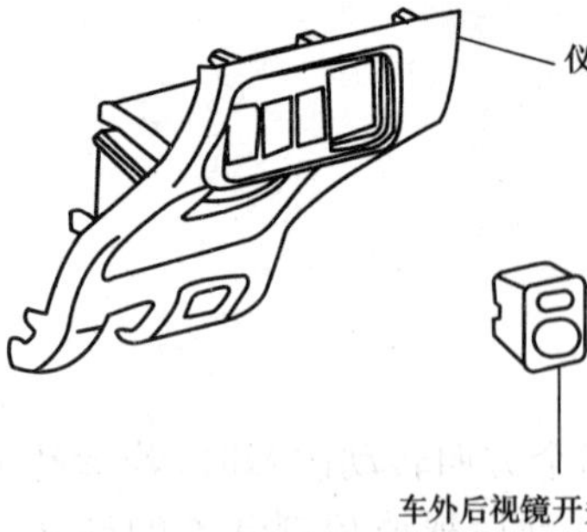

图4-6 丰田花冠轿车电动后视镜控制开关的安装位置

5 操作步骤

1)拆下电动后视镜控制开关

控制开关在汽车上的安装位置如图4-6所示。

2)检查电动后视镜控制开关

(1)在L位置时,检查控制开关。

①向上按开关和不按开关时,分别检查控制开关端子4-8、6-7之间的导通情况,如图4-7、图4-8所示,填写作业记录单。

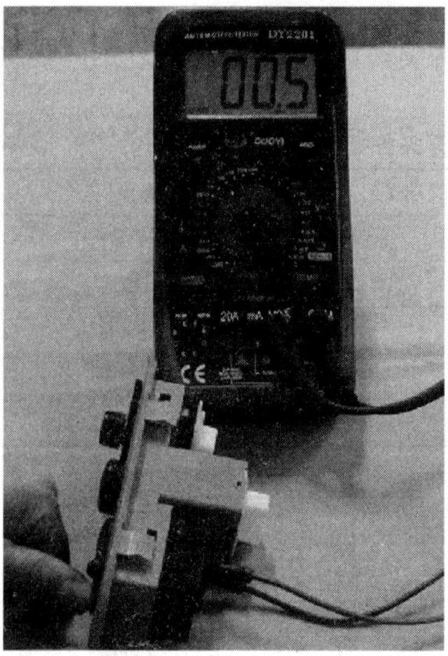

图4-7 向上按开关时,检查控制开关端子4-8、6-7之间的导通情况

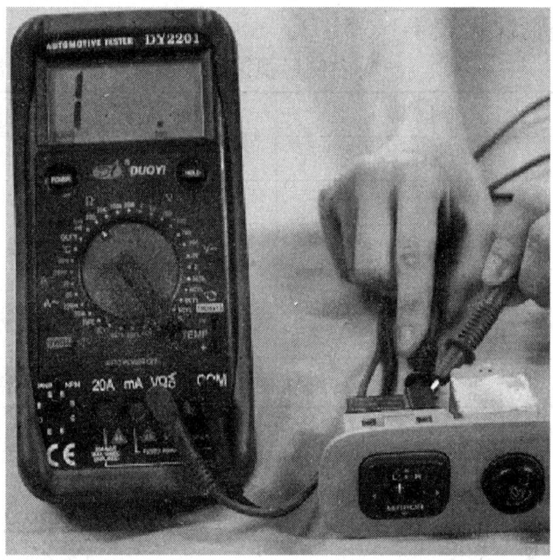

图4-8 不按开关时,检查控制开关端子4-8、6-7之间的导通情况

②用同样的方法,向下按开关和不按开关时,分别检查控制开关端子4-7、6-8之间的导通情况,填写作业记录单。

③向左按开关和不按开关时,分别检查控制开关端子5-8、6-7之间的导通情况,填写作业记录单。

④向右按开关和不按开关时,分别检查控制开关端子5-7、6-8之间的导通情况,填写作业记录单。

(2)在R位置时,检查控制开关。检查当控制开关选择不同开关条件时控制开关各端子间的导通性,其步骤和方法与(1)相同,在此不再介绍。

(3)若上述测量的结果不符合表4-1和表4-2的技术标准,应更换该控制开关。

6 记录与分析

记录与分析见表4-3。

检查与更换电动后视镜控制开关作业记录单 表4-3

姓名		班级		学号		组别	
车型		开关型号		作业单号		作业日期	
检查项目				检查结果			
				开		关	
4-8							
6-7							
4-7							
6-8							
5-8							
6-7							
5-7							
6-8							
3-8							
6-7							
3-7							
6-8							
2-8							
6-7							
2-7							
6-8							
处理意见							
制订修复工艺							

项目2 诊断与修复电动后视镜不工作故障

1 项目说明

丰田花冠轿车出现电动后视镜不工作故障时,应该从熔断丝、搭铁及线路连接等涉及整个电动后视镜系统的部位着手进行检查,若诊断为可能是由于控制开关、后视镜电动机等故障引起,应该完成对控制开关、后视镜电动机的检查,必要时应按技术标准完成控制开关、后视镜电动机的更换,故障诊断的流程如图4-9所示。

2 技术标准与要求

(1)每个学员独立完成此项目。

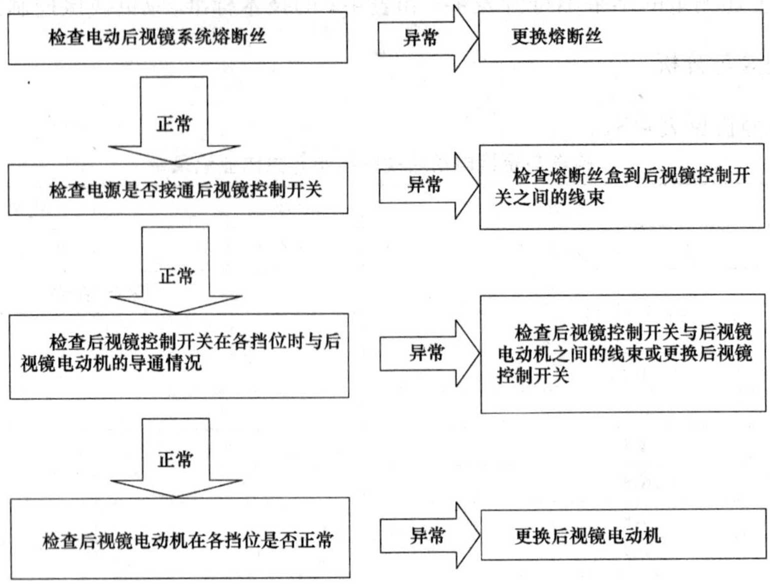

图4-9　汽车电动后视镜系统不工作故障诊断流程

(2)技术标准:丰田花冠轿车电动机后视镜总成加电压后运动情况见表4-4。

后视镜总成加电压运动情况　　表4-4

测量条件	规定状态
蓄电池正极(+)→端子5(MV) 蓄电池负极(-)→端子4(M+)	上翻
蓄电池正极(+)→端子4(M+) 蓄电池负极(-)→端子5(MV)	下翻
蓄电池正极(+)→端子3(MH) 蓄电池负极(-)→端子4(M+)	左转
蓄电池正极(+)→端子4(M+) 蓄电池负极(-)→端子3(MH)	右转

3　设备器材

(1)丰田花冠轿车1辆。

(2)汽车数字式万用表1个。

(3)常用工具1套。

(4)扭力扳手、旋具各1个。

4　作业准备

(1)车辆开进举升机工位并做好车辆防护。

(2)清洁工具,万用表校零。

(3)准备作业单。

5 操作步骤

(1)检查电动后视镜系统的熔断丝。丰田花冠轿车的仪表熔断丝盒内的熔断丝位置如图4-10所示。打开仪表板熔断丝盒,找到并检查7.5A ACC熔断丝,填写作业记录单。

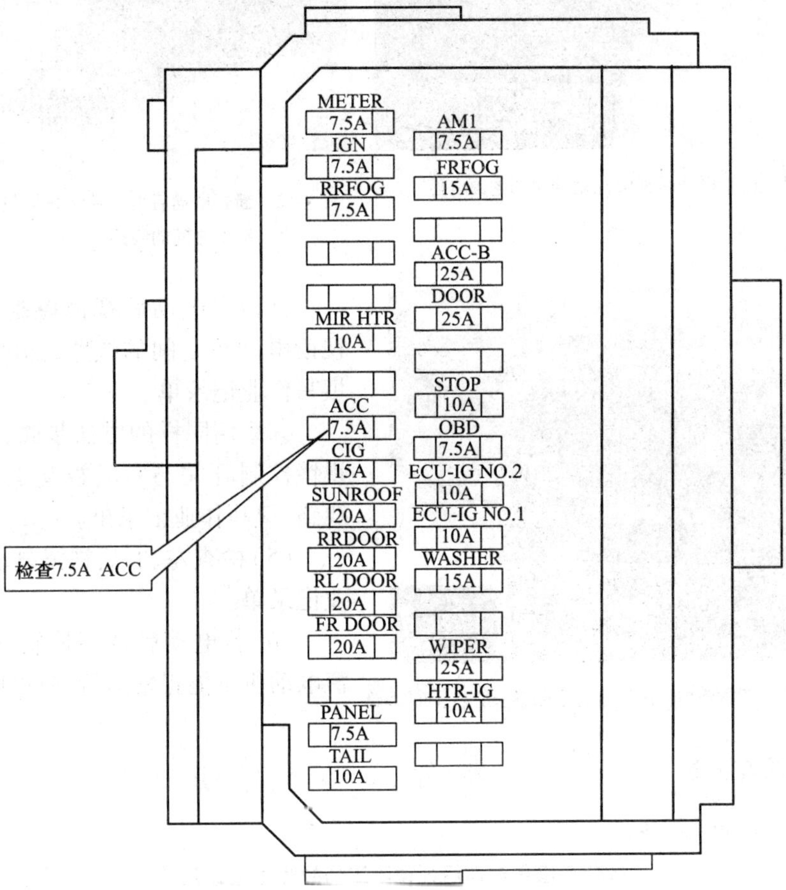

图4-10　检查7.5A ACC熔断丝

(2)检查电动后视镜控制开关的电源电压。

①拆卸前门内把手框、前扶手座上板、门控灯总成(带门控灯)、前门装饰板分总成、前门下门框支架装饰条,找到并断开电动后视镜控制开关线束连接器。

②接通点火开关,检查电动后视镜控制开关的端子8与蓄电池负极之间的电压,如图4-11所示,填写作业记录单。

(3)检查电动后视镜控制开关的性能,填写作业记录单。

(4)检查电动后视镜控制开关与后视镜电动机之间的线路。

①拆卸带盖的后视镜总成、后视镜玻璃、后视镜盖,找到并断开左、右后视镜电动机连接器,如图4-12所示。

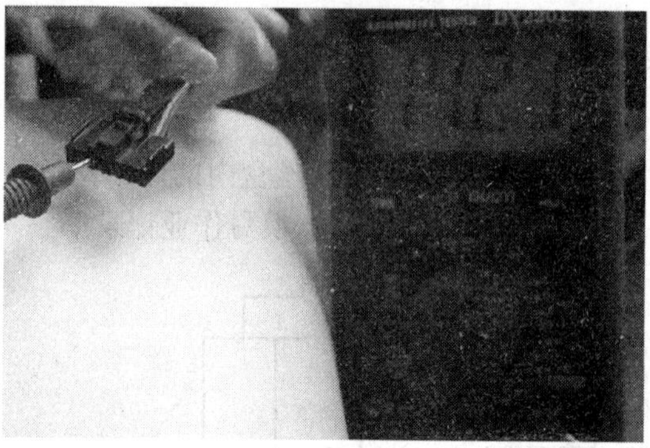

图 4-11 检查电动后视镜控制开关的电源电压

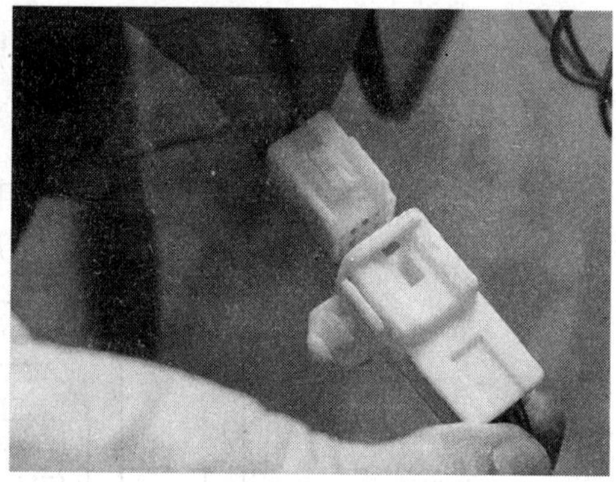

图 4-12 断开电动后视镜控制开关与左后视镜电动机之间的线路

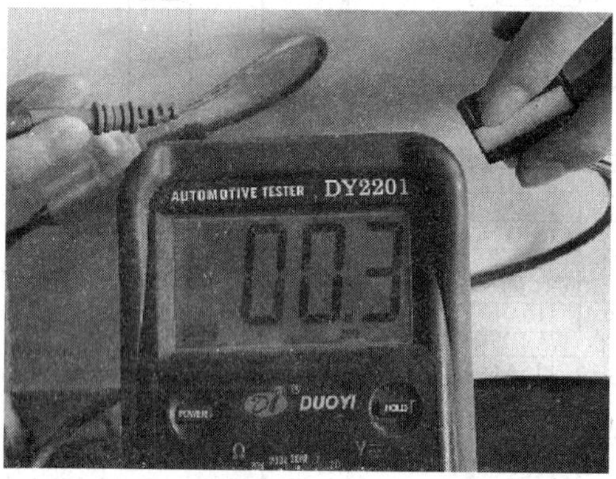

图 4-13 检查电动后视镜控制开关与左后视镜电动机之间的线路

②检查电动后视镜控制开关与左后视镜电动机之间的线路，如图 4-13 所示，填写作业记录单。

③采用同样的方法步骤，检查电动后视镜控制开关与右后视镜电动机之间的线路，填写作业记录单。

(5)检查左、右后视镜电动机，填写作业记录单。

(6)若电动后视镜控制开关、电动车窗电动机不能正常运行，应更换。

6 记录与分析

记录与分析见表 4-5。

诊断与修复电动后视镜不工作故障作业记录单 表 4-5

姓名		班级		学号		组别	
车型		开关型号		作业单号		作业日期	
检查项目				检查结果			
电动后视镜系统的熔断丝							
电动后视镜控制开关的电源电压							
电动后视镜控制开关的性能							
电动后视镜控制开关与左后视镜电动机之间的线路							
电动后视镜控制开关与右后视镜电动机之间的线路							
左、右后视镜电动机							
处理意见							
制订电动后视镜不工作故障诊断与修复工艺							

三、学习评价

1 理论考核

1)分析题

(1)简述丰田花冠轿车电动后视镜的作用及组成。

(2)试分析电动后视镜系统常见故障及故障原因。

(3)简述电动后视镜系统的检修项目、检修方法及技术要点。

2)判断题

(1)左右两侧的电动后视镜内各有四个永磁电动机。　　(　　)

(2)控制开关面板上印的L表示左侧后视镜。　　(　　)

3)选择题

(1)每个带伸缩功能的车外后视镜内部有(　　)个电动机。

A. 1　　B. 2　　C. 3　　D. 4

(2)电动后视镜中的电动机一般为(　　)。

A. 单向直流电动机　　B. 双向交流电动机

C. 双向直流电动机　　D. 永磁双向直流电动机

2 技能考核

"项目1　检查及更换电动后视镜控制开关"的评分表见表4-6。

检查及更换电动后视镜控制开关项目评分表　　表4-6

基本信息	姓　名		学号		班级		组别	
	规定时间		完成时间		考核日期		总评成绩	
任务工单	序号	步　骤			完成情况		标准分	评分
					完成	未完成		
	1	考核准备 机件 量具					10	
	2	清洁机件					5	
	3	清洁量具					5	
	4	量具使用					10	
	5	向上按开关,测量端子间的导通情况					5	
	6	向下按开关,测量端子间的导通情况					5	
	7	向左按开关,测量端子间的导通情况					5	
	8	向右按开关,测量端子间的导通情况					10	
	9	清洁及整理					10	
安全							5	
5S							5	
沟通表达							5	
工单填写							10	
工艺制订							10	

“项目2 诊断与修复电动后视镜不工作故障”的评分表见表4-7。

诊断与修复汽车电动后视镜不工作故障项目评分表 表4-7

<table>
<tr><td rowspan="2">基本信息</td><td colspan="2">姓 名</td><td></td><td>学号</td><td></td><td>班级</td><td></td><td>组别</td><td></td></tr>
<tr><td colspan="2">规定时间</td><td></td><td>完成时间</td><td></td><td>考核日期</td><td></td><td>总评成绩</td><td></td></tr>
<tr><td rowspan="9">任务工单</td><td rowspan="2">序号</td><td colspan="4" rowspan="2">步 骤</td><td colspan="2">完成情况</td><td rowspan="2">标准分</td><td rowspan="2">评分</td></tr>
<tr><td>完成</td><td>未完成</td></tr>
<tr><td>1</td><td colspan="4">考核准备
机件
量具</td><td></td><td></td><td>10</td><td></td></tr>
<tr><td>2</td><td colspan="4">清洁机件</td><td></td><td></td><td>5</td><td></td></tr>
<tr><td>3</td><td colspan="4">清洁量具</td><td></td><td></td><td>5</td><td></td></tr>
<tr><td>4</td><td colspan="4">量具使用</td><td></td><td></td><td>10</td><td></td></tr>
<tr><td>5</td><td colspan="4">检查电控单元</td><td></td><td></td><td>15</td><td></td></tr>
<tr><td>6</td><td colspan="4">检查控制开关</td><td></td><td></td><td>15</td><td></td></tr>
<tr><td>7</td><td colspan="4">清洁及整理</td><td></td><td></td><td>5</td><td></td></tr>
<tr><td colspan="2">安全</td><td colspan="6"></td><td>5</td><td></td></tr>
<tr><td colspan="2">5S</td><td colspan="6"></td><td>5</td><td></td></tr>
<tr><td colspan="2">沟通表达</td><td colspan="6"></td><td>5</td><td></td></tr>
<tr><td colspan="2">工单填写</td><td colspan="6"></td><td>10</td><td></td></tr>
<tr><td colspan="2">工艺制订</td><td colspan="6"></td><td>10</td><td></td></tr>
</table>

四、拓 展 学 习

现代轿车电动后视镜除了基本的电动调节功能之外,有些还带有电动伸缩功能及存储系统。

1 电动后视镜的存储系统

操作电动后视镜开关,电动后视镜能够上、下、左、右四个方向调整后视镜位置,此操作系统的驱动位置存储器和复位开关可将调整位置存储起来,在需要的时候复位到原来的调整位置。

在进行故障诊断时,带有存储系统的电动后视镜除了需要检查开关、电动机之外,还需要对后视镜位置传感器及后视镜ECU进行检查。

2 电动后视镜的伸缩功能

后视镜伸缩功能是指汽车两侧的后视镜在必要时可以折叠收缩起来,分为手动和电动两种。这种功能在大城市里的路边停车时候特别有用,后视镜折叠后能节省一定空间,同时也可避免自己的爱车受“断耳”之痛。

学习任务5　诊断与修复汽车刮水及清洗系统

工作情境描述

某丰田汽车4S店接到一辆丰田花冠轿车，车主反映该车出现刮水器只能在低速挡刮水，且清洗挡无法工作的情况，维修人员根据故障现象判断，基本判定为刮水器及清洗器开关损坏，还有可能是刮水器电动机、清洗器电动机损坏，需要对刮水及清洗系统进行检修。

请通过检测刮水及清洗系统，判断汽车刮水及清洗系统的技术状况；若需要修复刮水及清洗系统，请制定修复方法和工艺流程。

学习目标

通过本任务学习，应能：

1. 叙述丰田花冠汽车刮水及清洗系统；
2. 描述汽车刮水及清洗系统的常见故障，分析汽车刮水及清洗系统常见故障的原因；
3. 描述汽车刮水及清洗系统主要组成部件的检测与修复方法；
4. 根据维修手册，正确选用工具和检测设备，在规定时间内，安全规范地进行汽车刮水器及清洗器开关、刮水器电动机、清洗器电动机的检查与更换，汽车刮水及清洗系统不工作故障的诊断与修复，制定相应的故障诊断流程。

学习时间

6学时。

学习引导

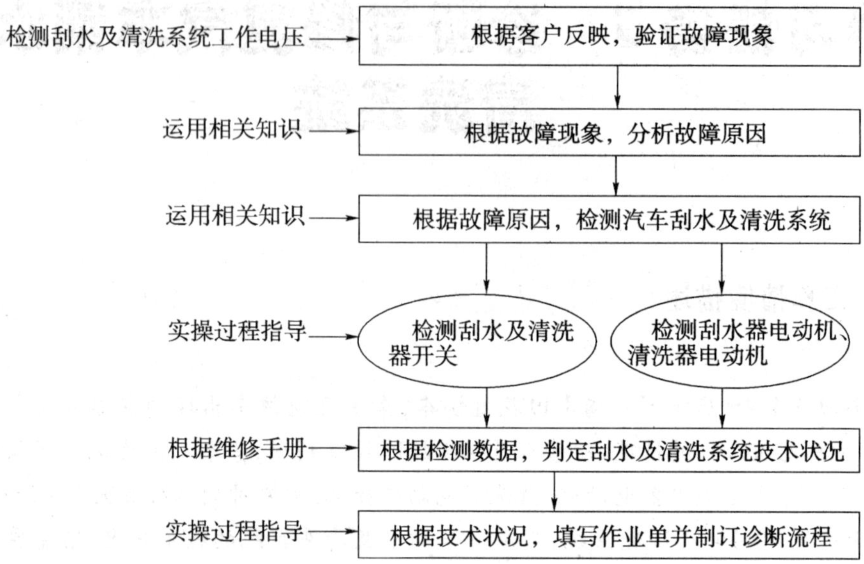

一、知 识 准 备

1 丰田花冠轿车刮水及清洗系统

刮水器的作用是清除风窗玻璃上的雨水、雪或者尘土，以确保驾驶人有良好的视线。为了满足实际中刮水的需要，刮水器电动机一般有低速刮水和高速刮水两个挡位；且在任意时刻刮水结束后刮水片应能自动回到风窗玻璃最下端，称为刮水器电动机的自动复位功能。

因驱动装置的不同，刮水器的发展经历了手动、真空、气动以及电动的过程。不同车型的刮水及清洗系统在设计、布置上有较大的差别，但大多数车型将刮水器及清洗系统结合在一起形成一个系统，有些两厢汽车、商务车和运动型多用途车上还有一个独立运行的后刮水器和清洗系统。尽管在设计和布置上存在差别，但所有车型的前风窗玻璃的刮水和清洗系统与后风窗玻璃的刮水和清洗系统的工作原理类似，故这里着重介绍前风窗玻璃的刮水和清洗系统。

电动刮水器主要由直流电动机、蜗轮箱、曲柄、连杆、摆杆、摆臂和刮水片等组成。一般电动机和蜗杆箱结合成一体组成刮水器电动机总成。曲柄、连杆和摆杆等杆件可以把蜗轮的旋转运动转变为摆臂的往复摆动，使摆臂上的刮水片实现刮水动作，如图 5-1 所示。

风窗玻璃洗涤装置与刮水器配合使用，可以使汽车风窗玻璃刮水器更好地完成刮水工作，并获得更好的刮水效果。风窗玻璃清洗系统的组成如图5-2所示，主要由储液罐、清洗液泵、输液管喷嘴等组成，清洗液泵一般由永磁直流清洗电动机和离心叶片泵组装成为一体，喷射压力可达70～88kPa。

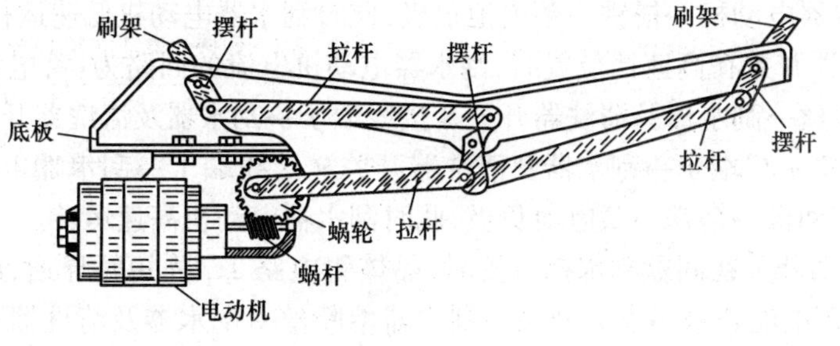

图5-1　电动刮水器的组成

丰田花冠轿车刮水及清洗系统控制电路如图5-3所示，主要由刮水器及清洗器开关、刮水器电动机、清洗器电动机等部件组成。刮水器电动机为永磁直流电动机，具有高速、低速两个挡位和自动复位功能；刮水器及清洗器开关有低速挡（LO）、除雾挡（又称点动挡，MIST）、高速挡（HI）、停止复位挡（OFF）、间歇刮水挡（INT）和清洗挡（WASHER）6个挡位，控制了刮水器的6个工作状态，其中低速挡和除雾挡的电路流向是相同的，只是刮水器开关在除雾挡的时候开关能够自动回位，刮水继电器与刮水器及清洗器开关一体化，内部带有可以调整间歇时间的调节器，间歇时间在2～12s之间，清洗器电动机为永磁直流电动机。

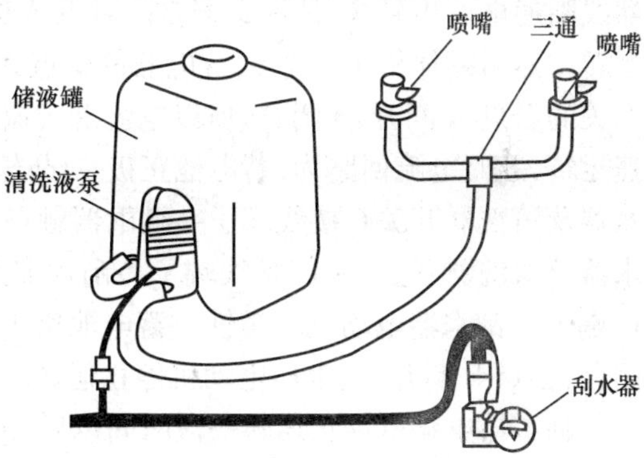

图5-2　风窗玻璃清洗系统的组成

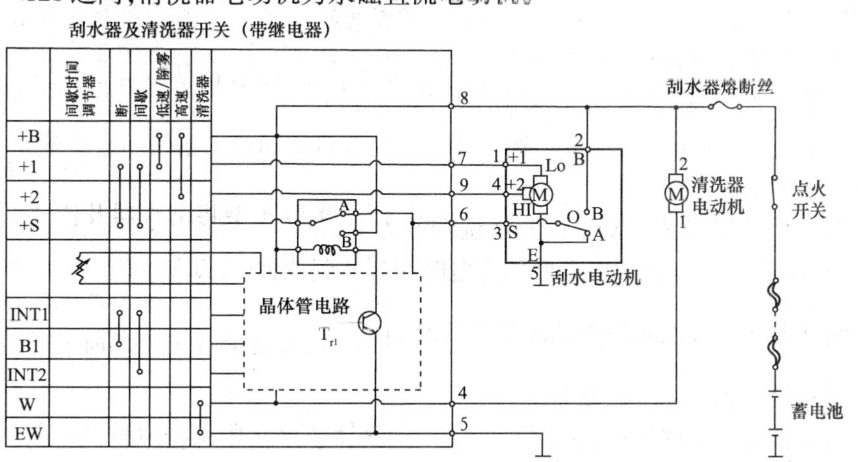

图5-3　丰田花冠轿车刮水及清洗系统控制电路

丰田花冠轿车刮水及清洗系统的具体工作过程如下：

(1)当刮水开关在低速挡位置时,刮水器电动机电流的回路为:蓄电池正极 →点火开关→刮水器熔断丝→刮水器及清洗器开关8接线端子→刮水器及清洗器开关“+B”端子→刮水器及清洗器开关“+1”端子→刮水器及清洗器开关7接线端子→刮水器电动机“+1”接线端子→刮水器电动机→搭铁→蓄电池负极,此时刮水器电动机低速运行。

(2)当刮水器开关在高速挡位置时,刮水器电动机电流的回路为:蓄电池正极→点火开关→刮水器熔断丝→刮水器及清洗器开关8接线端子→刮水器及清洗器开关“+B”端子→刮水器控制开关“+2”端子→刮水器及清洗器开关9接线端子→刮水器电动机“+2”接线端子→刮水器电动机→搭铁→蓄电池负极,此时刮水器电动机高速运转。

(3)当刮水器开关在间歇刮水挡位置时,晶体管电路 Tr_1 先短暂导通,此时刮水器电动机电流回路为:蓄电池正极→点火开关→刮水器熔断丝→刮水器及清洗器开关8接线端子→继电器线圈→晶体管 Tr_1→刮水器及清洗器开关5接线端子→搭铁→蓄电池负极。继电器线圈通电产生磁场,使继电器常闭触点A断开,常开触点B关闭,这时刮水器电动机低速运转。然后晶体管 Tr_1 截止,继电器的触点A闭合,触点B断开,刮水器电动机转动时,凸轮开关的触点A断开,B闭合,所以电流继续流至刮水器电动机的低速电刷,刮水器电动机低速运转,此时电流回路为:蓄电池正极 →凸轮开关触点B→刮水器电动机“S”接线端子→刮水器及清洗器开关6接线端子→继电器触点A→刮水器及清洗器开关“+S”接线端子→刮水器及清洗器开关“+1”接线端子→刮水器及清洗器开关7接线端子→刮水器电动机“+1”端子→刮水器电动机→搭铁→蓄电池负极。当刮水器转至停止位置时,凸轮开关触点A闭合,触点B断开,刮水器电动机停止运转。

刮水器电动机停止运转一段时间以后,晶体管电路 Tr_1 再次短暂导通,刮水器重复间歇动作。其中间歇时间调节器可以调节间歇时间的长短。

(4)当清洗器开关接通时,在清洗器电动机运转时,晶体管电路 Tr_1 在预定的时间内接通,使刮水器电动机低速运转1~2次。清洗器电动机的电路为:蓄电池正极→清洗器电动机→刮水器及清洗器开关4接线端子→刮水器及清洗器开关“W”接线端子→刮水器及清洗器开关“EW”接线端子→刮水器及清洗器开关5接线端子→搭铁→蓄电池负极。刮水器电动机的电流电路为:蓄电池正极→刮水器及清洗器开关8接线端子→继电器触点B→刮水器及清洗器开关“+S”接线端子→刮水器及清洗器开关“+1”端子→刮水器及清洗器开关7接线端子→刮水器电动机“+1”接线端子→刮水器电动机→搭铁→蓄电池负极。这样就边清洗边间歇刮水。

间歇时间调节器安装在刮水器及清洗器开关上,是一个滑动变阻器,其连接在晶体管电路外围,通过调整R、C充放电电路的充电时间来达到调整间歇时间的目的。

2 汽车刮水及清洗系统常见故障及其原因

1)刮水系统常见故障及其原因

汽车刮水系统常见故障有:刮水器不工作、刮水器速度比正常慢或转动无力、不能间歇刮水、刮水器刮水片不能复位等。

(1)刮水器在所有挡位都不工作。刮水器在所有挡位都不工作的故障原因有:①刮水器的机械故障;②刮水器熔断丝烧断;③刮水继电器损坏;④刮水器电动机损坏;⑤刮水器开关损坏;⑥线束问题。

(2)刮水器速度比正常慢或转动无力。刮水器速度比正常慢或转动无力的故障原因有:①刮水器的机械故障;②刮水器开关损坏;③线束问题。

(3)刮水器不能间歇刮水。刮水器只是在刮水器开关置于间歇挡时工作不正常的故障原因有:①刮水器间歇继电器损坏;②线束问题。

(4)刮水器刮水片不能复位。刮水器刮水片不能复位的故障原因有:①刮水器电动机内部的复位开关损坏;②刮水器开关损坏。

2)风窗清洗系统常见故障及其原因

汽车风窗清洗系统常见故障有:清洗器电动机不转;清洗器运转,但喷水无力或不喷水;按下清洗器开关,熔断丝随即熔断等。

(1)清洗器电动机不转。按下清洗器开关后,清洗器电动机不转的故障原因有:①清洗器电动机损坏;②清洗器开关损坏;③线束问题。

(2)清洗器运转,但喷水无力或不喷水。按下清洗器开关后,清洗器电动机有运转声但喷水无力或不喷水的故障原因有:①清洗液管道故障;②清洗器电动机损坏;③离心叶片泵损坏。

(3)按下清洗器开关,熔断丝随即熔断。按下清洗器开关,熔断丝随即熔断的故障原因有:①清洗器电动机损坏;②线束问题。

3　汽车刮水及清洗系统主要组成部件的检测与修复方法

1)刮水器及清洗器开关的检测

(1)检查刮水器及清洗器开关线束连接器各端子间的导通情况。用万用表的电阻挡分别检查刮水器开关置于低速挡(LO)、除雾挡(MIST)、高速挡(HI)、停止复位挡(OFF)、间歇刮水挡(INT)以及清洗器开关置于OFF挡、ON挡时线束连接器各端子间的导通情况,其导通情况应符合标准规定,若不符合规定,应更换。

(2)检查刮水器开关间歇性动作情况。将刮水器开关置于INT挡,将蓄电池正、负极连接在刮水器及清洗器开关连接器对应端子上,然后用电压表检查刮水器及清洗器开关连接器上对应端子的电压变化,电压变化应符合标准规定,若不符合规定,应更换。

(3)检查清洗器联动开关情况。将刮水器开关置于OFF挡,将蓄电池正、负极连接在刮水器及清洗器开关连接器对应端子上,然后将清洗器开关置于ON和OFF挡,用电压表检查刮水器及清洗器开关对应端子上的电压变化,电压变化应符合标准规定,若不符合规定,应更换。

2)刮水器电动机检修

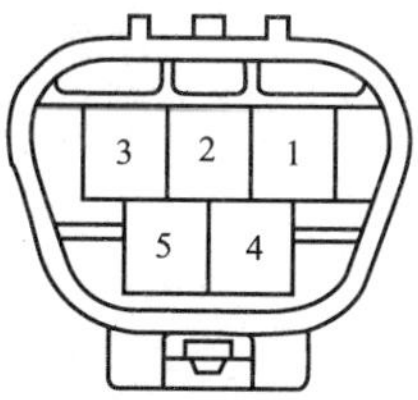

图5-4　刮水器电动机连接器端子图

将蓄电池正、负极连接在刮水器电动机连接器对应端子上,检查刮水器电动机的运转情况,运转应符合标准规定,若不符合规定,应更换。

例如,丰田花冠轿车刮水器电动机的检修的具体操作如下。

丰田花冠轿车刮水器电动机的连接器共有5个端子,分别为:1(+1)、2(B)、3(S)、4(+2)、5(E),各端子的排列如图5-4所示。

(1)检查刮水器电动机运转情况。

①将蓄电池正极与连接器端子1(+1)、蓄电池负极与连接器端子5(E)连接,此时刮水器电动机应该低速运转,如图5-5a)所示。

②将蓄电池正极与连接器端子4(+2)、蓄电池负极与连接器端子5(E)连接,此时刮水器电动机应该高速运转,如图5-5b)所示。

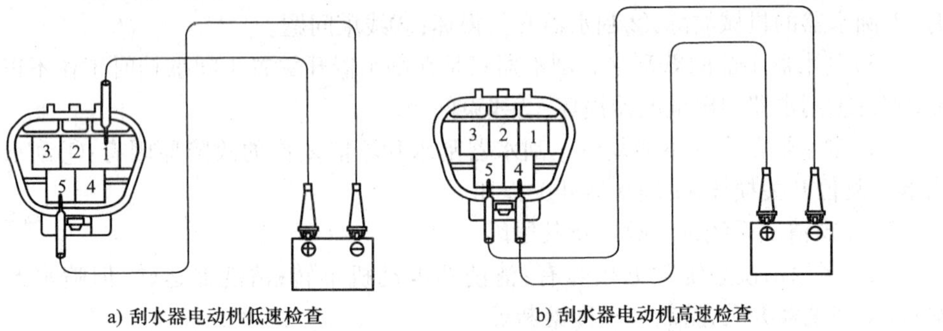

图5-5 检查刮水器电动机

(2)检查刮水器的自动复位情况。

①将蓄电池正极与连接器端子1(+1)、蓄电池负极与连接器端子5(E)连接,在电动机低速运转时,断开端子1(+1)与蓄电池正极的连接,使刮水器电动机停止在除自动复位以外的任何位置。

②用导线连接连接器端子1(+1)与连接器端子3(S)。

③将蓄电池正极与连接器端子2(B)连接,重新起动刮水器电动机至低速运转(LO),刮水器电动机应该停止在自动复位位置,如图5-6所示。

3)清洗器电动机检修

将蓄电池正、负极连接在清洗器电动机连接器对应端子,检查清洗器电动机的运转和喷嘴喷水情况,电动机的运转和喷嘴喷水情况应符合标准规定,若不符合规定,应更换。例如,丰田花冠轿车清洗器电动机的检查如图5-7所示。

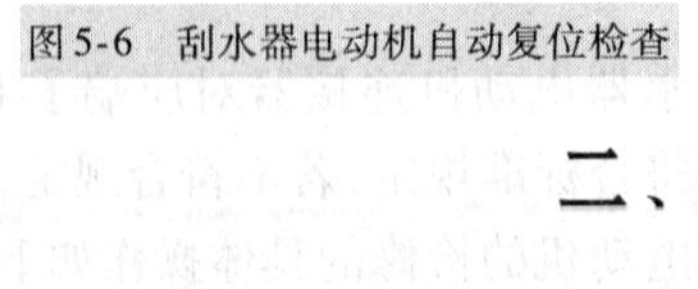

图5-6 刮水器电动机自动复位检查

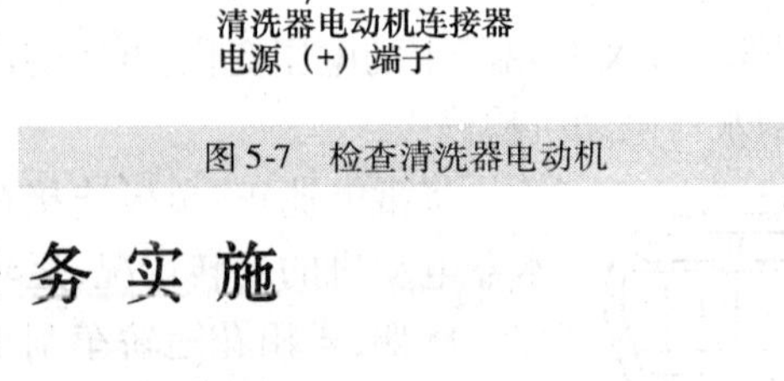

图5-7 检查清洗器电动机

二、任务实施

项目1 检查与更换汽车刮水器及清洗器开关

1 项目说明

丰田花冠轿车出现刮水器和清洗器在某些挡位不工作故障时,若诊断为可能是由于刮水器及清洗器开关引起，应该完成对刮水器及清洗器开关的检查，必要时应按技术标准对刮水器及清洗器开关进行性能检查与更换，并制定相应检修步骤。

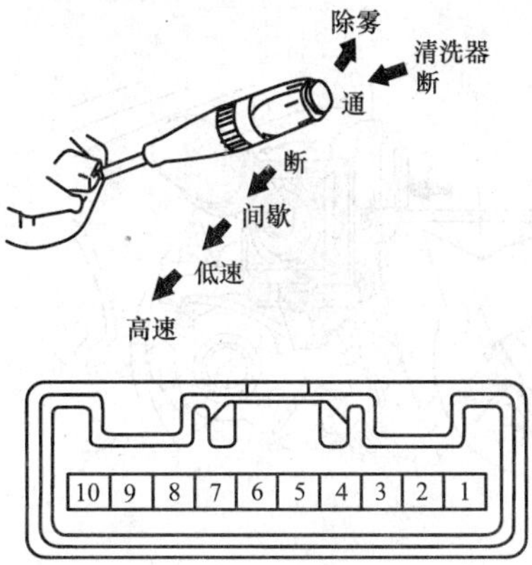

图5-8　丰田花冠轿车刮水器及清洗器开关及连接器端子图

2　技术标准与要求

(1)每两个学员一组，完成此项目。

(2)技术标准：丰田花冠轿车刮水器与清洗器开关线束连接器端子如图5-8所示，丰田花冠轿车刮水器与清洗器开关置于不同位置时连接器各端子之间的导通情况见表5-1。

3　设备器材

(1)丰田花冠轿车1辆。

(2)数字式万用表1个。

(3)连接导线若干。

(4)常规工具1套。

(5)丰田花冠轿车刮水器及清洗器开关1个。

丰田花冠轿车刮水器及清洗器开关连接器各端子的检查　表5-1

开关位置		测试仪连接	规定条件
刮水开关	MIST(除雾)	7(+1)-8(+B)	导通
	OFF(断开)	6(+S)-7(+1)	导通
	INT(间歇)	6(+S)-7(+1)	导通
	LO(低速)	7(+1)-8(+B)	导通
	HI(高速)	8(+B)-9(+2)	导通
清洗开关	OFF(断开)	—	不导通
	ON(接通)	4(W)-5(EW)	导通

4　作业准备

(1)车辆开进举升机工位并做好车辆防护。

(2)清洁工具，万用表校零。

(3)准备作业单。

5　操作步骤

(1)拆下转向柱上组合开关的上、下护盖，如图5-9所示。

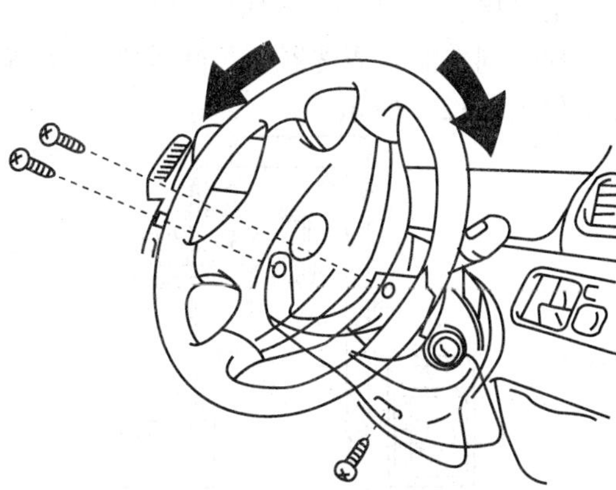

图5-9　拆下组合开关上、下护盖

(2)拆下刮水器及清洗器开关总成。

①断开刮水器及清洗器开关上的线束连接器，如图5-10所示。

②压下处于咬合状态的卡爪并拨开卡爪，拆下刮水器及清洗器开关总成，如图 5-11 所示。

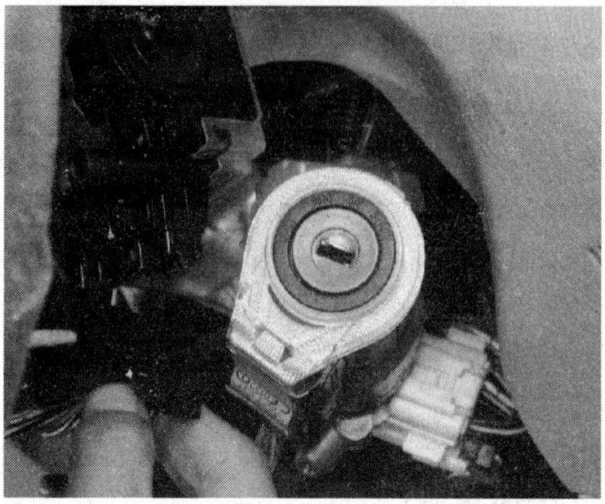

图 5-10　断开刮水器及清洗器开关上的线束连接器

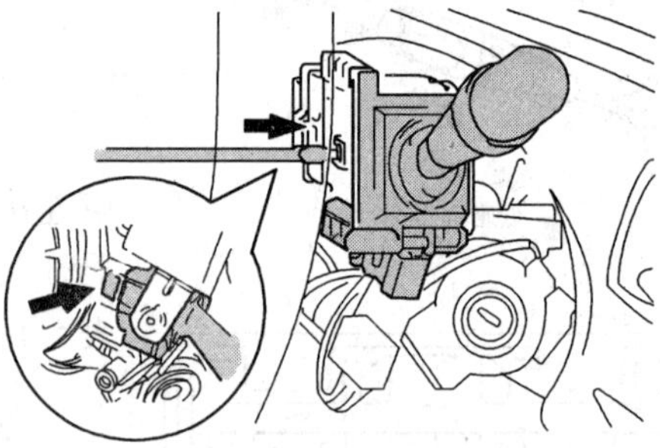

图 5-11　压下处于咬合状态的卡爪并拨开卡爪

（3）检查刮水器及清洗器开关性能。

①参照图 5-8 和表 5-1，检查刮水器及清洗器开关置于不同位置时线束连接器各端子间的导通情况，填写作业记录单。

②检查刮水器及清洗器开关的间歇性动作情况，填写作业记录单，具体操作步骤如下：

a. 将刮水器开关置于 INT 位置；

b. 将电压表正极连接在连接器端子 7（+1）上，电压表负极连接在连接器端子 5（EW）上；

c. 将蓄电池正极连接在连接器端子 8（+B）上，蓄电池负极连接在连接器端子 5（EW）和端子 6（+S）上；

d. 将蓄电池正极连接在连接器端子 6（+S）上 5s；

e. 将蓄电池负极连接在连接器端子 6（+S）上，运行间歇性刮水继电器；

f. 检查端子 7（+1）与端子 5（EW）间的电压，电压应该从 0V 上升至蓄电池电压，填写作业记录单。

检查刮水器及清洗器开关间歇性动作情况时的端子连接情况，如图 5-12a）所示，检查标准如图 5-12b）所示。

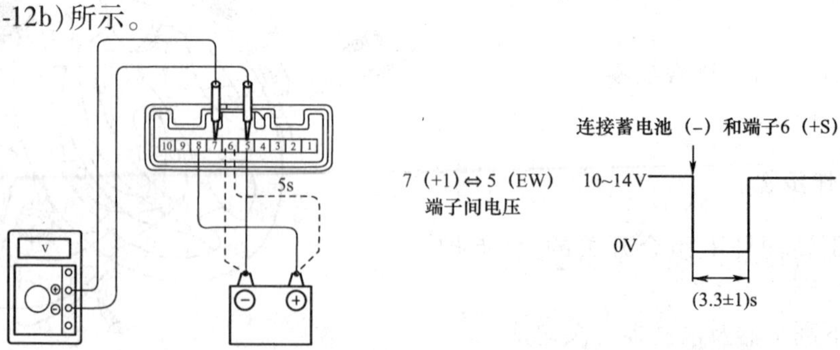

a）端子连接情况　　b）检查标准

图 5-12　检查刮水器及清洗器开关间歇性动作情况

③检查清洗器联动开关好坏，填写作业记录单，具体操作步骤如下：

a. 将刮水器开关置于 OFF 位置；

b. 连接蓄电池正极与连接器端子 8（+B），连接蓄电池负极与连接器端子 6（+S）和端子 5（EW）；

c. 连接电压表正极与连接器端子 7（+1）、电压表负极与连接器端子 5（EW）；

d. 将清洗器开关置于 ON 和 OFF 位置，并检查端子 7（+1）与端子 5（EW）间的电压，应该在清洗器开关由 OFF 转为 ON 后大约 0.3s 后由 0V 上升至蓄电池电压，在清洗器开关由 ON 转为 OFF 后约 2.2s 后由蓄电池电压下降至 0V。

检查清洗器联动开关情况时的端子连接情况如图 5-13a）所示，检查标准如图 5-13b）所示。

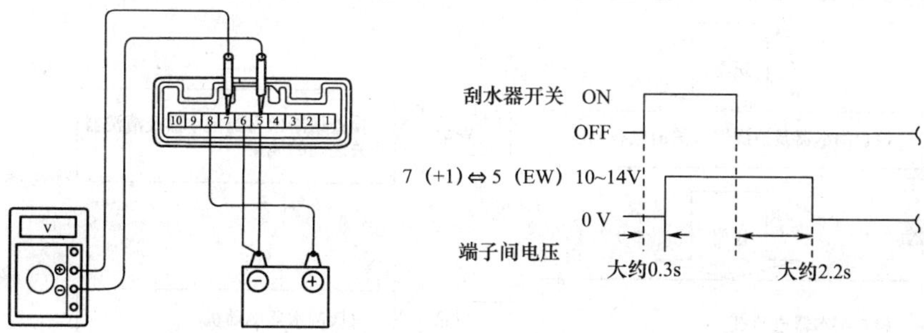

a)端子连接情况　　b)检查标准

图 5-13　检查清洗器联动开关情况

（4）判定刮水器及清洗器开关性能。在步骤（2）和步骤（3）对刮水器及清洗器开关的检查中，如有与给定的检查标准不符合的情况，则判定刮水器及清洗器开关损坏，需要更换新的刮水器及清洗器开关。

（5）更换刮水器及清洗器开关。刮水器及清洗器开关的更换安装步骤按照与拆卸时相反的步骤进行即可。

6　记录与分析

记录与分析见表 5-2。

检查及更换汽车刮水器及清洗器开关作业记录单　　表 5-2

姓名		班级		学号		组别	
车型		年款		作业单号		作业日期	
检 查 项 目				检 查 结 果			
检查刮水器及清洗器开关置于不同位置时连接器各端子间的导通情况							
检查刮水器及清洗器开关的间歇性动作情况							
检查清洗器联动开关性能							
处理意见							
制订修复工艺							

项目2　诊断与修复汽车刮水及清洗系统不工作故障

1　项目说明

丰田花冠轿车出现刮水器和清洗器不工作故障时，应该从熔断丝、搭铁及线路连接等涉及整个刮水及清洗系统的部位着手进行检查，若诊断为可能是由于刮水器电动机、清洗器电动机等故障引起，应该完成对刮水器电动机、清洗器电动机及其线路的检查，必要时应按技术标准完成刮水器电动机、清洗器电动机的更换，故障诊断的流程如图5-14所示。

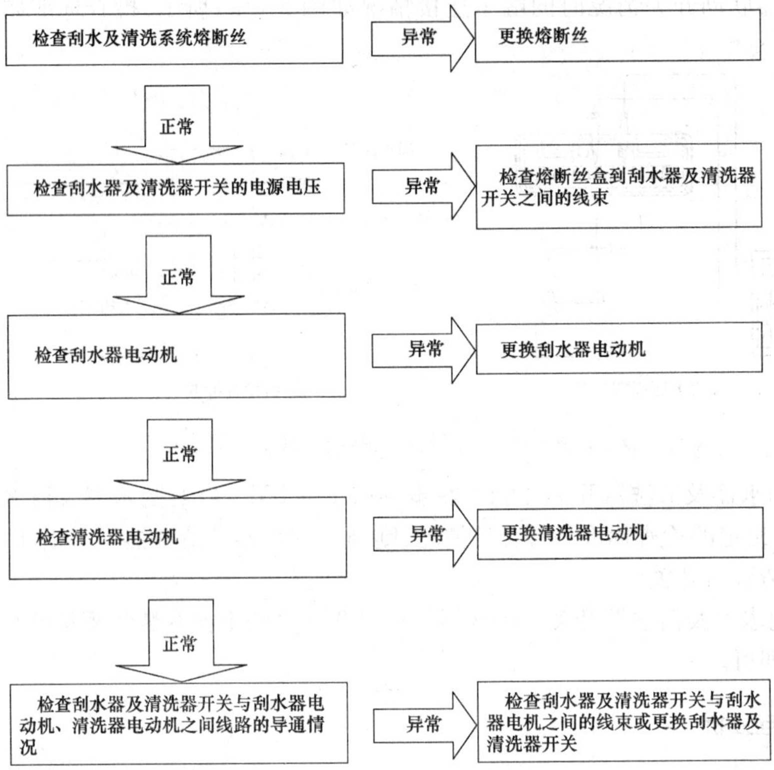

图5-14　汽车刮水及清洗系统不工作故障诊断流程

2　技术标准与要求

(1)每两个学员一组，完成此项目。

(2)技术标准：见表5-3。

安装力矩标准　　表5-3

项目	力矩
风窗玻璃刮水器电动机总成到风窗玻璃刮水器连杆总成上紧固力矩	5.39N·m
风窗玻璃刮水器连杆总成紧固力矩	5.5N·m
驾驶人侧的前刮水臂紧固力矩	20.5N·m
副驾驶人侧的前刮水臂紧固力矩	20.5N·m
前轮挡泥板螺栓紧固力矩	1.5N·m
左前车轮紧固力矩	103 N·m

3 设备器材

(1)丰田花冠轿车1辆。

(2)数字式万用表1个。

(3)连接导线若干。

(4)常规工具1套。

(5)丰田花冠轿车刮水器电动机、清洗器电动机各1个。

4 作业准备

(1)车辆开进举升机工位并做好车辆防护。

(2)清洁工具,万用表校零。

(3)准备作业单。

5 操作步骤

(1)检查刮水器及清洗系统的熔断丝。WIP熔断丝盒和WASH熔断丝位置如图5-15所示,打开仪表板熔断丝盒,检查25A的WIP熔断丝和15A的WASH熔断丝,填写作业记录单。

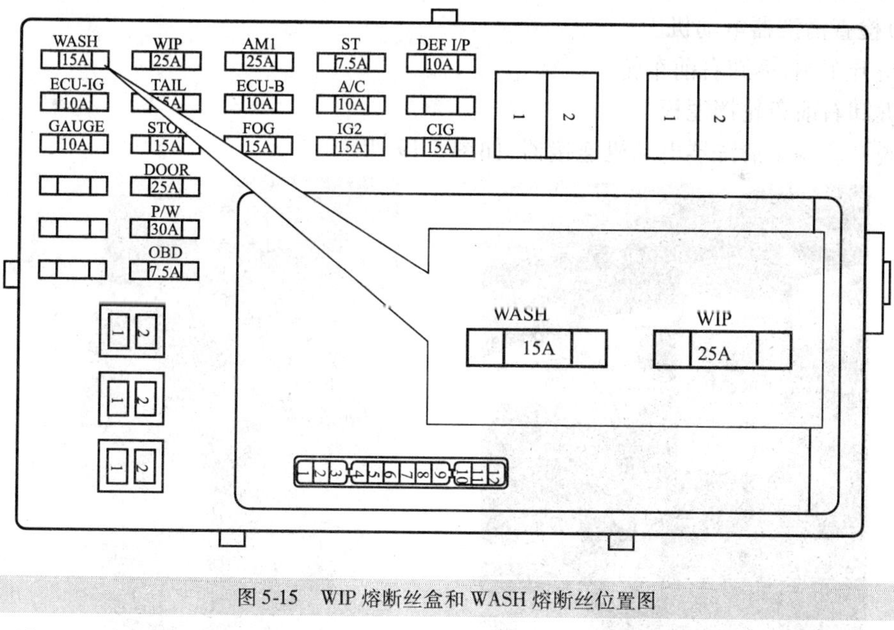

图5-15　WIP熔断丝盒和WASH熔断丝位置图

(2)检查刮水器及清洗器开关连接器上的电源电压。如图5-16所示,接通点火开关,检查刮水器及清洗器开关连接器上端子8与蓄电池负极、端子4与蓄电池负极之间的电压(应该有12V左右蓄电池电压),填写作业记录单。

(3)检查刮水器电动机。

①拆下风窗玻璃刮水臂盖、安装螺母、右前刮水臂和左前刮水臂。

②拆下发动机罩到前围顶密封条、副驾驶人侧前围顶通风百叶窗和驾驶人侧前围顶通

风百叶窗。

③脱开刮水器电动机连接器,如图 5-17 所示。

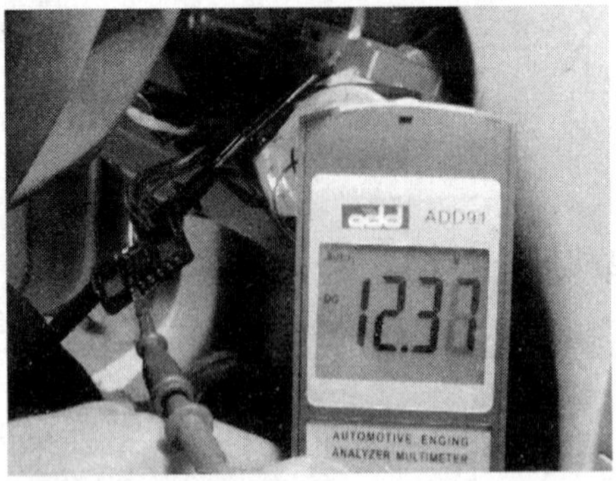

图 5-16 检查刮水器及清洗器开关连接器上的电源电压

图 5-17 脱开刮水器电动机连接器(5 端子)

④将刮水器及清洗器开关置于 LO 挡位,检查刮水器电动机的端子 1 与蓄电池负极之间的电压(应该有 12V 左右蓄电池电压),如图 5-18 所示,填写作业记录单。

⑤用同样的方法,将刮水器及清洗器开关置于 HI 挡位,检查刮水器电动机端子 4 与蓄电池负极之间的电压(应该有 12V 左右蓄电池电压),填写作业记录单。

⑥若检查判定刮水器电动机损坏,应更换。

(4)检查清洗器电动机。

①举升车辆,拆卸右前车轮。

②拆卸右前车轮挡泥板。

③脱开 2 端子清洗器电动机连接器,如图 5-19 所示。

图 5-18 检查刮水器及清洗器开关置于 LO 挡位时刮水器电动机的电源电压

图 5-19 脱开清洗器电动机连接器(2 端子)

④将刮水器及清洗器开关置于清洗(WASHER)挡位,检查清洗器电动机连接器端子 1 与蓄电池负极之间的导通性(应该导通),如图 5-20 所示,填写作业记录单。

⑤检查清洗器电动机，填写作业记录单。

(5)检查刮水器及清洗器开关与刮水器电动机、清洗器电动机之间的线路。

①用万用表欧姆挡，检查刮水器及清洗器开关连接器端子7与刮水器电动机连接器端子1之间的导通性，如图5-21所示，填写作业记录单。

图5-20　检查刮水器及清洗器开关置于清洗挡时清洗器电动机与蓄电池之间的导通性

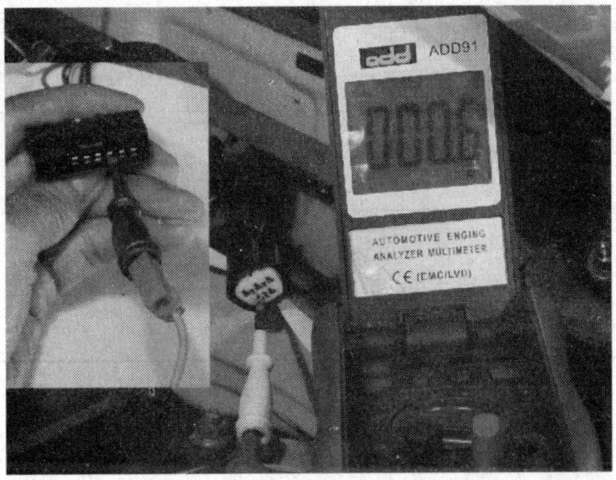

图5-21　检查刮水器及清洗器开关与刮水器电动机之间的线路

②用同样的方法，检查刮水器及清洗器开关连接器端子9与刮水器电动机连接器端子4之间、刮水器及清洗器开关连接器端子6与刮水器电动机连接器端子3之间的导通情况，填写作业记录单。

③用同样的方法，检查刮水器及清洗器开关连接器端子4与清洗器电动机连接器端子1之间的导通情况，如图5-22所示，填写作业记录单。

(6)确认并排除故障后，接通电源，检查刮水及清洗系统的工作过程是否正常。

图5-22　检查刮水器及清洗器开关与清洗器电动机之间的线路

6　记录与分析

记录与分析见表5-4。

诊断与修复汽车刮水及清洗系统不工作故障作业记录单　　表5-4

姓名		班级		学号		组别	
车型		年款		作业单号		作业日期	
检查项目				检查结果			
检查刮水器及清洗系统的熔断丝							
检查电源是否接通刮水器及清洗器开关							
检查电源是否接通刮水器电动机							

续上表

检查项目		检查结果
检查刮水器及清洗器开关与刮水器电动机、清洗器电动机之间的线路		
检查刮水器电动机		
检查清洗器电动机		
故障原因		
制订汽车刮水及清洗系统不工作故障诊断与修复工艺		

三、学习评价

1 理论考核

1)分析题

(1)一个典型的兼具刮水和清洗功能的系统由哪几个部分组成?

(2)如果刮水器电动机根本不能运转,应该检查哪些方面?

(3)风窗玻璃清洗器不起作用可能是由哪些原因引起的?

2)判断题

(1)刮水器电动机按照磁场结构,分为绕线式和永磁式两种。 (　　)

(2)后风窗玻璃通常用空调出风口吹热风的方法来除霜。 (　　)

(3)永磁式电动刮水器的变速是通过变速电阻的串入或隔除来实现的。 (　　)

(4)使用风窗玻璃清洗器时,应先开动刮水器,然后再开动清洗液泵。 (　　)

3)选择题

(1)以下有关刮水器电动机说法正确的是(　　)。

A. 通常采用永磁交流电动机

B. 通过控制电枢供电电压方式改变转速

C. 内部一般都集成自动复位机构

D. 刮水臂能够往复运动是因为电动机可以实现正、反转控制

(2)为了确定一个刮水器的故障是电器方面的还是机械方面的,维修技师应该(　　)。

A. 从刮水器电动机上面断开杆系使刮水器电动机运转

B. 检查熔断丝是否熔断

C. 检查刮水器刮水片情况

D. 检查清洗液被污染情况

(3)(　　)控制脉冲刮水系统的运行。

A. 控制刮水器电动机电流的阻断器　　B. 电子模块

C. 电容　　D. 晶体管

(4)风窗玻璃清洗器如果(　　),则可能被损坏。

A. 在极寒冷的天气里使用纯净水　　B. 使用了被污染的风窗玻璃清洗液

C. 使用了乙烯乙二醇(防冻剂)　　D. 上述所有情况

(5)技师A说许多刮水器电动机使用三电刷、两速电动机;技师B说如果刮水器电动机不能低速运行,则刮水器也不能进行间歇运行。谁的说法是正确的?(　　)

A. 技师A　　B. 技师B

C. A和B都正确　　D. A和B都不正确

2 技能考核

"项目1　检查及更换汽车刮水器及清洗器开关"评分表见表5-5。

检查及更换汽车刮水器及清洗器开关项目评分表　　表5-5

<table>
<tr><td rowspan="2">基本信息</td><td>姓　名</td><td></td><td>学号</td><td></td><td>班级</td><td></td><td>组别</td><td></td></tr>
<tr><td>规定时间</td><td></td><td>完成时间</td><td></td><td>考核日期</td><td></td><td>总评成绩</td><td></td></tr>
<tr><td rowspan="11">任务工单</td><td rowspan="2">序号</td><td colspan="3" rowspan="2">步　骤</td><td colspan="2">完成情况</td><td rowspan="2">标准分</td><td rowspan="2">评分</td></tr>
<tr><td>完成</td><td>未完成</td></tr>
<tr><td>1</td><td colspan="3">考核准备
车辆防护
万用表
常用工具
短接导线</td><td></td><td></td><td>10</td><td></td></tr>
<tr><td>2</td><td colspan="3">工具清洁,万用表校零</td><td></td><td></td><td>5</td><td></td></tr>
<tr><td>3</td><td colspan="3">拆下刮水器及清洗器开关</td><td></td><td></td><td>5</td><td></td></tr>
<tr><td>4</td><td colspan="3">检查刮水器及清洗器开关静态</td><td></td><td></td><td>5</td><td></td></tr>
<tr><td>5</td><td colspan="3">检查刮水器及清洗器开关间歇性动作情况</td><td></td><td></td><td>10</td><td></td></tr>
<tr><td>6</td><td colspan="3">检查清洗器开关联动</td><td></td><td></td><td>5</td><td></td></tr>
<tr><td>7</td><td colspan="3">判定刮水器及清洗器开关性能</td><td></td><td></td><td>10</td><td></td></tr>
<tr><td>8</td><td colspan="3">安装刮水器及清洗器开关</td><td></td><td></td><td>5</td><td></td></tr>
<tr><td>9</td><td colspan="3">清洁及整理</td><td></td><td></td><td>10</td><td></td></tr>
<tr><td colspan="2">安全</td><td colspan="5"></td><td>5</td><td></td></tr>
<tr><td colspan="2">5S</td><td colspan="5"></td><td>5</td><td></td></tr>
<tr><td colspan="2">沟通表达</td><td colspan="5"></td><td>5</td><td></td></tr>
<tr><td colspan="2">工单填写</td><td colspan="5"></td><td>10</td><td></td></tr>
<tr><td colspan="2">工艺制订</td><td colspan="5"></td><td>10</td><td></td></tr>
</table>

“项目2　诊断与修复汽车刮水及清洗系统不工作故障”评分表见表5-6。

诊断与修复汽车刮水及清洗系统不工作故障项目评分表　　表5-6

<table>
<tr><td rowspan="2">基本信息</td><td>姓　名</td><td></td><td>学号</td><td></td><td>班级</td><td></td><td>组别</td><td></td></tr>
<tr><td>规定时间</td><td></td><td>完成时间</td><td></td><td>考核日期</td><td></td><td>总评成绩</td><td></td></tr>
<tr><td rowspan="10">任务工单</td><td rowspan="2">序号</td><td rowspan="2" colspan="3">步　骤</td><td colspan="2">完成情况</td><td rowspan="2">标准分</td><td rowspan="2">评分</td></tr>
<tr><td>完成</td><td>未完成</td></tr>
<tr><td>1</td><td colspan="3">考核准备
车辆防护
万用表
常用工具
短接导线</td><td></td><td></td><td>10</td><td></td></tr>
<tr><td>2</td><td colspan="3">工具清洁，万用表校零</td><td></td><td></td><td>5</td><td></td></tr>
<tr><td>3</td><td colspan="3">检查刮水及清洗系统熔断丝</td><td></td><td></td><td>5</td><td></td></tr>
<tr><td>4</td><td colspan="3">检查刮水器及清洗器开关的电源</td><td></td><td></td><td>5</td><td></td></tr>
<tr><td>5</td><td colspan="3">检查及更换刮水器电动机</td><td></td><td></td><td>10</td><td></td></tr>
<tr><td>6</td><td colspan="3">检查及更换清洗器电动机</td><td></td><td></td><td>10</td><td></td></tr>
<tr><td>7</td><td colspan="3">检查刮水器及清洗器开关与刮水器电动机、清洗器电动机之间的线路的导通情况</td><td></td><td></td><td>10</td><td></td></tr>
<tr><td>8</td><td colspan="3">清洁及整理</td><td></td><td></td><td>10</td><td></td></tr>
<tr><td colspan="2">安全</td><td colspan="5"></td><td>5</td><td></td></tr>
<tr><td colspan="2">5S</td><td colspan="5"></td><td>5</td><td></td></tr>
<tr><td colspan="2">沟通表达</td><td colspan="5"></td><td>5</td><td></td></tr>
<tr><td colspan="2">工单填写</td><td colspan="5"></td><td>10</td><td></td></tr>
<tr><td colspan="2">工艺制订</td><td colspan="5"></td><td>10</td><td></td></tr>
</table>

四、拓展学习

汽车刮水器的间歇控制电路有多种形式，按照间歇时间是否可自动调节分为可自动调节型和不可自动调节型。

1　不可自动调节间歇控制电路

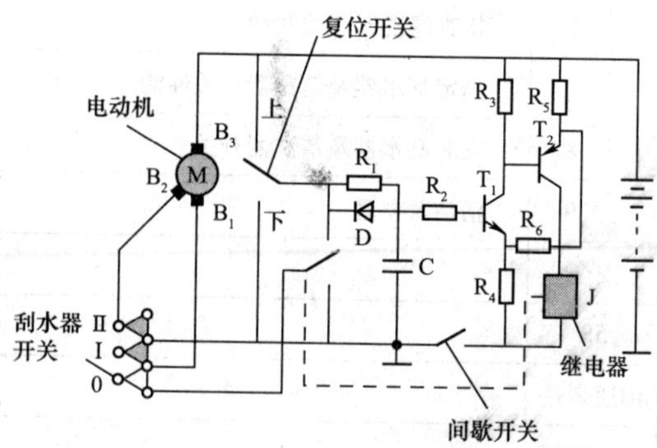

图5-23　同步间歇振内部电路

刮水器的间歇控制一般是利用自动复位装置和电子振荡电路或集成电路实现的。图5-23所示为同步间歇刮水器内部控制电路。

当刮水器开关置于间歇挡（开关处于“0”位，且间歇开关闭合）时，电源将通过自动复位开关向电容器 C 充电，其电路为：蓄电池正极→电源开关→熔断丝→自动复位开关常闭触点(上)→电阻 R_1→电容器 C→搭铁→蓄电池负极。随着充电时间的增长，电容器两端的电压逐渐升高。当电容器 C 两端的电压升高到一定值时，晶体管 T_1 和 T_2 先后相继由截止转为导通，从而接通继电器磁化线圈的电路，其电路为：蓄电池正极→电源开关→熔断丝→电阻 R_5→晶体管 T_2(e→c)→继电器磁化线圈→间歇刮水器开关→搭铁→蓄电池负极。在电磁吸力的作用下，继电器常闭触点打开，常开触点闭合，从而接通了刮水器电动机的电路，其电路为：蓄电池正极→电源开关→熔断丝→B_3→B_1→刮水器继电器常开触点→搭铁→蓄电池负极。此时电动机将低速旋转。

当复位装置将自动复位开关的常开触点(下)接通时，电容器 C 通过二极管 D、自动复位装置常开触点迅速放电，此时刮水器电动机的通电回路不变，电动机继续转动。随着放电时间的增长，晶体管 T_1 基极的电位逐渐降低。当晶体管 T_1 基极的电位降低到一定值时，T_1 和 T_2 由导通转为截止，从而切断了继电器磁化线圈的电路，继电器复位，常开触点打开，常闭触点闭合。此时由于自动复位开关的常开触点处于闭合状态，电动机仍将继续转动，其电路为：蓄电池正极→电源开关→熔断丝→B_3→B_1→继电器常闭触点→复位开关的常开触点→搭铁→蓄电池负极。只有当刮水片回到原位(即不影响驾驶人视线位置)，自动复位开关的常开触点打开，常闭触点闭合时，电动机才能停止转动。继而电源将再次向电容器 C 充电，重复以上过程。如此反复，实现刮水片的间歇动作，其间歇时间的长短取决于 R_1、C 电路充电时间的常数的大小，通常将电阻 R_1 做成可调电阻，由驾驶人通过刮水器开关上的调节器进行调节即可达到调节间歇时间的目的。

2 可自动调式间歇控制电路

以上的电动刮水器虽然能够实现间歇控制，但不能够随雨量的变化及时调整刮水器的刮水频率。雨滴感知型刮水器则能根据雨量的大小自动调节刮水器刮水频率；使驾驶人始终保持良好的视线。

雨滴感知型刮水器主要由雨滴传感器、间歇刮水放大器和刮水器电动机组成，雨滴感知型刮水器的组成如图 5-24 所示。

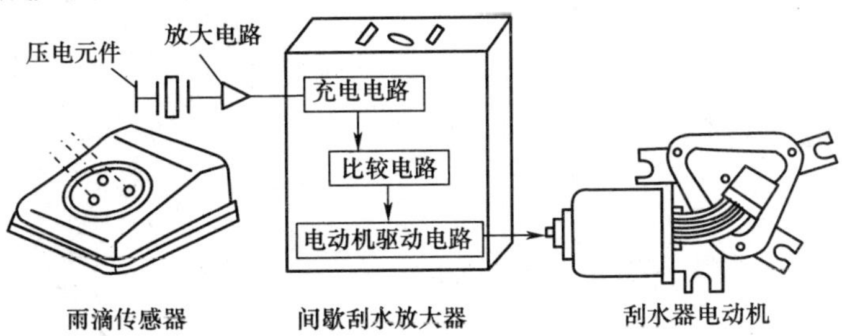

图 5-24 雨滴感知型刮水器的组成

雨滴传感器将雨量的大小转变为与之相对应的电信号，雨滴传感器的结构如图 5-25 所示，雨滴感知型刮水器控制系统原理如图 5-26 所示。

工作时，由于雨滴下落撞击到传感器的振动片上，振动片将振动能量传给压电元件，压电元件受压而产生电压信号，该电压值与撞击振动片上的雨滴的撞击能量成正比。电压信号经过放大后送入间歇刮水放大电路，对放大器的充电电路（电容器）进行20s的定时充电，电容器电压上升。该电压输入比较电路，比较电路将其与基准电压 U_0 比较。当电容器电压达到 U_0 时，比较电路向刮水器电动机发出信号，使其工作一次。当雨量大时，压电元件产生的电信号强，充电电路电压达到基准电压值所需时间短，刮水器的工作间歇时间短；反之，雨量小时压电元件产生的电压小，充电电路电压达到基准电压 U_0 所需时间长，刮水器的工作间歇时间就长。当雨量很小，雨滴传感器没有电压信号输出时，只有定电流电路对充电电路进行充电，20s后充电电路的输出电压达到基准电压 U_0，刮水器动作一次。这样，雨滴感知型刮水器就把刮水器的间歇时间控制在0～20s的范围内，以适应不同雨量的需要。

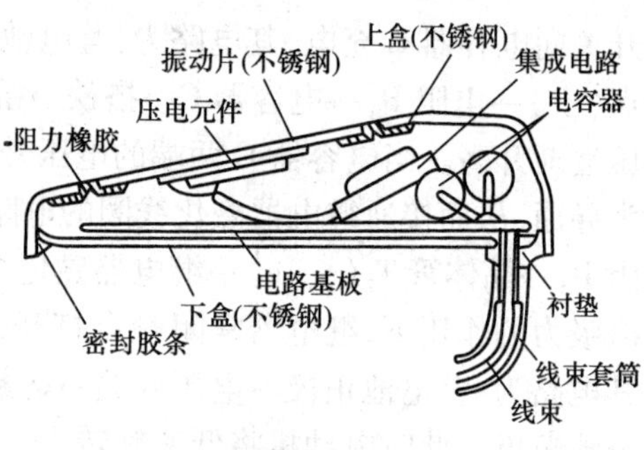

图5-25　雨滴传感器的结构

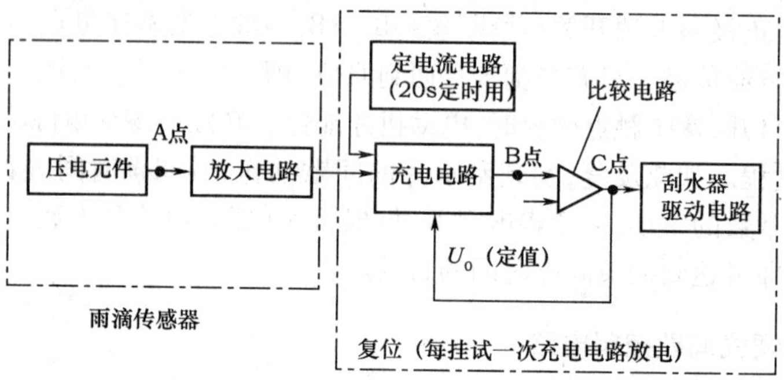

图5-26　雨滴感知型刮水器控制原理图

学习任务6　诊断与修复汽车灯光信号系统

工作情境描述

某丰田汽车4S店接待了一辆2005年丰田花冠轿车，根据车主反映，该车出现喇叭不响、前照灯不亮、转向信号灯不能正常工作等故障，维修人员判断，可能为喇叭继电器、前照灯及其线路、转向信号灯闪光器继电器及其电路故障，必须对该车灯光、信号系统进行诊断和检修。

请通过检测灯光、信号系统，判断灯光、信号系统的技术状况；若需要修复灯光、信号系统，请制订灯光、信号系统修复方法和工艺流程。

学习目标

通过本任务学习，应能：

1. 叙述丰田花冠轿车灯光、信号系统；
2. 描述汽车灯光、信号系统的常见故障，分析汽车灯光、信号系统常见故障的原因；
3. 描述汽车灯光、信号系统主要组成部件的检测与修复方法；
4. 根据维修手册，正确选用工具和检测设备，在规定时间内，安全规范地进行喇叭不响故障的诊断与修复、汽车前照灯不亮故障的诊断与修复、汽车信号系统工作不正常故障的诊断与修复，制订相应的修复方法和工艺流程。

学习时间

10学时。

学习引导

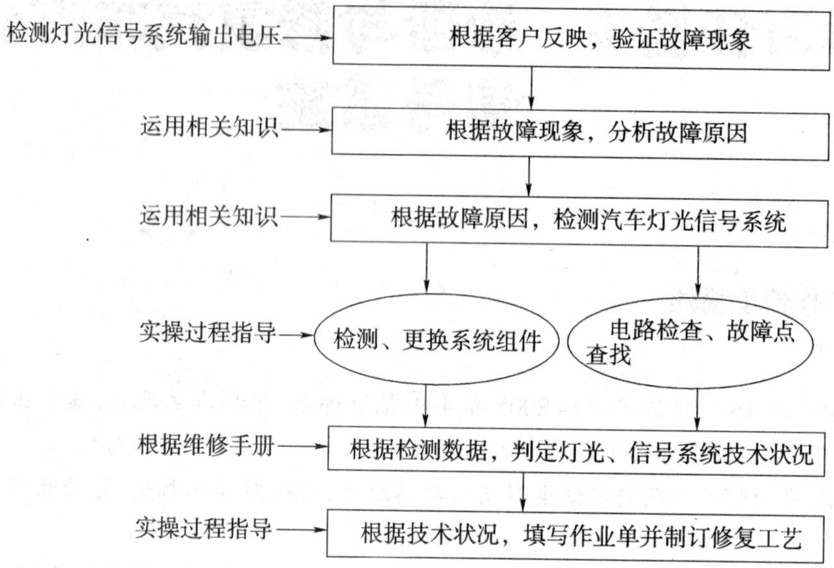

一、知 识 准 备

1 一汽丰田花冠轿车灯光、信号系统

汽车灯光、信号系统包括灯光系统和信号系统两大部分。

1)汽车灯光系统

汽车灯光系统主要用于夜晚及能见度较低时的道路照明以及车厢内、外部照明等,以保证行车安全。它包括外部照明、内部照明和工作照明三种类型。

汽车外部照明装置包括前照灯、前侧灯、倒车灯、雾灯、牌照灯等。外部照明灯按其安装方式可分为外装式和内装式两类。外装式是将整个车灯外露地装在汽车上,内装式则是把灯圈和散光玻璃外露,灯壳嵌装在汽车上。

汽车内部照明装置由顶灯、仪表灯、车门灯、阅读灯、车厢灯和踏步灯等组成,主要是为驾驶人、乘客提供方便。灯光光色多为白色,灯泡功率为 2 ~20W。

汽车工作照明装置包括行李舱灯、发动机罩灯等,其作用是为驾驶人和维修人员操作、检修汽车时提供照明。

2)汽车信号系统

汽车信号系统的作用是通过光、声信号向其他道路参与者发出有关车辆运行状况或状态的信息,以引起有关人员注意,确保行车安全。汽车信号装置可分为灯光信号装置和声音信号装置两类。

灯光信号装置包括示廓灯、倒车灯、制动灯和转向灯等。示廓灯装在汽车前后两侧的边缘，在汽车夜间行驶时，以示汽车的轮廓。前示廓灯的灯光光色为白色，后示廓灯多为红色，灯泡功率为8～10W。倒车灯用于倒车时车后的照明，并兼起到信号的作用，一般由装在变速器上的倒挡开关控制。制动灯由装在制动踏板下或制动管路上的制动灯开关控制，制动时在车辆尾部发出较强的红光，为保证夜间100m以外能够看清，灯泡功率一般为20～25W，为避免后面的大型汽车对轿车碰撞的危险，有些轿车在后风窗玻璃内装有高位制动灯。转向信号灯由转向灯开关控制，闪光装置由专门的继电器控制，转向信号灯用于汽车转弯时发出明暗交替的闪光信号，有前、后、侧转向信号灯之分，大都采用橙色或红色，其闪光频率应控制在50～110次/min范围内，一般为60～95次/min，主转向信号灯灯泡功率一般为20～25W。

汽车上的声音信号装置包括电喇叭、倒车蜂鸣器、倒车语音警报器、倒车雷达等。电喇叭的作用是用来警告行人和其他车辆，以引起注意，保证行车安全。

目前，多将前照灯、雾灯、示廓灯等组合起来，称为组合前灯；将尾灯、后转向信号灯、制动灯、倒车灯等组合起来称为组合后灯。

丰田花冠轿车灯光系统由前照灯、尾灯、示廓灯、牌照灯、前后雾灯、室内照明灯等组成，如图6-1、图6-2所示。丰田花冠轿车信号系统由转向信号灯、制动灯、倒车灯、示廓灯和喇叭等组成。

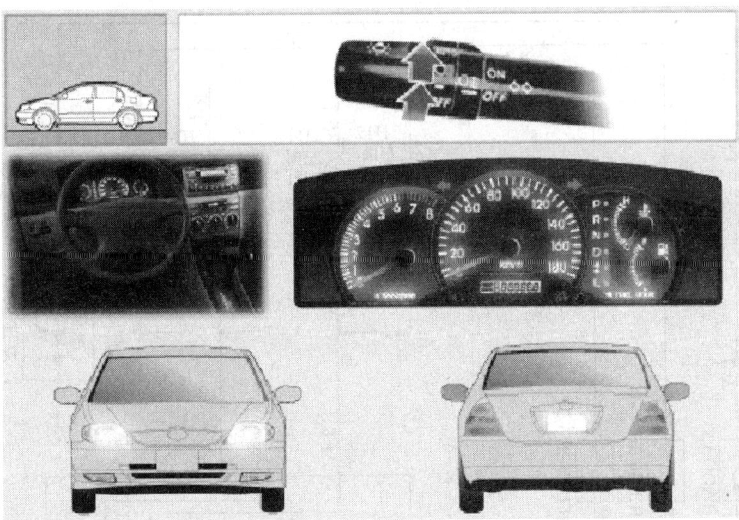

图6-1 丰田花冠轿车车灯光系统组成图

丰田花冠轿车前照灯系统电路如图6-3所示，其前照灯控制开关分为“灯光控制开关”和“变光开关”，“灯光控制开关”有“关闭(OFF)”、“小灯(TAIL)”、“前照灯(HEAD)”三个挡位，“变光开关”有“近光(LOW)”、“远光(HIGH)”、“闪光(FLASH)”三个挡位。其工作过程如下：

当灯光控制开关在“HEAD”位置且变光开关在“LOW”位置时，前照灯近光的电流回路为：

蓄电池正极 →MAIN 易熔线→

{15A HEAD LH 熔断丝→左前照灯(近光)
15A HEAD RH 熔断丝→右前照灯(近光)}

→左组合开关 C8 的 8 号端子→变光开关 HL 端子→变光开关 LOW 挡位→变光开关 ED 端子→灯光控制开关 H 端子→灯光控制开关 HEAD 挡位→灯光控制开关 EL 端子→左组合开关 C8 的 11 号端子→搭铁→蓄电池负极。

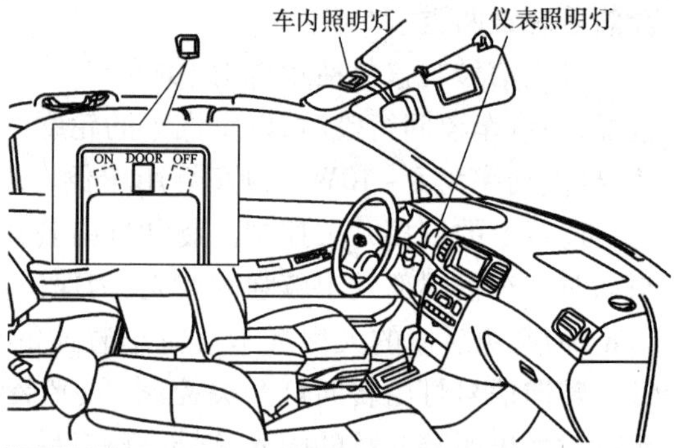

图 6-2　丰田花冠轿车车内照明系统组成图

当灯光控制开关在"HEAD"位置且变光开关在"HIGH"位置时，前照灯远光的电流回路为：

蓄电池正极 →MAIN 易熔线→{15A HEAD LH 熔断丝→左前照灯(远光)
15A HEAD RH 熔断丝→右前照灯(远光)
15A DOME 熔断丝→组合仪表远光指示}→

左组合开关 C8 的 9 号端子→变光开关 HU 端子→变光开关 HIGH 挡位→变光开关 ED 端子→灯光控制开关 H 端子→灯光控制开关 HEAD 挡位→灯光控制开关 EL 端子→左组合开关 C8 的 11 号端子→搭铁→蓄电池负极。

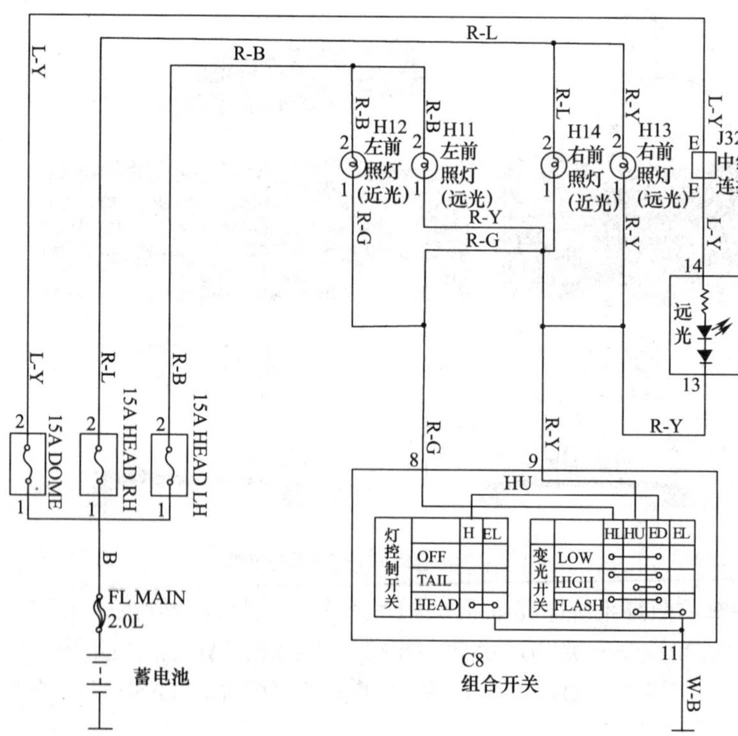

图 6-3　丰田花冠轿车前照灯电路图

当灯光控制开关位于任意位置且变光开关在“FLASH”位置时，前照灯闪光的电流回路为：

$$\text{蓄电池正极}\rightarrow\text{MAIN 易熔线}\rightarrow\left\{\begin{array}{l}\text{15A HEAD LH 熔断丝}\rightarrow\text{左前照灯(远光)}\\ \text{15A HEAD RH 熔断丝}\rightarrow\text{右前照灯(远光)}\\ \text{15A DOME 熔断丝}\rightarrow\text{组合仪表远光指示}\end{array}\right\}\rightarrow$$

左组合开关 C8 的 9 号端子→变光开关 HU 端子→变光开关 FLASH 挡位→变光开关 EL 端子→左组合开关 C8 的 11 号端子→搭铁→蓄电池负极。

丰田花冠轿车转向信号及危险警告灯系统电路如图 6-4 所示，其汽车转向信号及危险警告灯系统的控制开关有“转向信号开关”和“应急开关”，“转向信号开关”有“关闭(OFF)”、“左侧(LH)”、“右侧(RH)”三个挡位，“应急开关”有“关闭(OFF)”、“接通(ON)”两个挡位。其工作过程如下：

当点火开关接通到“点火”挡位时，转向信号闪光器继电器 T4 的电流回路为：

蓄电池正极 →MAIN 易熔线→100A ALT 主熔断丝→25A AM1 熔断丝→点火开关 IG1 挡位→IG1 继电器线圈→搭铁→蓄电池负极。

IG1 继电器线圈得电，IG1 继电器开关被吸合得电，电流回路为：

蓄电池正极 →MAIN 易熔线→100A ALT 熔断丝→25A AM1 熔断丝→点火开关 IG1 挡位→IG1 继电器开关→10A GAUGE 熔断丝→转向信号闪光器继电器 T4 的 1 号端子→T4 的 7 号端子搭铁→蓄电池负极。

如果此时转向信号开关在“LH”位置，则 T4 的 5 号端子搭铁，接收到 5 号端子的搭铁信号，T4 会在 3 号端子上输出一个频率为 60 ~ 120 次/min 的高低变化的电压，则组合仪表上的左侧转向信号指示灯、左前转向信号灯、左前侧转向信号灯、左后转向信号灯同时闪烁工作。

如果此时转向信号开关在“RH”位置，则 T4 的 6 号端子搭铁，接收到 6 号端子的搭铁信号，T4 会在 2 号端子上输出一个频率为 60 ~ 120 次/min 的高低变化的电压，则组合仪表上的右侧转向信号指示灯、右前转向信号灯、右前侧转向信号灯、右后转向信号灯同时闪烁工作。

当应急开关到“接通”挡位时，转向信号闪光器继电器 T4 的电流回路为：

蓄电池正极 →MAIN 易熔线→10A HAZARD 熔断丝→转向信号闪光器继电器 T4 的 4 号端子→T4 的 7 号端子搭铁→蓄电池负极。

如果此时应急开关到“接通”挡位，则 T4 的 8 号端子搭铁，接收到 8 号端子的搭铁信号，T4 会在 3 号、2 号端子上同时输出一个频率为 60 ~ 120 次/min 的高低变化的电压，则组合仪表上的左侧及右侧转向信号指示灯、左前及右前转向信号灯、左前侧及右前侧转向信号灯、左后及右后转向信号灯同时闪烁工作。

丰田花冠轿车喇叭系统电路如图 6-5 所示，当按下转向盘中间的喇叭按钮时，喇叭的电流流向为：蓄电池正极 →MAIN 易熔线→10A HORN 熔断丝→喇叭继电器线圈→搭铁→蓄电池负极。

喇叭继电器线圈得电，喇叭继电器开关被吸合得电，电流回路为：蓄电池正极 →MAIN 易熔线→10A HORN 熔断丝→喇叭继电器开关→高、低音喇叭→搭铁→蓄电池负极。

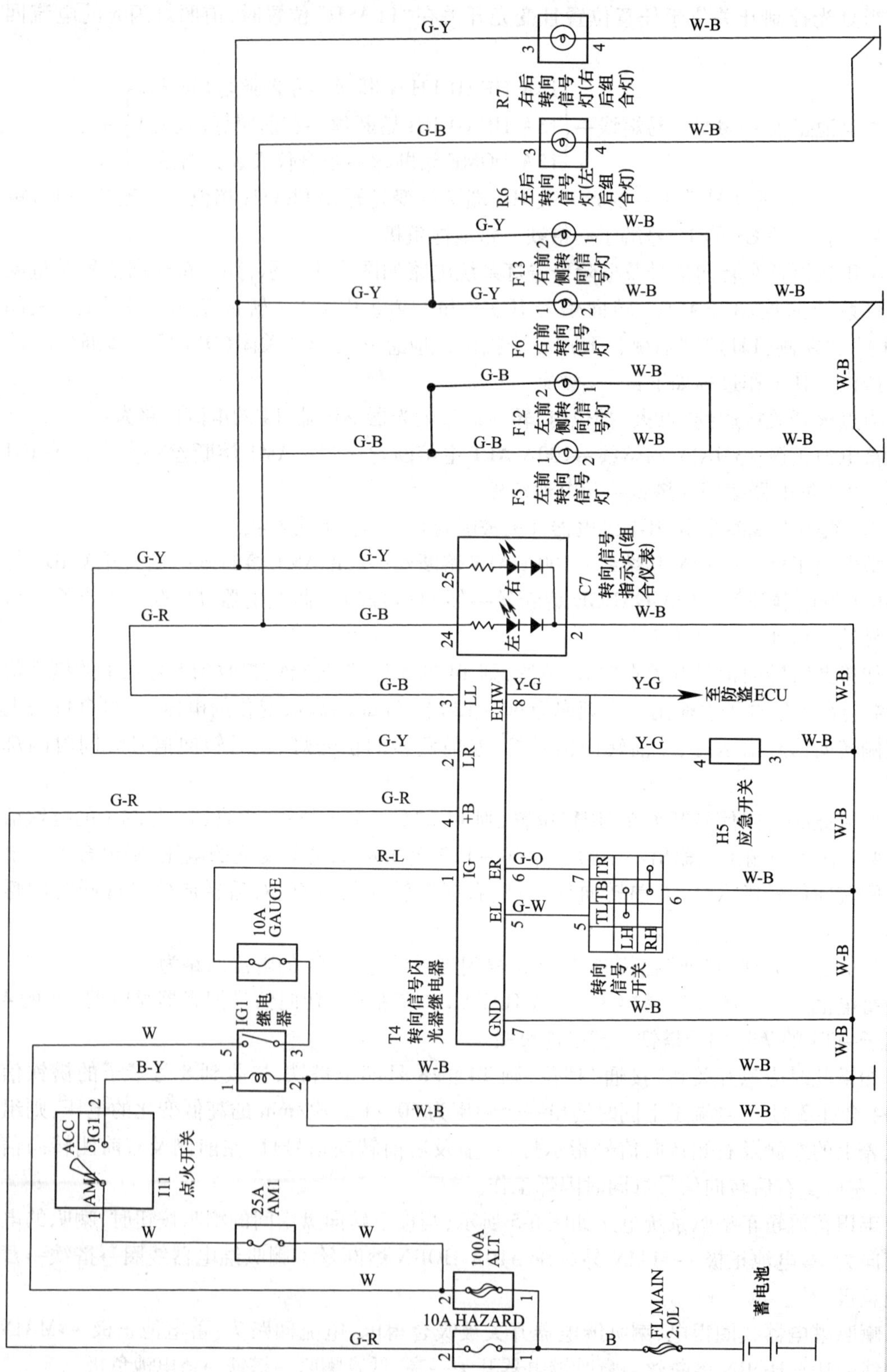

图 6-4　丰田花冠轿车转向信号和危险警告灯电路图

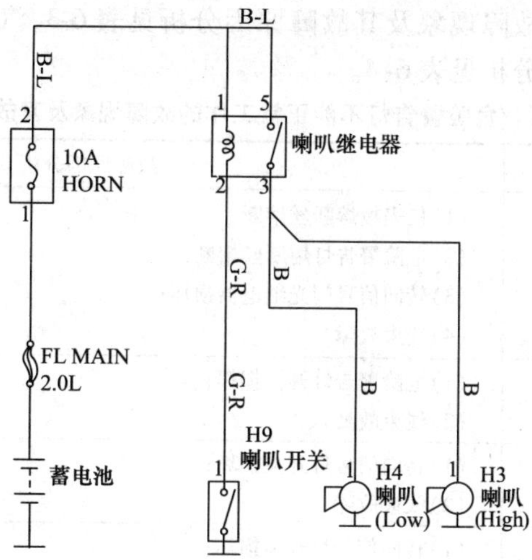

图6-5 丰田花冠轿车喇叭电路图

2 汽车灯光、信号系统常见故障及其原因

1)汽车灯光系统常见故障及其原因分析

汽车灯光系统的常见故障一般有:灯泡不亮、灯光亮度低、灯泡频繁烧坏等,各种故障现象及故障原因分析见表6-1。

汽车灯光系统常见故障及原因分析 表6-1

常见故障现象	故障原因分析
灯泡不亮	(1)熔断丝熔断、灯泡损坏; (2)灯光开关损坏; (3)灯光继电器损坏; (4)线路短路或断路故障
亮度下降	(1)蓄电池电量不足或发电机及调节器故障; (2)导线接头松动或接触不良; (3)导线过细或搭铁不良; (4)散光镜损坏或反射镜有尘垢; (5)灯泡玻璃表面发黑或功率过低; (6)灯丝没有位于反射镜焦点上
灯泡频繁烧坏	(1)电压调节器不当或失调; (2)灯具接触不良

2)汽车信号系统常见故障及其原因分析

(1)汽车信号灯系统常见故障及其原因分析。汽车上的信号灯大体上有两种:一种是持续信号,一种是闪烁信号。汽车信号灯系统常见故障有信号灯不亮和信号灯不能正常工作两种。信号灯不亮故障与灯光不亮故障的原因及排除方法类似。

汽车转向信号灯/危险警告灯不能正常工作的故障现象及其故障原因分析见表6-2,汽车制动灯不能正常工作的故障现象及其故障原因分析见表6-3，汽车倒车灯不能正常工作的故障现象及其故障原因分析见表6-4。

汽车转向信号灯/危险警告灯不能正常工作的故障现象及其故障原因分析 表6-2

常见故障现象	故障原因分析
危险警告灯和转向灯均不亮	(1)仪表板熔断丝熔断； (2)危险警告灯熔断丝熔断； (3)转向信号闪光继电器损坏； (4)线束故障
危险警告灯不亮，转向灯正常	(1)危险警告灯开关损坏； (2)线束故障
转向灯不亮，危险警告灯正常	(1)转向信号灯开关损坏； (2)线束故障
转向信号灯在一个方向上不亮	(1)转向信号灯开关损坏； (2)线束故障
两侧转向灯闪烁频率不同	(1)两侧灯泡的功率不等； (2)有灯泡损坏
转向灯常亮不闪	(1)闪光继电器损坏； (2)接线错误
闪烁频率过高或过低	(1)灯泡功率不当； (2)闪光器工作不良，触点间隙过大或过小； (3)电源电压过高或过低

汽车制动灯不能正常工作的故障现象及其故障原因分析 表6-3

常见故障现象	故障原因分析
全部制动灯不亮	(1)制动灯熔断丝熔断； (2)制动灯灯丝烧断； (3)制动灯灯座接触不良； (4)制动灯开关损坏； (5)制动灯连接线路断路
单边制动灯不亮	(1)制动灯灯丝烧断； (2)制动灯灯座接触不良； (3)制动灯连接线路断路
制动灯常亮	制动灯开关损坏

汽车倒车灯不能正常工作的故障现象及其故障原因分析 表6-4

常见故障现象	故障原因分析
倒车灯不亮	(1)倒车灯熔断丝熔断； (2)倒车灯开关失效； (3)倒车灯灯丝烧断； (4)倒车灯座接触不良； (5)倒车灯连接线路断路
仅倒挡不亮，其余挡位倒车灯全亮	倒车灯开关损坏

（2）汽车喇叭系统常见故障及原因分析。汽车喇叭灯系统喇叭工作不正常的故障现象及其原因分析见表6-5。

喇叭工作不正常的故障现象及其故障原因分析　　表6-5

故障现象	故障原因分析	故障现象	故障原因分析
喇叭全部不响	（1）喇叭熔断丝熔断； （2）喇叭继电器损坏； （3）喇叭开关损坏； （4）喇叭失效； （5）喇叭线路断路	喇叭时响时不响	（1）喇叭开关损坏； （2）喇叭继电器损坏
		喇叭变调	（1）喇叭开关损坏； （2）喇叭失效
高低音喇叭只有一个响	（1）喇叭失效； （2）喇叭线路断路	喇叭始终响	（1）喇叭开关损坏； （2）喇叭继电器损坏

3　汽车灯光、信号系统主要组成部件的检测与修复方法

1）汽车前照灯开关/转向信号开关检查

用万用表检查汽车前照灯开关/转向信号开关置于不同挡位时的导通情况，其导通情况应与标准规定符合，若不符合，应更换开关。例如，丰田花冠轿车前照灯开关/转向信号开关如图6-6所示，前照灯灯光控制开关的导通性检查见表6-6，前照灯变光开关的导通性检查见表6-7，转向信号开关的导通性检查见表6-8。

a)外形

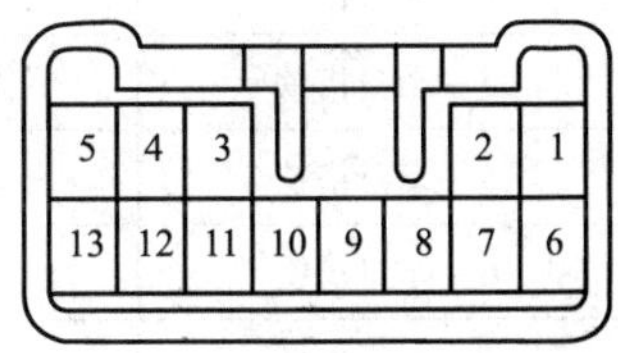

b)开关连接器端子图

图6-6　丰田花冠轿车前照灯开关/转向信号开关

前照灯灯光控制开关的导通性检查　　表6-6

开关操作	测试仪连接	规定条件	开关操作	测试仪连接	规定条件
OFF	不导通	不导通	HEAD	12-6	导通
TAIL	12-6	导通	HEAD	7-10	导通

前照灯变光开关的导通性检查　　表6-7

开关操作	测试仪连接	规定条件
FLASH	11-10	导通
LOW BEAM	9-10	导通
HI BEAM	11-10	导通

转向信号开关的导通性检查　表6-8

开关操作	测试仪连接	规定条件
右转	4-5	导通
空挡	—	不导通
左转	4-3	导通

2）汽车转向灯/危险警告灯继电器检查

丰田花冠轿车转向灯/危险警告灯继电器如图6-7所示。

（1）从转向信号闪光器上断开连接器，并检查线束侧连接器，应该符合表6-9。

（2）将连接器连接到转向信号闪光器，并从后侧检查线束侧连接器，应该符合表6-10。

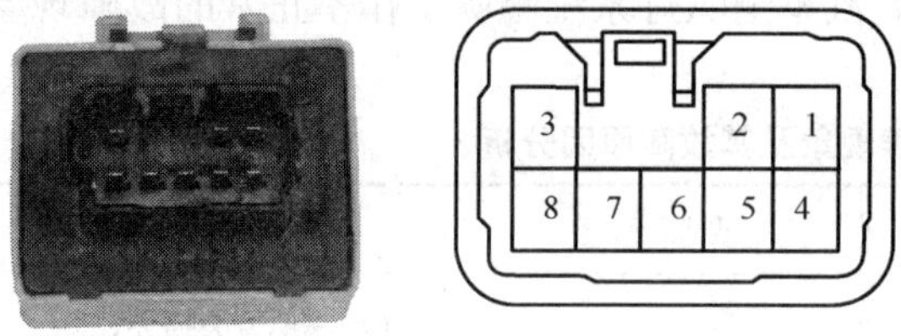

a)外形　　b)继电器连接器端子图

图 6-7　丰田花冠轿车转向灯/危险警告灯继电器

转向信号闪光器线束侧连接器检查　　表 6-9

测试仪连接	条　件	规定条件
7－车身搭铁	恒定	导通
1－车身搭铁	点火开关扭至 ON 位置	蓄电池电压
1－车身搭铁	点火开关扭至 OFF 位置	无电压
4－车身搭铁	恒定	蓄电池电压

转向信号闪光器检查　　表 6-10

测试仪连接	条　件	规 定 条 件
2－车身搭铁	应急开关 OFF→ ON	0V→ 0⇔9V(60～120 次/min)
2－车身搭铁	转向信号开关(右转)OFF→ ON	0V→ 0⇔9V(60～120 次/min)
3－车身搭铁	应急开关 OFF→ ON	0V→ 0⇔9V(60～120 次/min)
3－车身搭铁	转向信号开关(左转)OFF→ ON	0V→ 0⇔9V(60～120 次/min)
5－车身搭铁	转向信号开关(左转)OFF→ ON	高于 9V→ 0 V
6－车身搭铁	转向信号开关(右转)OFF→ ON	高于 9V→ 0 V
8－车身搭铁	应急开关 OFF→ ON	高于 9V→ 0 V

3)汽车前照灯检测与调整

汽车前照灯在使用过程中,会因灯泡老化、反射镜变暗、照射位置不正而使前照灯的发光强度不足或照射位置不正确,影响行车安全,因此必须对前照灯进行检测和调整。

(1)汽车前照灯检测标准。前照灯的发光强度是指光源在给定方向上所能发出的光线强度(单位:坎,符号 cd)。国家标准对汽车前照灯远光光束的发光强度有明确的要求,具体标准见表 6-11。

前照灯远光光束发光强度要求(单位:cd)　　表 6-11

车 辆 类 型	新注册机动车		在用机动车	
	两灯制	四灯制	两灯制	四灯制
汽车、无轨电车	15000	12000	12000	10000
四轮农用运输车	10000	10000	8000	6000

注:采用四灯制的机动车其中两只对称的灯达到两灯制的要求时视为合格。

(2)前照灯的检测方法。前照灯的发光强度一般用前照灯检测仪进行检测。汽车前照灯检测仪利用光电池受光线照射后产生电动势,再由光度计(实质上是一个电流表)来指示前照灯的发光强度。前照灯的发光强度高,光电池产生的电流大,光度计指示的值就高。

前照灯的光束照射位置是光轴中心相对于前照灯配光镜几何中心在垂直方向偏上或偏下、水平方向偏左或偏右的距离。对于对称配光特性的前照灯,一般把光束最亮区域的中心作为光轴中心,用此检测光束的照射位置。对于非对称配光特性的前照灯,一般以光束明暗截止线交点或中心作为光轴中心,用此检测光束照射位置。

前照灯的远光一般都采用对称式配光，光形分布具有水平方向宽、垂直方向窄等特点。

前照灯的近光，我国规定采用非对称式配光，光形分布是近光光束最亮部分向右下偏移，在配光屏幕上具有明显的明暗截止线。用屏幕可以检测前照灯的光束照射位置，国家标准对汽车前照灯光束照射位置的规定是：机动车在检验前照灯的近光光束照射位置时，被测车辆空载（允许乘坐一名驾驶人），轮胎气压正常，汽车正对屏幕10m处，光束明暗截止线转角或中心的高度应为$0.6H \sim 0.8H$（H为前照灯中心高度），其水平方向位置向左偏或向右偏均不得超过100mm。四灯制前照灯远光光束的调整，要求在屏幕上光束中心离地面高度为$0.85H \sim 0.90H$，水平位置要求左灯向左或向右偏均不得大于170mm。前照灯光束照射位置不符合规定要求时应利用上下、左右调整螺钉进行调整，装用远、近双丝灯的前照灯以调整近光光束为主。

用屏幕只能检测前照灯的光束照射位置，不能检测发光强度。目前汽车维修企业和汽车检测站广泛采用前照灯检测仪来检测前照灯的发光强度和光束照射位置，据此来检验和调整汽车前照灯的发光强度和光轴偏斜量。前照灯检测仪检测前照灯的光束位置一般是将4块光电池组合在一起，位于上、下的光电池接有上下偏斜指示计，位于左、右的光电池接有左右偏斜指示计，当前照灯照射在光电池上后，上下偏斜指示计和左右偏斜指示计将发生摆动，据此可测出前照灯的光束照射位置。前照灯检测仪按测量方法不同分为聚光式、屏幕式、投影式、自动追踪光轴式、全自动式等，使用方法虽各不相同，但检测原理大同小异，具体的使用方法可以参考其说明书操作。目前应用较多的是全自动式检测仪。

4）汽车灯光、信号系统灯泡检查

汽车灯光、信号系统灯泡可用万用表直接测量其电阻来判断灯泡是否损坏。

二、任务实施

项目1　诊断与修复喇叭不响故障

1　项目说明

丰田花冠轿车在使用过程中出现喇叭不响故障时，若诊断为可能是由于喇叭、喇叭继电器故障引起，应该完成喇叭、喇叭继电器性能检查，必要时应按技术标准对喇叭、喇叭继电器完成更换，并制订相应检修步骤。喇叭不响故障的诊断流程如图6-8所示。

2　要求

每位学员独立完成此项目。

3　设备器材

（1）丰田花冠轿车1辆；
（2）汽车数字式万用表1个；
（3）汽车蓄电池1个；

(4)短接线若干。

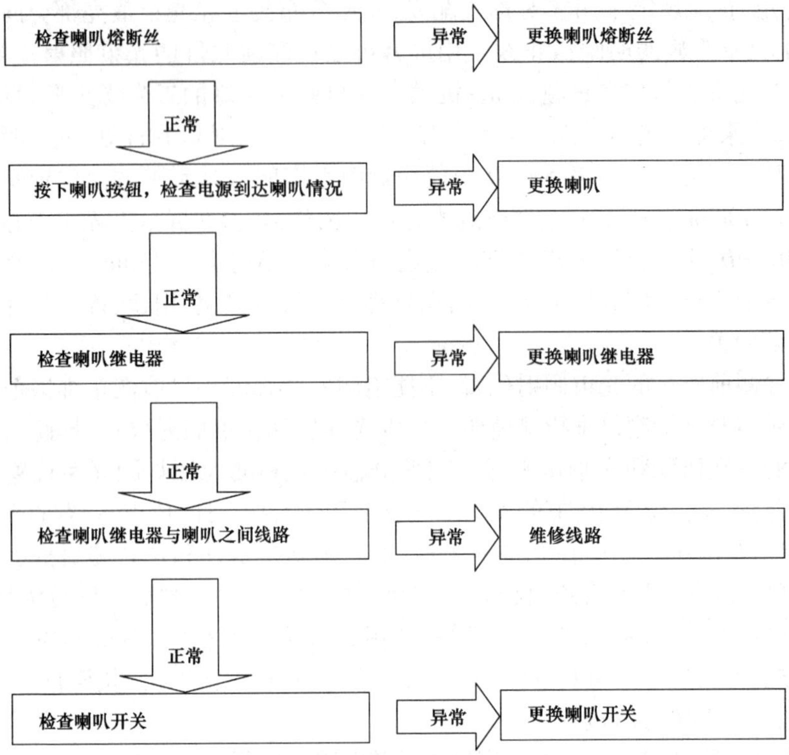

图 6-8　喇叭不响故障的诊断流程

4 作业准备

(1)清洁蓄电池表面；
(2)清洁量具；
(3)准备作业单。

5 操作步骤

(1)检查喇叭熔断丝,如图 6-9 所示。

(2)按下喇叭按钮,检查电源接通喇叭情况,如图 6-10 所示。

(3)检查喇叭继电器,如图 6-11 所示。检查喇叭继电器(HORN)的导通性,其导通情况应该符合表 6-12 情况。

喇叭继电器导通检查　　表 6-12

条　　件	测 试 端 子	规 定 值
恒定	1－2	导通
在端子 1 和 2 之间施加蓄电池电压	3－5	导通

(4)检查喇叭线路:

①检查喇叭继电器电源线路,喇叭继电器的1号、5号端子应为蓄电池正极电压,如图6-11所示。

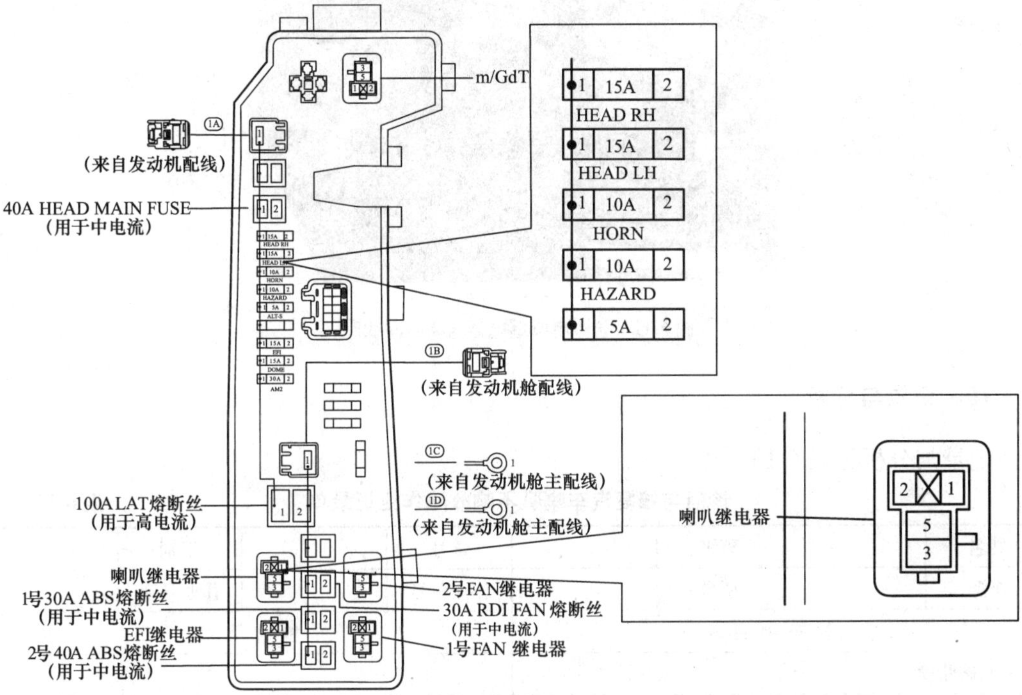

图6-9　检查喇叭熔断丝

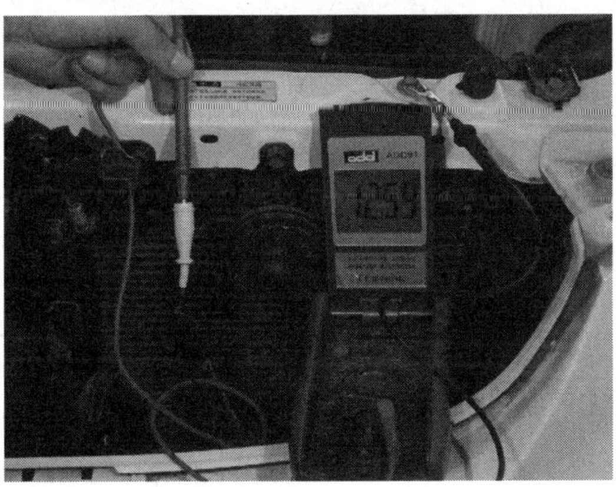

图6-10　按下喇叭按钮,检查电源接通喇叭情况

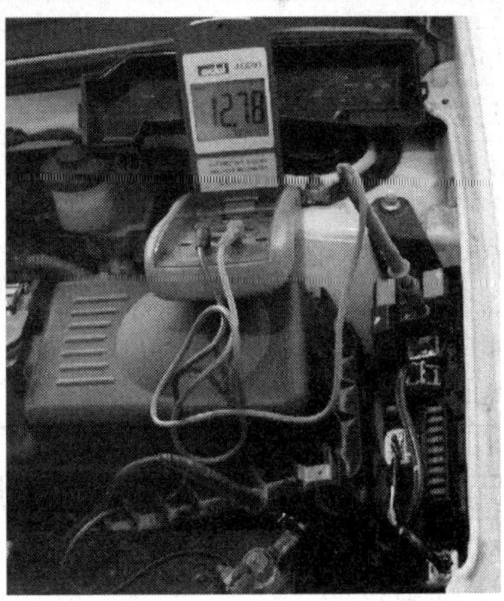

图6-11　检查喇叭继电器电源线路

②检查喇叭继电器与喇叭之间线路,喇叭继电器的2号端子应与喇叭开关相通,3号端子应与高、低音喇叭相通,如图6-12所示。

(5)检查喇叭开关,拆下转向盘上的喇叭开关,检查喇叭开关的导通情况,如不符合技术标准,则更换喇叭开关。

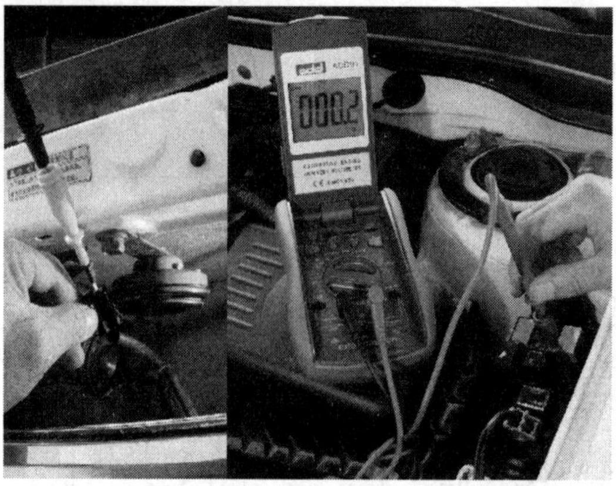

图 6-12 检查喇叭继电器与喇叭间线路

6 记录与分析

记录与分析见表 6-13。

诊断与修复汽车喇叭不响故障作业记录单 表 6-13

姓名		班级		学号		组别	
车型		型号		作业单号		作业日期	
检 查 项 目				检 查 结 果			
喇叭熔断丝							
喇叭继电器							
高音喇叭							
低音喇叭							
喇叭线路							
喇叭开关							
故障原因							
制订喇叭不响的故障诊断与修复工艺							

项目2 诊断与修复汽车前照灯不亮故障

1 项目说明

丰田花冠轿车在使用过程中出现前照灯不亮故障时，若诊断为可能是由于前照灯熔断丝、继电器、灯泡、前照灯开关、前照灯线路等引起，应该根据电路图完成前照灯系统检查，判断出故障部位，必要时应按技术标准完成对前照灯系统的主要部件的更换，并制订相应检修步骤。

丰田花冠轿车前照灯不亮故障的诊断流程如图 6-13 所示。

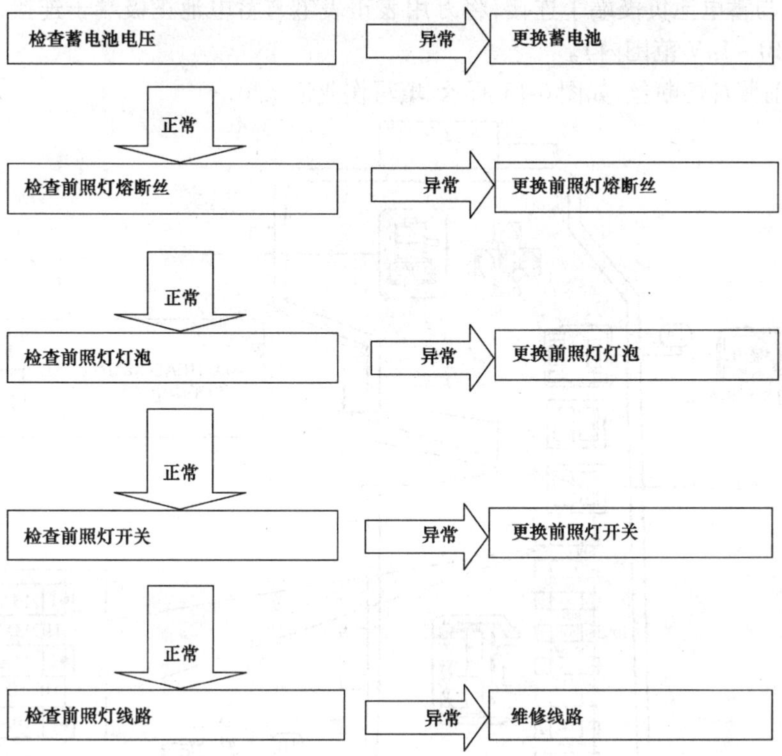

图 6-13　丰田花冠轿车前照灯不亮故障诊断流程

2 要求

每两名学员一组,完成此项目。

3 设备器材

(1)丰田花冠轿车 1 辆;
(2)汽车数字式万用表 1 个;
(3)干净抹布、大头针若干。

4 作业准备

(1)断开蓄电池负极;
(2)查阅电路图;
(3)准备作业单。

5 操作步骤

图 6-14　检查蓄电池电压

(1)检查蓄电池电压,填写作业记录单。

如图 6-14 所示,调整万用表至 DC 电压测量范围,将万用表负表笔与蓄电池负极端子连接，将万用表正表笔与蓄电池正极端子连接，检查蓄电池电压（应在 10 ~ 14V 范围内）。

（2）检查前照灯熔断丝，如图 6-15 所示，填写作业记录单。

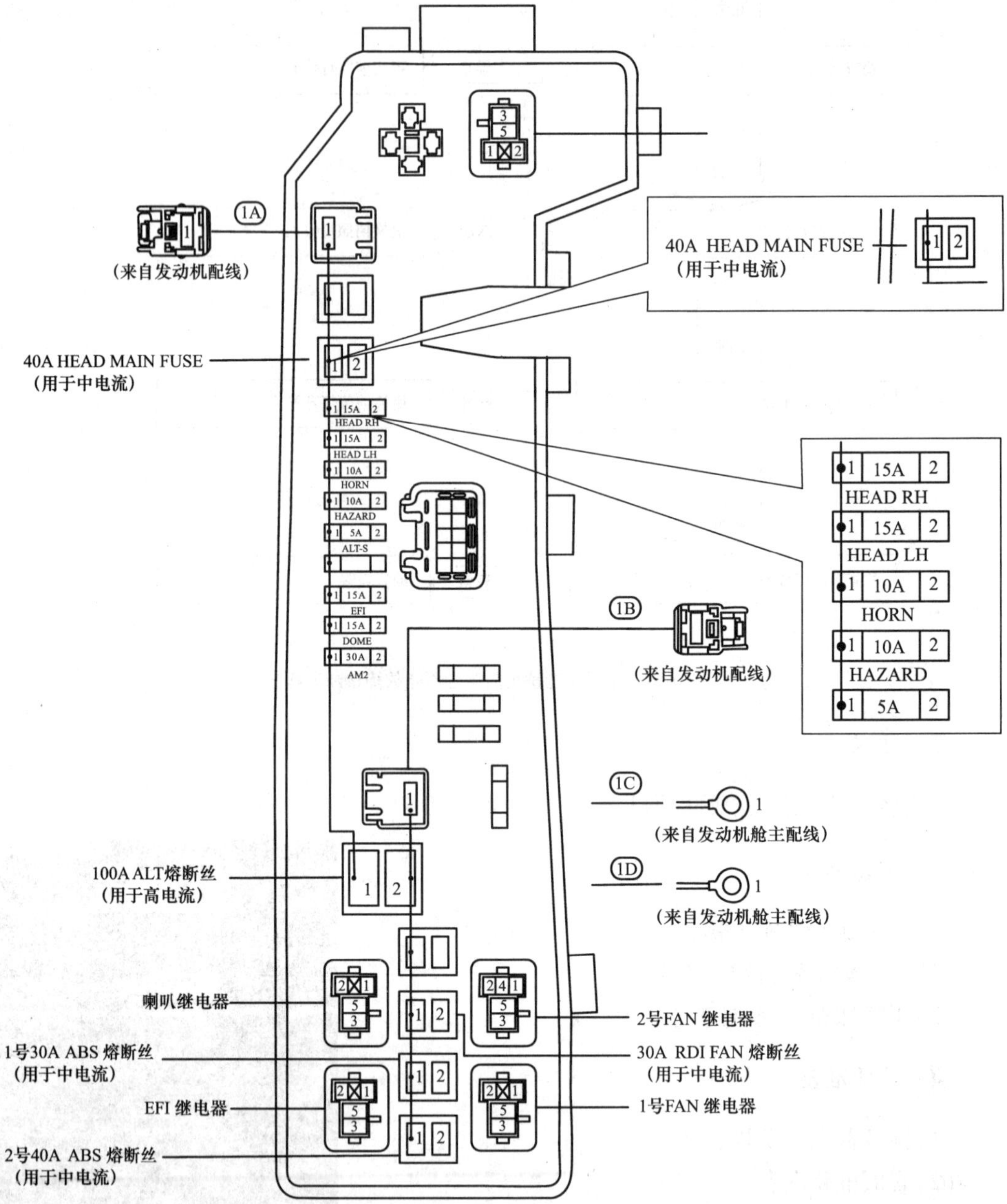

图 6-15　检查前照灯熔断丝

（3）检查前照灯灯泡，填写作业记录单。

如图 6-16 所示。拆下前照灯灯泡，调整万用表至电阻测量范围，将万用表导线连接到灯泡上，并检查灯泡的导通性，近光侧端子 1 和 3 之间应该导通，远光侧端子 2 和 3 之间应该导通。

(4)检查前照灯开关和变光开关的导通情况,填写作业记录单。

如图6-17所示,拆下前照灯及变光开关总成,调整万用表至电阻测量范围,其检查情况应该符合表6-6、表6-7的情况。

(5)检查前照灯线路。用万用表逐段检查线路,找出短路或断路故障的部位。

①检查前照灯远光线路,填写作业记录单。

接通前照灯开关及变光开关的远光挡位,检查电源到达前照灯远光插接器的情况,前照灯远光插接器2个端子间应该有蓄电池电压,如图6-18所示。

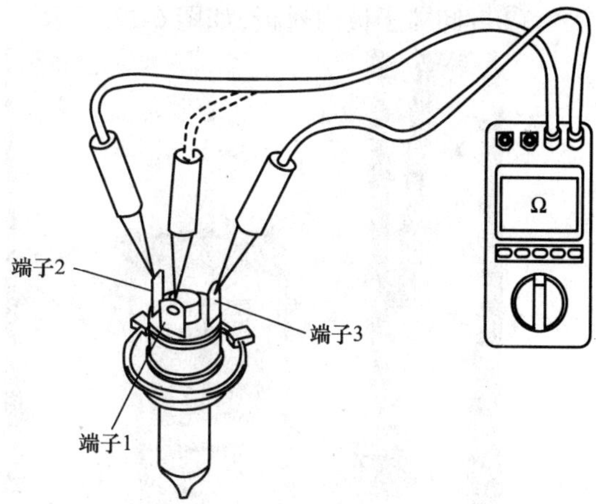

图6-16 丰田花冠轿车前照灯灯泡检查

②检查前照灯近光线路,填写作业记录单。

接通前照灯开关及变光开关的近光挡位,检查电源到达前照灯近光插接器的情况,前照灯近光插接器2个端子间应该有蓄电池电压,如图6-19所示。

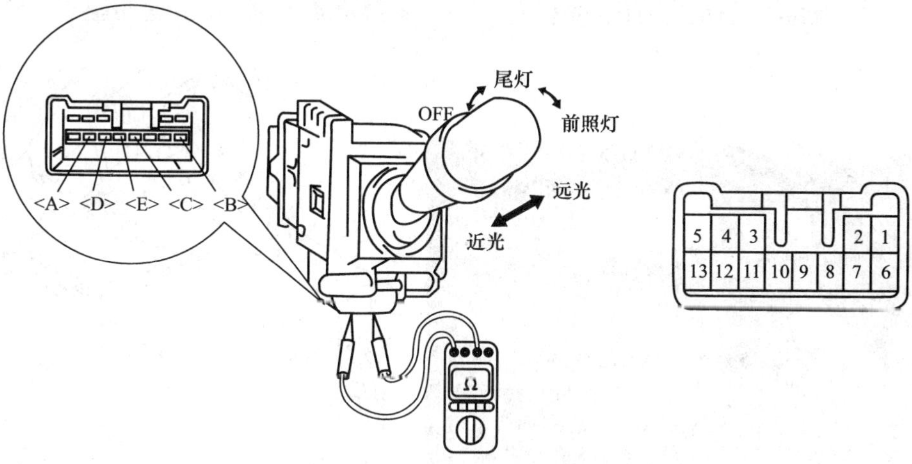

图6-17 检查前照灯开关的导通情况

③检查前照灯开关线路,填写作业记录单。

接通万用表的直流电压挡,检查前照灯开关及组合开关C8插接器8号端子(近光)与11号端子应该有蓄电池电压,组合开关C8插接器9号端子(远光)与11号端子应该有蓄电池电压,如图6-20所示。

(6)若前照灯不亮的故障原因为前照灯总成损坏或破损,则必须进行前照灯总成的更换。其具体步骤以一汽丰田花冠轿车前照灯总成为例进行介绍。

①断开蓄电池负极电缆,如图6-21所示。

注意:为了防止出现短路,拆卸前照灯总成之前必须断开蓄电池负极端子,在断开蓄电池负极端子电缆之前，要记下储存在发动机ECU中的故障代码、音响系统防盗等信息。

②拆卸翼子板内衬板，如图6-22所示。

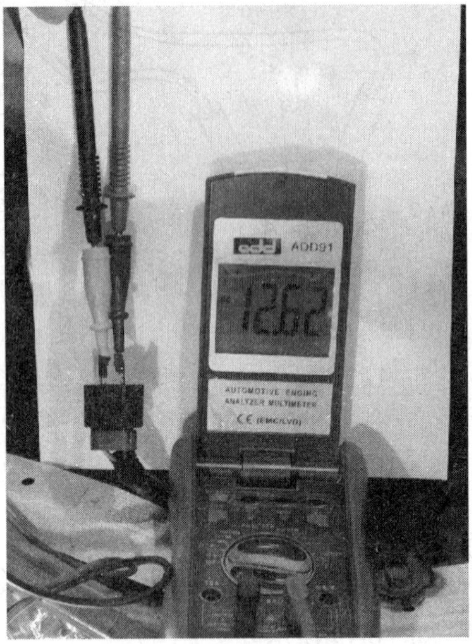

图6-18　检查前照灯远光线路

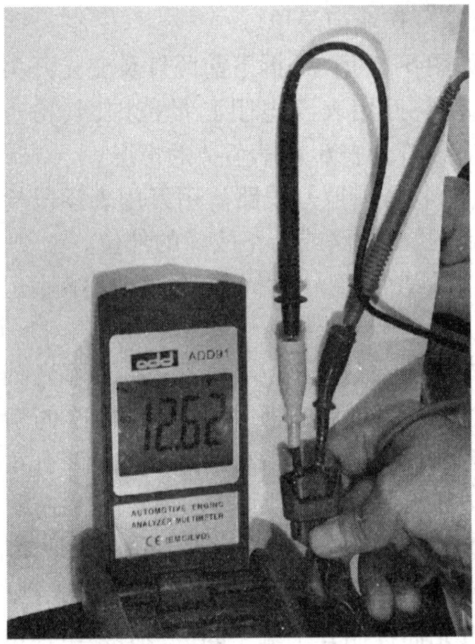

图6-19　检查前照灯近光线路

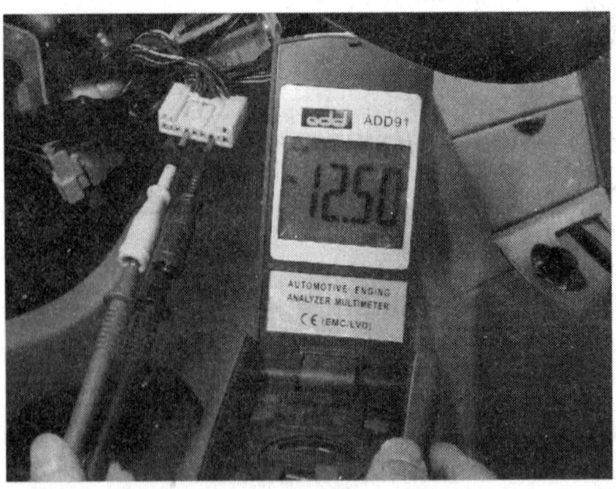

图6-20　检查前照灯开关线路

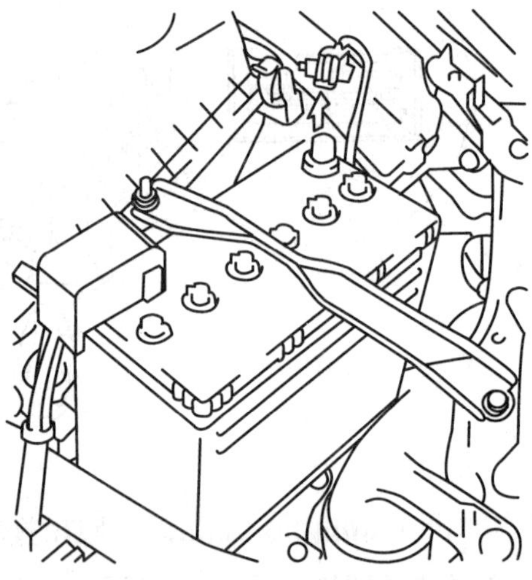

图6-21　断开蓄电池负极电缆

注意：在前保险杠拆卸期间，首先用遮蔽带防止损坏，然后拆卸内衬安装螺钉和卡扣（在轮罩前半部分），再将翼子板内衬板翻转。注意有些车型的前照灯安装螺母在内衬板里侧，必须翻转内衬板，一旦翼子板内衬板被折叠，它便无法恢复正常位置。当翻转时切勿折叠内衬板。

③拆卸散热器护栅和前保险杠。首先拆卸螺栓和螺钉，松脱锁销和散热器护栅，如图6-23所示。然后拆卸前保险杠卡扣和螺栓，松脱卡钩和前保险杠，如图6-24所示。

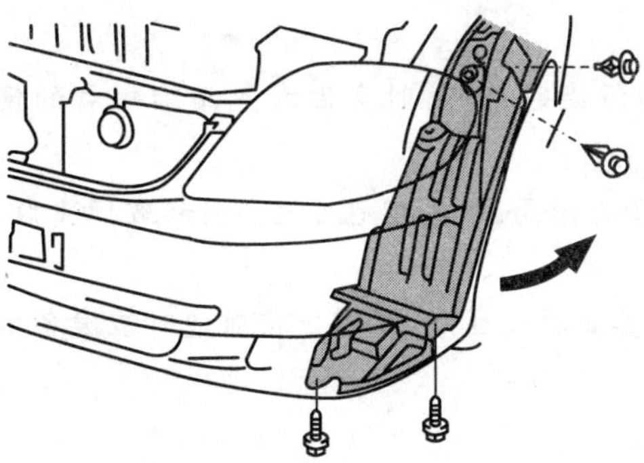

图6-22　拆卸翼子板内衬板

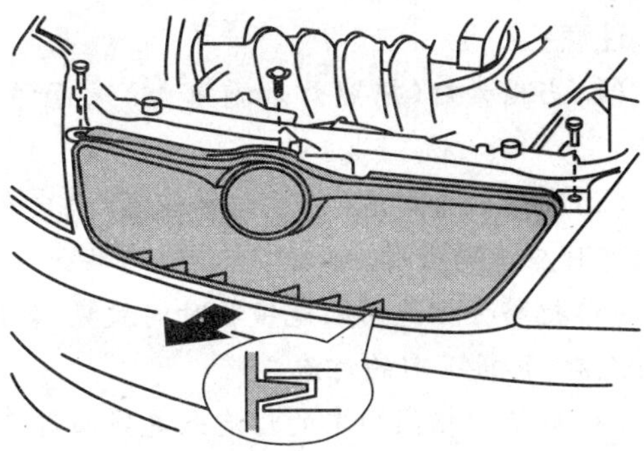

图6-23　拆卸散热器护栅和前保险杠1

④拆卸前照灯。首先断开前照灯接头，然后拆卸前照灯安装螺栓，从销子上分离前照灯固定角。然后，把前照灯向车辆前部拉，分离内部托架，拆卸前照灯，如图6-25所示。

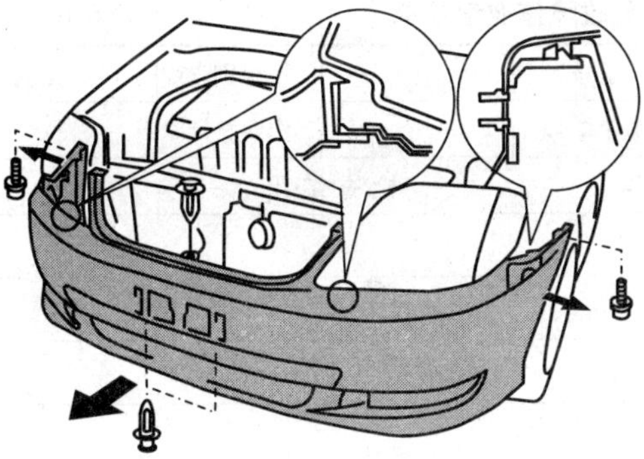

图6-24　拆卸散热器护栅和前保险杠2

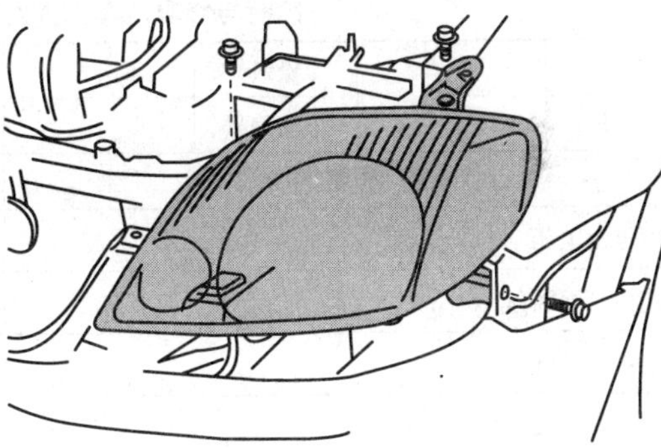

图6-25　拆卸前照灯

⑤拆卸前照灯灯泡。用手拉突出部拆下橡胶套，拆卸固定灯泡的弹簧，然后拆卸灯泡，如图6-26所示。

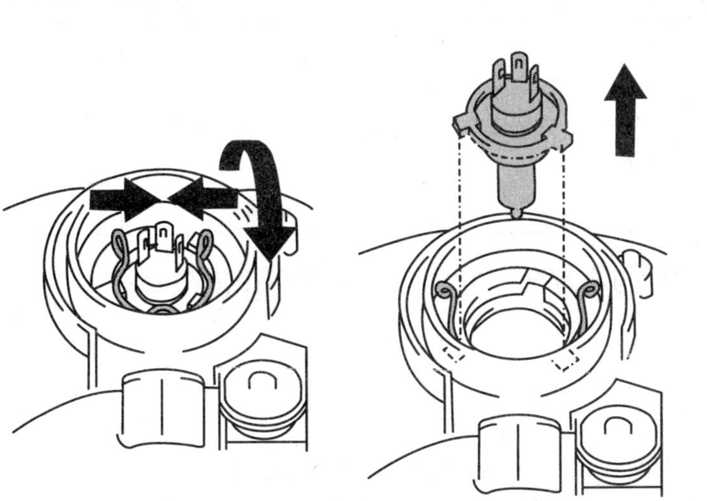

图6-26　拆卸前照灯灯泡

注意：

(1)当卤素灯(前照灯和前雾灯)表面被油污染时，开灯时会因发热而缩短灯的使用寿命。

(2)由于卤素灯泡(前照灯和前雾灯)内部压力很高，跌落灯泡可能会引起玻璃飞散，因此操作时应特别小心。

(3)把移去灯泡的配光镜长时间放置，会使其变脏或变潮，所以更换灯泡时应准备好新的灯泡后，再拆下旧的灯泡。

(4)应使用相同功率的灯泡来更换旧灯泡。

(5)灯泡更换后应拧紧灯口以防配光镜雾化或湿气进入。

6 记录与分析

记录与分析见表6-14。

诊断与修复汽车前照灯不亮故障作业记录单　　表6-14

姓名		班级		学号		组别	
车型		车辆编号		作业单号		作业日期	
检查项目				检查结果			
蓄电池电压							
前照灯熔断丝							
前照灯灯泡							
前照灯开关和变光开关							
前照灯远光线路							
前照灯近光线路							
前照灯开关线路							
故障原因							
制订汽车前照灯不亮故障诊断与修复工艺							

项目3　诊断与修复汽车信号系统工作不正常故障

1 项目说明

丰田花冠轿车在使用过程中出现转向信号灯不能正常工作故障时，若诊断为可能是由于转向信号系统熔断丝、继电器、前照灯/危险警告灯开关、线路等引起，应该根据电路图完成前照灯/危险警告灯系统检查，判断出故障的部位，必要时应按技术标准对前照灯/危险警告灯系统的主要部件完成更换，并制定相应检修步骤。丰田花冠轿车转向信号灯工作不正常故障的诊断流程如图6-27所示。

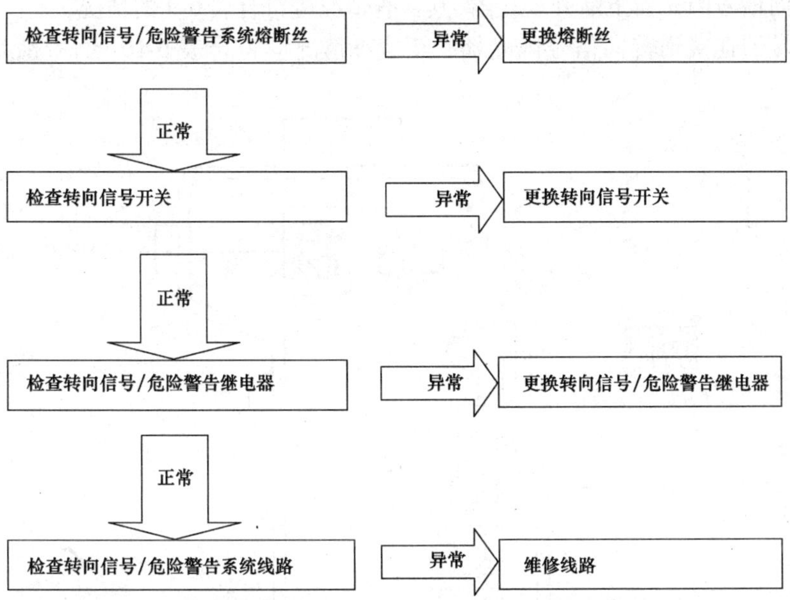

图6-27　丰田花冠轿车转向信号灯工作不正常故障的诊断流程

2 要求

每两名学员一组,完成此项目。

3 设备器材

(1)丰田花冠轿车1辆。
(2)汽车数字万用表1个。
(3)一字螺丝刀、十字螺丝刀及绝缘胶带、干净抹布、大头针若干。
(4)跨接线若干。

4 作业准备

(1)车辆充电。
(2)准备作业单。

5 操作步骤

(1)检查转向信号/危险警告系统易熔线、熔断丝。用万用表检查相关的易熔线(FL MAIN、100A ALT等)、熔断丝(15A DOME、25A AM1、10AGAUGE等),如图6-28所示,填写作业记录单。

(2)检查转向信号开关。拆下转向信号开关总成,检查转向信号开关的导通情况,其检查情况应该符合表6-8的情况,填写作业记录单。

(3)检查转向信号/危险警告继电器。

①从转向信号闪光器上断开连接器,其检查情况应符合表6-9的情况;

②将连接器连接到转向信号闪光器,其检查情况应符合表6-10的情况,填写作业记录单。

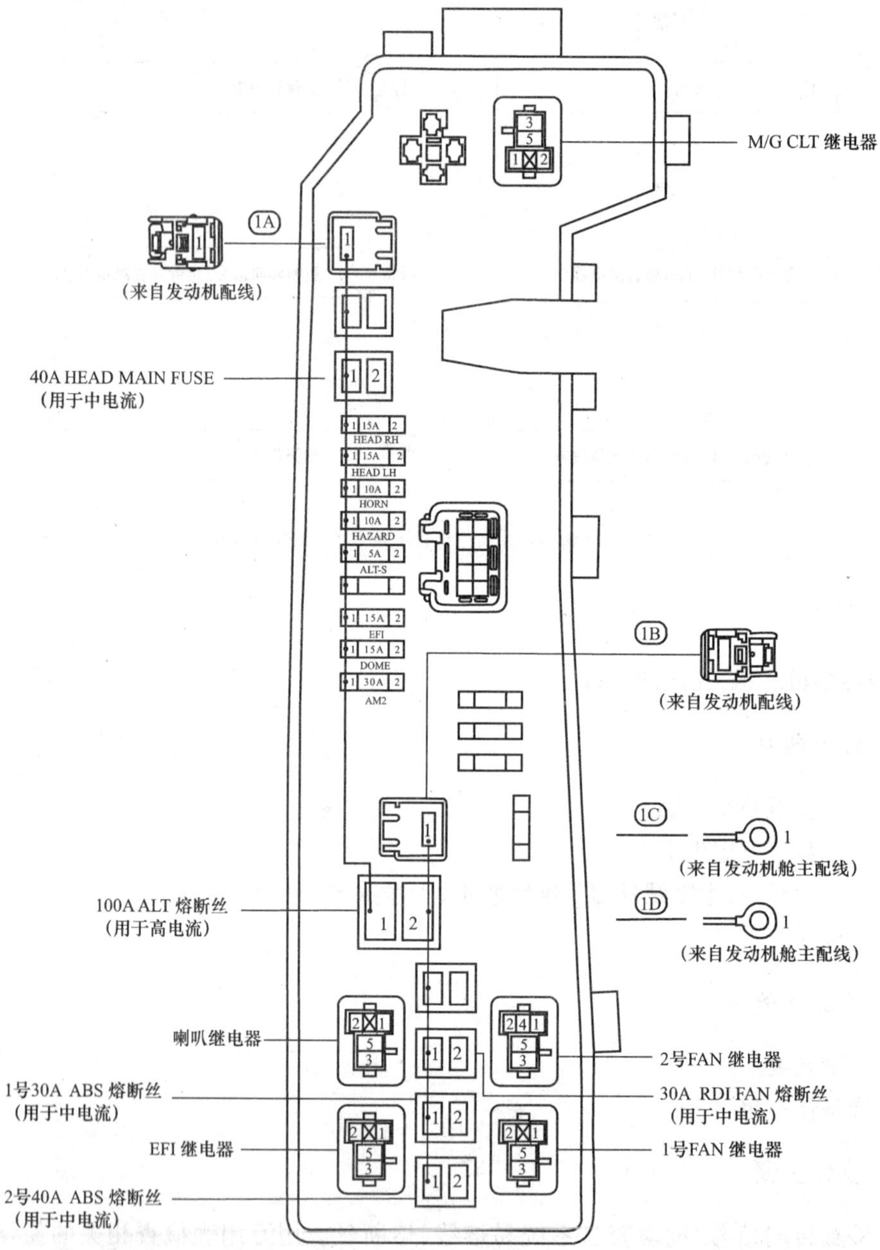

图6-28　检查转向信号/危险警告系统熔断丝

(4)检查转向信号/危险警告系统线路。拔下转向信号/危险警告系统继电器,按照如下条件完成转向信号/危险警告系统线路检查。

①点火开关处于"OFF"状态,检查闪光器4号端子与7号端子之间的电压(应该有蓄电池电压),如图6-29所示,填写作业记录单。

②点火开关处于“ON”状态，检查闪光器1号端子与7号端子之间的电压（应该有蓄电池电压），如图6-30所示，填写作业记录单。

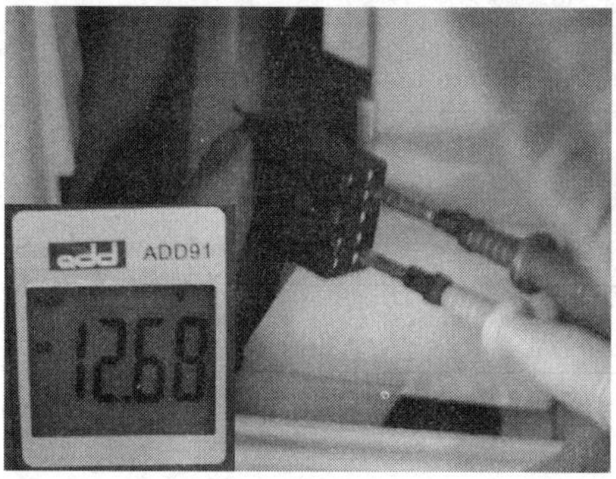

图6-29　检查闪光器4号端子与7号端子的电压

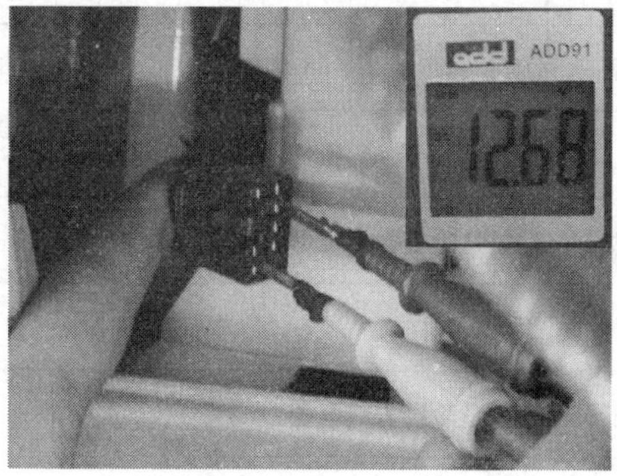

图6-30　检查闪光器1号端子与7号端子的电压

③拆下转向信号开关，检查转向信号开关5号端子与闪光继电器5号端子、转向信号开关7号端子与闪光继电器6号端子之间的导通性（应该导通），如图6-31所示，填写作业记录单。

④检查闪光继电器3号端子与右前转向信号灯1号端子、右前侧转向信号灯2号端子、右后转向信号灯3号端子之间的导通性，如图6-32所示，填写作业记录单。

图6-31　检查转向信号开关5号端子与闪光继电器5号端子导通情况

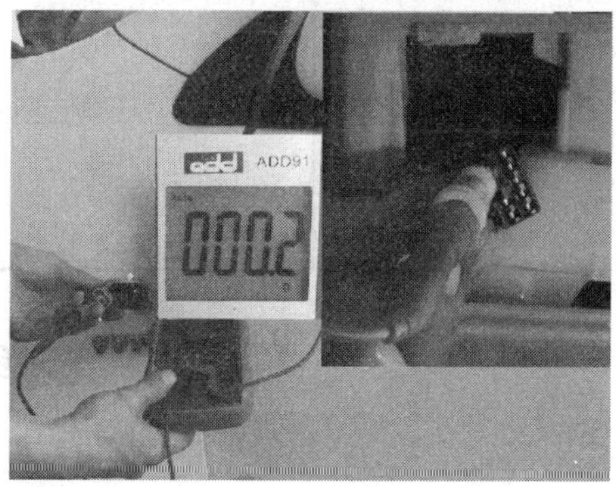

图6-32　检查闪光继电器3号端子与左前侧转向信号灯2号端子导通情况

用同样的检查方法检查闪光继电器2号端子与左前转向信号灯1号端子、左前侧转向信号灯2号端子、左后转向信号灯3号端子之间的导通性（应该导通），填写作业记录单。

⑤检查各转向灯的搭铁线路，如图6-33所示，填写作业记录单。

图6-33　检查转向灯的搭铁线路

6　记录与分析

记录与分析见表6-15。

诊断与修复汽车信号系统工作不正常故障作业记录单　　表 6-15

姓名		班级		学号		组别	
车型		车辆型号		作业单号		作业日期	
检查项目				检查记录			
检查转向信号/危险警告系统熔断丝							
检查转向信号开关							
检查转向信号/危险警告继电器							
检查转向信号/危险警告系统线路							
故障原因							
制订汽车信号系统工作不正常故障诊断与修复工艺							

三、学习评价

1 理论考核

1）分析题

（1）汽车前照灯的防眩目措施有哪些？

（2）前照灯由哪几部分组成？前照灯的电路由哪几部分组成，并简述电路原理以及前照灯继电器的作用是什么？

（3）前照灯电子控制装置有哪些？各有什么作用？

（4）根据灯光系统电路，简述如何分析灯光不亮的原因和排除方法。

（5）简述丰田花冠轿车喇叭不响故障诊断流程。

2）判断题

（1）由于卤素灯在点亮时可达到很高的温度，在换灯泡时除了灯泡的玻璃部分，不要摸其他任何部位。（　　）

（2）汽车中使用的继电器通过将小电流电路闭合/断开而闭合或断开大电流电路。（　　）

(3)配光屏在接通远光灯丝时,仍然起作用。（　　）

(4)在调整光束位置时,对具有双丝灯泡的前照灯,应该以调整近光光束为主。（　　）

(5)前照灯检验的技术指标为光束照射位置、发光强度和配光特性。（　　）

3)选择题

(1) 以下的陈述是关于前照灯和尾灯操作的,下列哪个阐述是正确的?（　　）

A. 前照灯和尾灯可以分开操作

B. 前照灯和尾灯可以用灯光控制和变光器开关来控制

C. 指示灯点亮通知驾驶人前照灯灯泡烧坏了

D. 当灯光控制开关拨到 TAIL 位置时,只有汽车后面被照亮

(2)下面的阐述是关于当部分转向信号灯泡烧坏时,转向信号灯指示器的操作,下列哪个阐述是正确的?（　　）

A. 因为电流总量减小,转向灯指示器快速闪烁

B. 因为电流总量减小,转向灯指示器缓慢闪烁

C. 供电停止并且转向灯指示器熄灭

D. 供电电流增加,转向灯指示器保持点亮

(3)以下是关于自动照明控制系统状态的陈述,下列哪个阐述是正确的?（　　）

A. 当发动机起动时,尾灯和前照灯自动开亮

B. 当自动照明控制系统检测到环境照明情况下降时,自动打开车内灯

C. 当自动照明控制系统检测到环境照明情况下降时,自动打开尾灯和前照灯

D. 当自动照明控制系统检测到环境照明情况下降时,只有前照灯自动点亮

(4)关于前照灯灯泡处理的方法,下边哪个阐述是正确的?（　　）

A. 事先用压缩空气喷枪冲洗前照灯装置,因为在前照灯灯泡拆下后,如果装置放置几小时后,杂质可能进入

B. 在安装前照灯灯泡罩时,使其“TOP”标志朝下

C. 用发动机机油冲洗前照灯灯泡的灰尘

D. 不要用手触摸灯泡玻璃,因为皮肤上的机油会缩短灯泡寿命

(5)控制转向灯闪光频率的是(　　)。

A. 转向开关　　B. 点火开关　　C. 闪光器

(6)功率低、发光强度最高、寿命长且无灯丝的汽车前照灯是(　　)。

A. 投射式前照灯　　B. 封闭式前照灯　　C. 氙灯

(7)四灯制前照灯的内侧两灯一般使用(　　)。

A. 双丝灯泡　　B. 单丝灯泡　　C. 两者都可

(8)前照灯灯泡中的近光灯丝应安装在(　　)。

A. 反光镜的焦点处　　B. 反光镜的焦点上方　　C. 反光镜的焦点下方

2　技能考核

“项目1　诊断与修复喇叭不响故障”的评分表见表6-16。

诊断与修复喇叭不响故障项目评分表　　表 6-16

<table>
<tr><td rowspan="2">基本信息</td><td colspan="2">姓　名</td><td></td><td>学号</td><td></td><td>班级</td><td></td><td>组别</td><td></td></tr>
<tr><td colspan="2">规定时间</td><td></td><td>完成时间</td><td></td><td>考核日期</td><td></td><td>总评成绩</td><td></td></tr>
<tr><td rowspan="9">任务工单</td><td rowspan="2">序号</td><td colspan="4" rowspan="2">步　　骤</td><td colspan="2">完成情况</td><td rowspan="2">标准分</td><td rowspan="2">评分</td></tr>
<tr><td>完成</td><td>未完成</td></tr>
<tr><td>1</td><td colspan="4">考核准备
验证故障现象</td><td></td><td></td><td>5</td><td></td></tr>
<tr><td>2</td><td colspan="4">检查喇叭熔断丝</td><td></td><td></td><td>10</td><td></td></tr>
<tr><td>3</td><td colspan="4">检查电源到达喇叭情况</td><td></td><td></td><td>10</td><td></td></tr>
<tr><td>4</td><td colspan="4">检查喇叭继电器</td><td></td><td></td><td>10</td><td></td></tr>
<tr><td>5</td><td colspan="4">检查喇叭线路</td><td></td><td></td><td>20</td><td></td></tr>
<tr><td>6</td><td colspan="4">检查喇叭开关</td><td></td><td></td><td>5</td><td></td></tr>
<tr><td>7</td><td colspan="4">清洁及整理</td><td></td><td></td><td>5</td><td></td></tr>
<tr><td colspan="2">安全</td><td colspan="6"></td><td>5</td><td></td></tr>
<tr><td colspan="2">5S</td><td colspan="6"></td><td>5</td><td></td></tr>
<tr><td colspan="2">沟通表达</td><td colspan="6"></td><td>5</td><td></td></tr>
<tr><td colspan="2">工单填写</td><td colspan="6"></td><td>10</td><td></td></tr>
<tr><td colspan="2">工艺制订</td><td colspan="6"></td><td>10</td><td></td></tr>
</table>

“项目 2　诊断与修复汽车前照灯不亮故障”的评分表见表 6-17。

诊断与修复汽车前照灯不亮故障项目评分表　　表 6-17

<table>
<tr><td rowspan="2">基本信息</td><td colspan="2">姓　名</td><td></td><td>学号</td><td></td><td>班级</td><td></td><td>组别</td><td></td></tr>
<tr><td colspan="2">规定时间</td><td></td><td>完成时间</td><td></td><td>考核日期</td><td></td><td>总评成绩</td><td></td></tr>
<tr><td rowspan="9">任务工单</td><td rowspan="2">序号</td><td colspan="4" rowspan="2">步　　骤</td><td colspan="2">完成情况</td><td rowspan="2">标准分</td><td rowspan="2">评分</td></tr>
<tr><td>完成</td><td>未完成</td></tr>
<tr><td>1</td><td colspan="4">考核准备
验证故障现象</td><td></td><td></td><td>5</td><td></td></tr>
<tr><td>2</td><td colspan="4">检查蓄电池电压</td><td></td><td></td><td>5</td><td></td></tr>
<tr><td>3</td><td colspan="4">检查前照灯熔断丝</td><td></td><td></td><td>10</td><td></td></tr>
<tr><td>4</td><td colspan="4">检查前照灯灯泡</td><td></td><td></td><td>10</td><td></td></tr>
<tr><td>5</td><td colspan="4">检查前照灯开关和变光开关的导通情况</td><td></td><td></td><td>15</td><td></td></tr>
<tr><td>6</td><td colspan="4">检查前照灯线路</td><td></td><td></td><td>15</td><td></td></tr>
<tr><td>7</td><td colspan="4">清洁及整理</td><td></td><td></td><td>5</td><td></td></tr>
<tr><td colspan="2">安全</td><td colspan="6"></td><td>5</td><td></td></tr>
<tr><td colspan="2">5S</td><td colspan="6"></td><td>5</td><td></td></tr>
<tr><td colspan="2">沟通表达</td><td colspan="6"></td><td>5</td><td></td></tr>
<tr><td colspan="2">工单填写</td><td colspan="6"></td><td>10</td><td></td></tr>
<tr><td colspan="2">工艺制订</td><td colspan="6"></td><td>10</td><td></td></tr>
</table>

“项目3　诊断与修复汽车信号系统工作不正常故障”评分表见表6-18。

诊断与修复汽车信号系统工作不正常故障项目评分表　　表6-18

基本信息	姓　名		学号		班级		组别	
	规定时间		完成时间		考核日期		总评成绩	
任务工单	序号	步　　骤			完成情况		标准分	评分
					完成	未完成		
	1	考核准备 验证故障现象					5	
	2	检查系统熔断丝					5	
	3	检查转向信号开关					10	
	4	检查转向信号/危险警告继电器					15	
	5	检查转向信号/危险警告系统线路					25	
	6	清洁及整理					5	
安全							5	
5S							5	
沟通表达							5	
工单填写							10	
工艺制订							10	

四、拓 展 学 习

1　不同功能灯光系统

除了一般的照明系统，根据地区差异和汽车等级的不同，汽车上还装有不同功能的灯光系统。

1）车后灯警告系统

尾灯、停车灯等灯泡烧坏时驾驶人无法及时发现，这对行车安全造成了较大的影响。车后灯警告系统通过组合仪表中的警告指示灯通知驾驶人诸如尾灯和停车灯灯泡损坏等情况。系统由灯光故障探测器控制，此探测器一般装在行李舱中。灯光故障继电器通过比较灯光正常时和线路开路时的电压检测灯泡是否烧坏。

2）DRL（白天行车灯光）系统

在此系统中，发动机运行的同时，前照灯或者前照灯和尾灯自动点亮（即使在白天也这样），使其他车辆可以看到它。某些国家为安全起见，通过法律将它强制性规定为必装的系统。如果此灯用夜间同样的亮度连续点亮，灯泡寿命将会缩短，为了防止这一情况，此线路的设置使DRL系统运行时，灯光亮度降低。

3)灯光提醒蜂鸣器系统/灯光自动关闭系统

在灯光控制开关在ON位置时,即使点火开关在LOCK位置,前照灯和尾灯连续点亮。本系统的目的是为了防止由于驾驶人忘记关掉前照灯和尾灯而把蓄电池的电用完的情况。如果点火开关在LOCK或ACC位置处或者点火钥匙已不在点火锁芯中,而驾驶人侧门打开,那么此系统用蜂鸣器通知驾驶人灯仍然亮着,或者自动关掉灯光。用蜂鸣器通知的系统称为灯光提醒蜂鸣器系统,自动关掉前照灯的系统称为灯光自动关闭系统。

4)自动灯光控制系统

当天黑下来需要打开前照灯时,一般是驾驶人操作灯光的控制开关。装有自动灯光控制系统的车辆,当灯光控制开关处于AUTO(自动)位置时,自动照明控制传感器检测环境的照明水平。当天暗的时候,系统自动打开前照灯。自动照明控制传感器位于仪表板的上部,某些车辆在照明开关上没有AUTO位置,在这种情况下,自动照明控制系统在OFF位置工作。

5)前照灯光束水平控制系统

汽车的倾斜取决于负荷(乘员数目和行李的数量),这就是为什么前照灯的光使对面来车驾驶人发生眩目的原因。在装有前照灯光束水平控制系统中,操作前照灯光束水平控制开关调整前照灯的垂直角度。某些车辆中有一自动前照灯光束水平控制系统,它自动将前照灯调到最佳垂直角度。

6)放电前照灯系统

放电前照灯的灯泡使灯泡内的氙气放电,能发射白光,与卤素灯相比,光的分布更宽。放电前照灯系统的特点之一是灯泡寿命较长。

7)进车照明系统

夜里,因为车内很暗,难以看见点火开关和足部区域。进车照明系统在车门关闭后,将点火开关照明灯及车内灯开亮一定的时间,使之能容易地将点火钥匙塞入锁芯,或者看清足部区域(只有车内灯处于DOOR位置时)。点亮的时间随汽车型号不同而异。

8)车内灯提醒系统

让车内灯开着而人离开汽车,可能使蓄电池的电放完。为了防止这一情况,在门虚掩或开着,点火开关在LOCK位置或点火钥匙没有插入点火锁芯的情况下,此系统在经过一定的时间后自动关掉车内灯(包括顶灯和点火钥匙锁芯的照明)。

2 可缩回式前照灯装置

可缩回式前照灯装置如图6-34所示,它主要由灯光控制开关、变光开关、前照灯缩回装置控制继电器和前照灯缩回装置电动机四部分组成。

前照灯缩回装置控制继电器由一块IC集成电路和两个继电器构成。两个内置继电器分别控制两个缩回装置电动机的电流,三极管分别控制这两个继电器,如图6-35所示。

前照灯缩回装置电动机通过曲柄连杆机构完成前照灯的上升和下降。连杆和曲柄安装于前照灯和电动机之间,如图6-36所示,当前照灯升到上限时,前照灯支撑片与前照灯支架上的止动器接触,确保前照灯光轴处于正确位置。

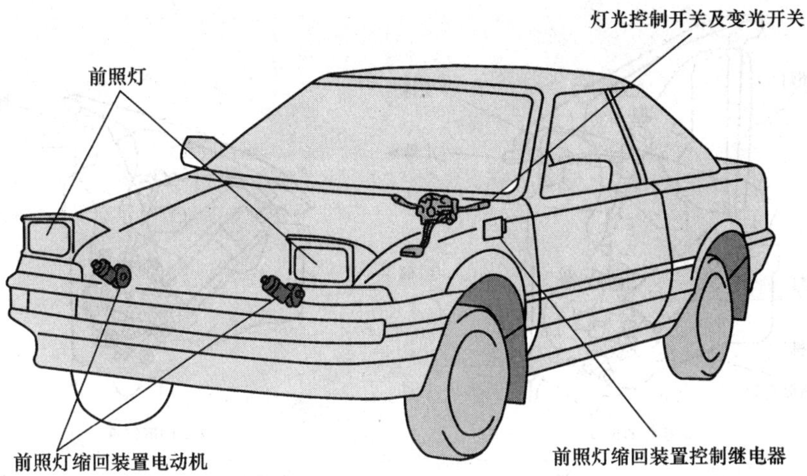

图 6-34　可缩回式前照灯装置的组成

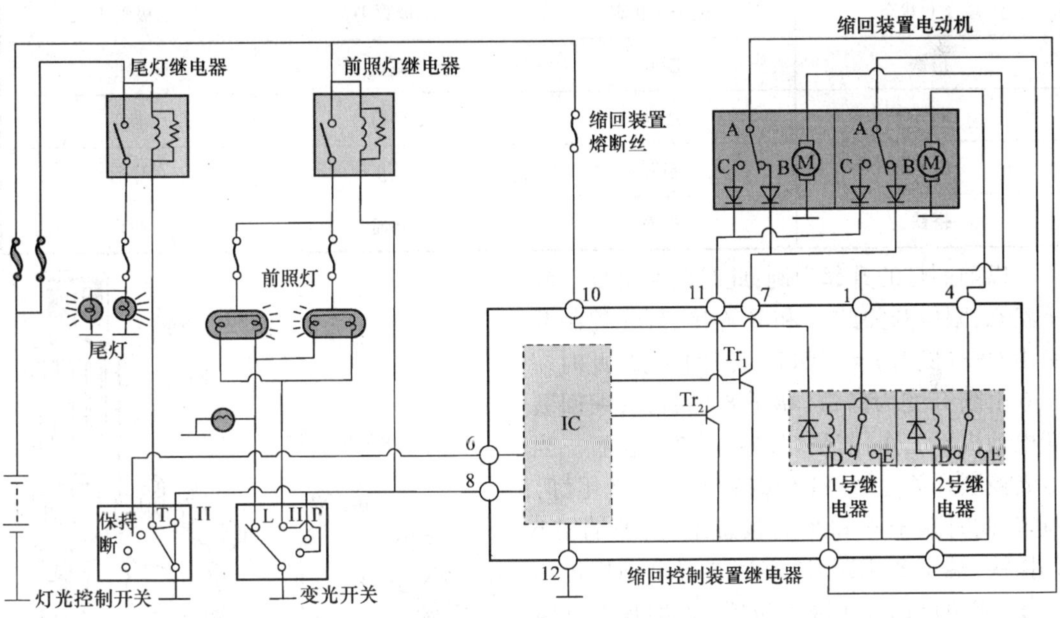

图 6-35　可缩回式前照灯的控制电路

前照灯缩回装置电动机的结构如图 6-37 所示，电动机有电流经过，带动蜗轮转动，蜗轮通过齿轮带动曲柄轴转动，使前照灯升起或缩回，每个缩回装置电动机中都装有由一个凸轮板和两对触点构成的限位开关，该限位开关可使缩回装置的电动机停止运转，同时还与 IC 一起控制两个三极管的通断，即前照灯缩回装置继电器内的内置继电器。限位开关有两对触点（A、B 和 A、C），前照灯升起时，A 和 C 连接，前照灯降下时，A 和 B 连接。

可缩回式前照灯装置的工作过程：缩回控制装置继电器的 IC 可根据 6 和 8 端子的变化，即灯光控制开关和变光开关的位置变化，控制 Tr_1、Tr_2的通断并与限位开关相配合，控制缩回装置电动机的工作。具体 6 和 8 端子的状态与三极管的导通的关系见表 6-19。

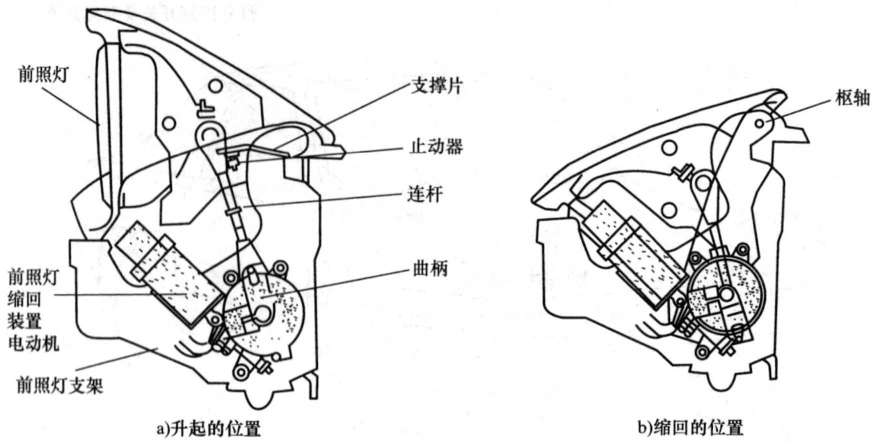

图 6-36 可缩回式前照灯的曲柄连杆机构

端子 6 和 8 的状态与三极管的导通的关系 表 6-19

端子 6 状态	端子 8 状态	三极管 Tr_1	三极管 Tr_2
搭铁	断开	截止	截止
断开	搭铁	导通	截止
断开	断开	截止	导通
搭铁	搭铁	导通	截止

以前照灯的升起为例：此时前照灯处于降下状态，限位开关的 A 和 B 连接，灯光控制开关由 OFF（断开）至 HOLD（保持）位置，此时端子 6 由断开变为搭铁，端子 8 仍断开，缩回装置电动机不工作，前照灯仍处于降下位置。当灯光控制开关由 HOLD（保持）至 TAIL（尾灯）位置，此时端子 6 和 8 的状态未变，即端子 6 仍搭铁，端子 8 仍断开，缩回装置电动机仍不工作，前照灯仍处于降下位置。此时尾灯继电器电路接通，于是尾灯点亮。当灯光控制开关由 TAIL（尾灯）至 HEAD（前照灯）位置，此时端子 6 由搭铁变为断开，端子 8 由断开变为搭铁，Tr_1 接通，Tr_2 仍截止，此时尾灯继电器、前照灯继电器电路均接通，于是尾灯、前照灯均点亮。

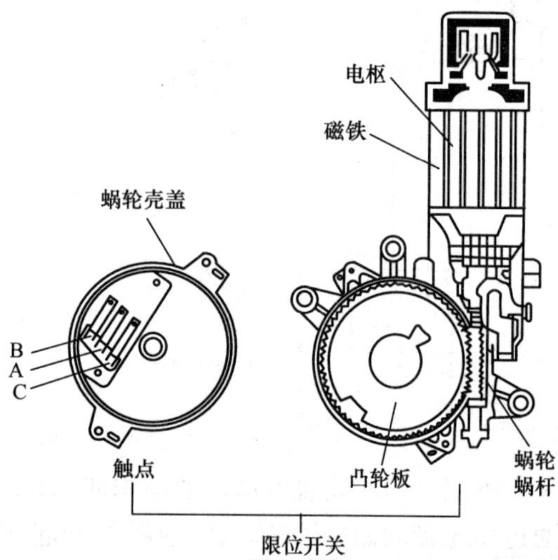

图 6-37 可缩回式前照灯的电动机及限位开关

Tr_1 导通时，电流自蓄电池正极→端子 10→1 号、2 号继电器线圈→端子 2、5→限位器触点 A、B→端子 7→Tr_1→端子 12→搭铁→蓄电池负极，形成回路。使 1 号、2 号继电器线圈产生电磁吸力，迫使各自继电器触点由 E 侧转向 D 侧，就有电流自蓄电池正极分别流过两个内置继电器的触点 D、端子 1、4，经两个缩回装置电动机搭铁，使两个缩回装置电动机工作，于是前照灯升起。当前照灯升至极限位置时，限位开关内的触点连接由 A、B 转变成 A、C，由于 Tr_2 处于截止状态，内置继电器线圈无电流通过。在弹力作用下，两个内置继电器触点由 D 侧转向 E 侧，使缩回装置电动机停止工作，在此过程中，Tr_1 接通 10s。

如果将变光开关拉起至 FLASH（闪烁）位置时，则端子 8 由断开到搭铁，具体的工作过程分析同上。

学习任务7　诊断与修复汽车仪表系统

工作情境描述

某丰田汽车4S店接到一辆丰田花冠轿车,车主反映该车发动机转速表指示不准确,维修人员根据故障现象基本判定转速表传感器损坏,还有可能是转速表损坏,需要对仪表系统进行检修。

请通过检测仪表系统,判断汽车仪表系统的技术状况;若需要修复仪表系统,请制订修复方法和工艺流程。

学习目标

通过本任务学习,你应能:

1. 叙述丰田花冠轿车的仪表系统;
2. 描述汽车仪表系统的常见故障,分析汽车仪表系统常见故障的原因;
3. 描述汽车仪表系统主要组成部件的检测与修复方法;
4. 根据维修手册,正确选用工具和检测设备,在规定时间内,安全规范地进行汽车车速表故障的诊断与修复、汽车仪表无显示故障的诊断与修复、汽车冷却液温度表一直报警过高故障的诊断与修复,制订相应的修复方法和工艺流程。

学习时间

10学时。

学习引导

- 检测仪表系统输出电压 → 根据客户反映，验证故障现象
- 运用相关知识 → 根据故障现象，分析故障原因
- 运用相关知识 → 根据故障原因，检测汽车仪表系统
- 实操过程指导 → 检测仪表系统各电器元件和线路
- 根据维修手册 → 根据检测数据，判定仪表系统技术状况
- 实操过程指导 → 根据技术状况，填写作业单并制订修复工艺

一、知识准备

1　一汽丰田花冠轿车仪表系统

汽车仪表用来显示发动机和汽车行驶中有关装置的工作状况，其作用是帮助驾驶人随时掌握汽车主要部分的工作情况，及时发现和排除可能出现的故障和不安全因素，以保证良好的行驶状态。汽车常用仪表有冷却液温度表、燃油表、发动机转速表、车速里程表。

由于传统的仪表为驾驶人提供的数据信息已远远不能满足现代汽车新技术的发展要求，所以电子显示组合仪表逐渐成为汽车仪表的主流。它相对于传统仪表具有易于辨认、精确度高、可靠性好及显示模式的自由化等特点，能够利用各种传感器传来的信号并根据这些信号进行计算，以确定车辆的行驶速度、发动机转速、发动机冷却液温度、燃油量及车辆其他情况的测量数据，并将这些数据以数字或条形图形式显示出来。

丰田花冠轿车采用自发光仪表板，仪表板由各种仪表、报警灯和指示灯组成，如图7-1所示。仪表板上反馈的各种信号由车辆上的各种传感器和开关等元件提供，如图7-2、图7-3、图7-4所示。

丰田花冠轿车仪表系统采用计算机控制，其工作原理电路如图7-5所示，组合仪表将通过传感器或发动机和ECT ECU等收集到的信息经过内部的计算机进行处理和计算，然后把处理结果的信息送到组合仪表的显示部分显示出来，驾驶人可以通过车辆的仪表板及时、准确地了解车辆的各种静态和动态信息。

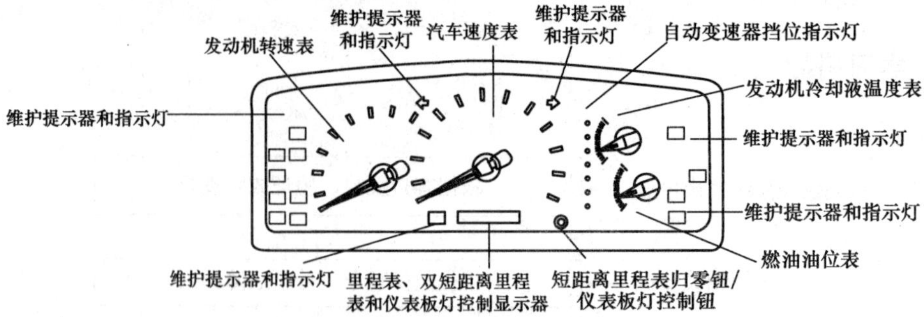

图 7-1　丰田花冠轿车仪表板组成图

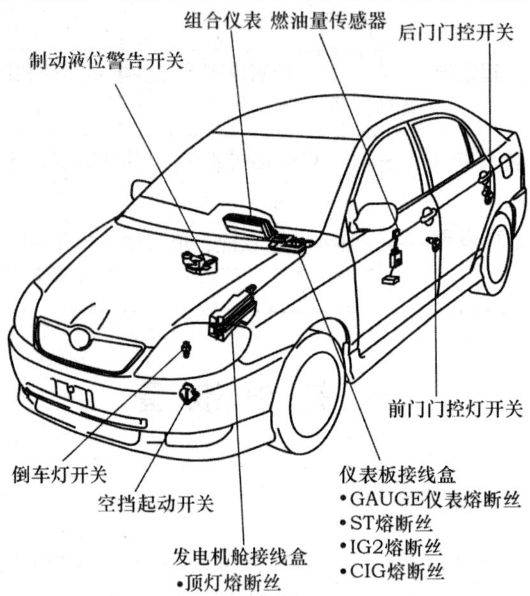

图 7-2　丰田花冠轿车仪表采用的开关和传感器位置图

1)燃油表及传感器

丰田花冠轿车燃油表传感器采用交叉线圈型,传感器的信号输入到组合仪表,由组合仪表经过处理和计算后由燃油表显示出来,燃油表传感器与组合仪表之间的连接线路如图7-6 所示。

2)发动机冷却液温度表及传感器

丰田花冠轿车发动机冷却液温度表传感器采用负温度系数热敏电阻型,冷却液表温度传感器信号输入到发动机和 ECT ECU,再由发动机和 ECT ECU 通过信号线输送给组合仪表,由组合仪表经过处理和计算后由冷却液温度表显示出来,冷却液表温度传感器与发动机和 ECT ECU、组合仪表之间的连接线路如图 7-7 所示。

ECU 中 5V 电压经电阻 R 从端子 E8-14 加到冷却液温度传感器上,即电阻 R 与冷却液温度传感器串联,当冷却液温度传感器的电阻随冷却液温度变化时,端子 E8-14 上的电位也随之变化。安装在传感器内部的负温度系数热敏电阻随着冷却液温度的变化改变它的电阻值。

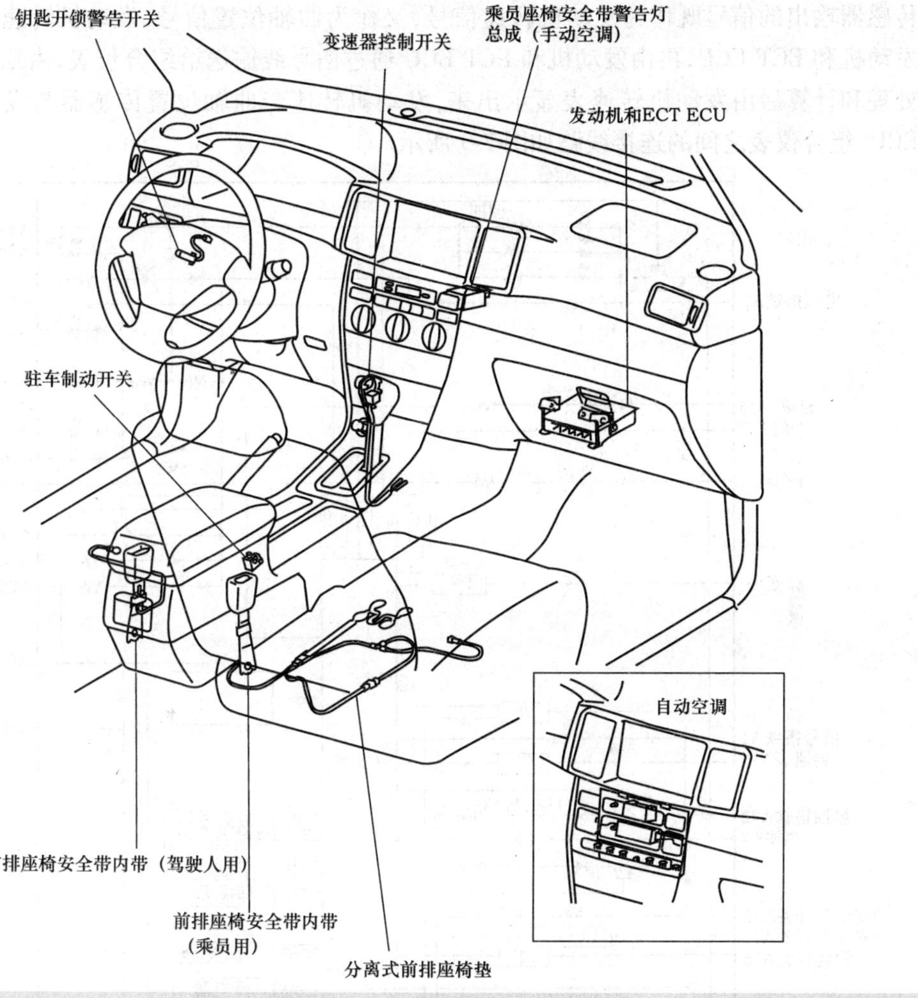

图 7-3 丰田花冠轿车仪表采用的开关和传感器位置图

3）车速里程表及车速传感器

丰田花冠型轿车车速传感器采用霍尔效应式，车速传感器安装在主减速器上，车速传感器的信号输入到组合仪表，由组合仪表经过处理和计算后由车速表显示出来。丰田花冠轿车更新后的车型取消了车速传感器，利用 ABS 电脑采集四轮轮速传感器信号，计算出车速然后与发动机 ECU 共享，由发动机 ECU 输出信号至组合仪表，经仪表放大处理后显示出车速。而汽车的行驶里程则通过车速表信号计算后得出。车速传感器与组合仪表之间的连接线路如图 7-8 所示。

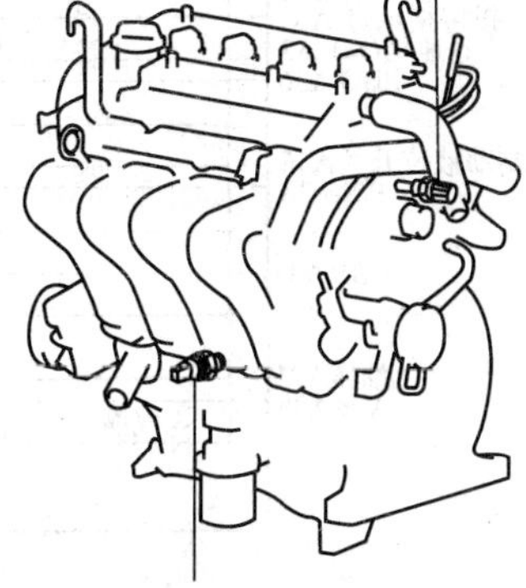

图 7-4 丰田花冠轿车仪表采用的开关和传感器位置图

4）发动机转速表

丰田花冠 EX 型轿车发动机转速与曲轴位置传感器一体化，采用电磁感应式，传感器的信号齿上有一个畸变齿，传感器输出的信号既作为发动机转速信号，又作为曲轴位置信号，发动机转速信号输入到发动机和 ECT ECU，再由发动机和 ECT ECU 通过信号线输送给组合仪表，由组合仪表经过处理和计算后由发动机转速表显示出来，发动机转速与曲轴位置传感器与发动机和 ECT ECU、组合仪表之间的连接线路如图 7-9 所示。

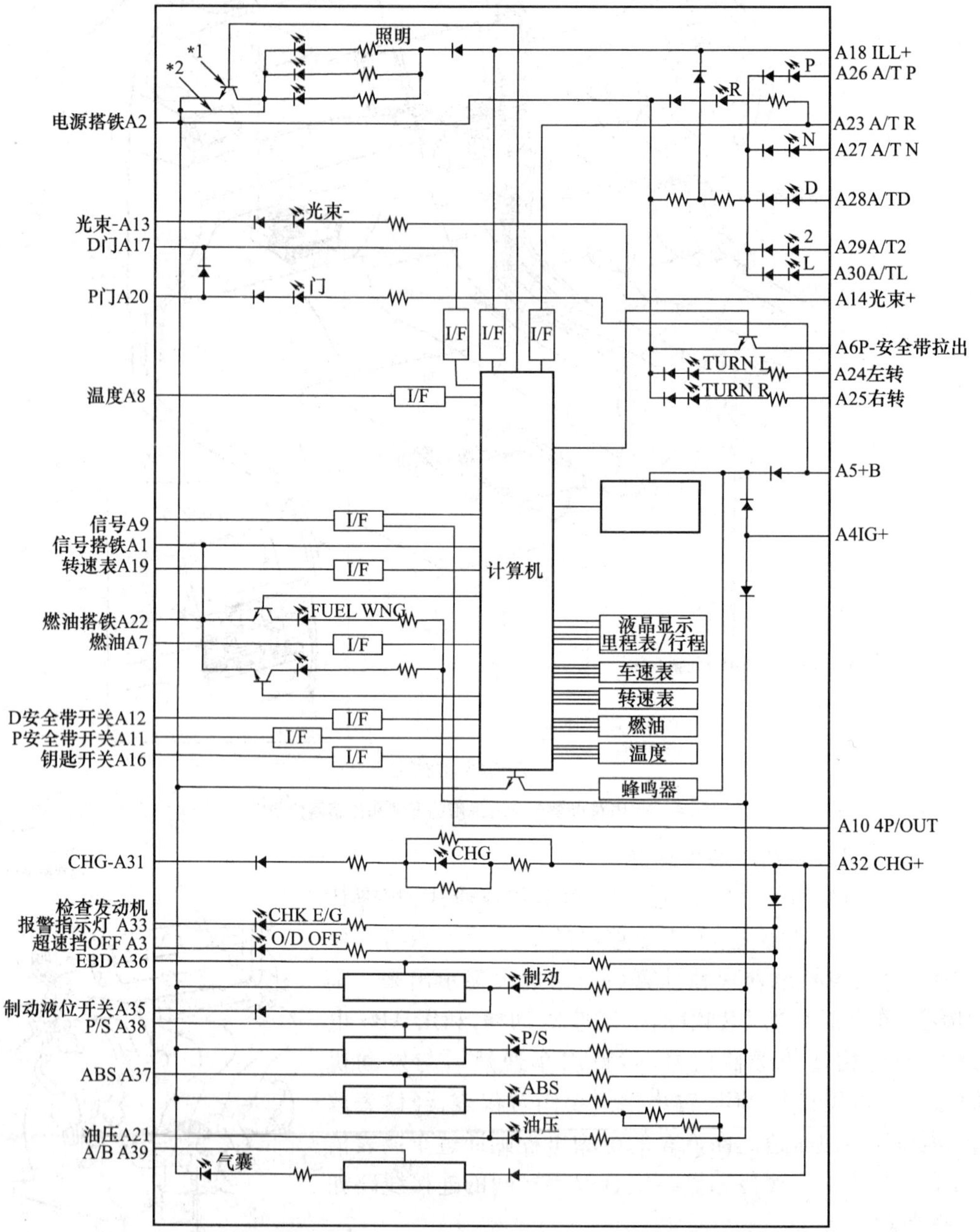

*1：带影像仪表　　*2：不带影像仪表

图 7-5　丰田花冠轿车仪表工作原理电路图

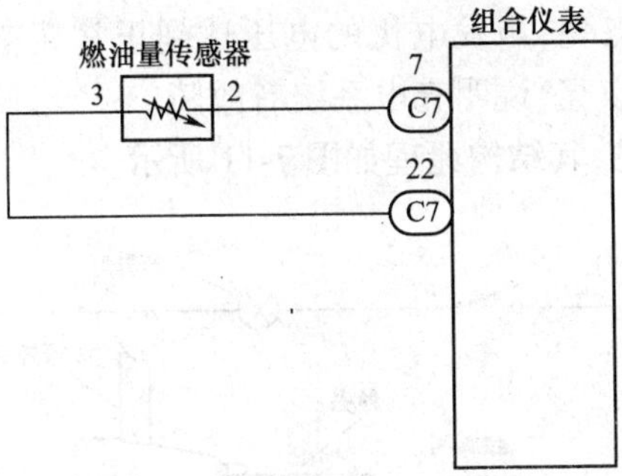

图 7-6 丰田花冠轿车燃油表电路

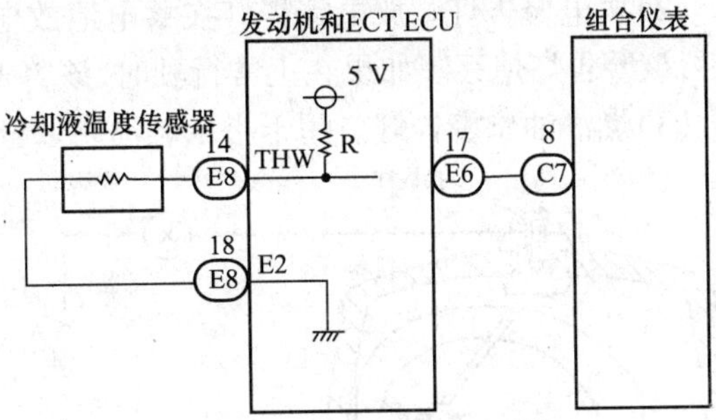

图 7-7 丰田花冠轿车冷却液温度表电路

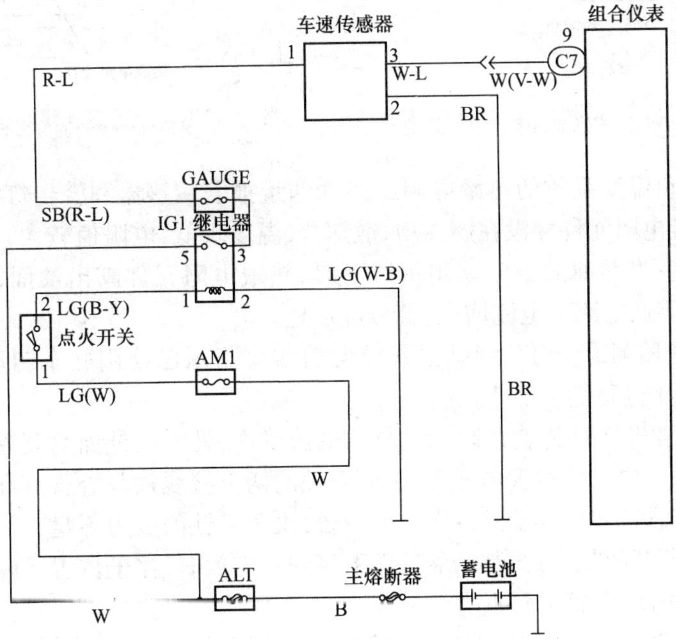

图 7-8 丰田花冠轿车车速表电路

5)常见报警灯及指示灯

(1)机油压力警告灯。机油压力警告灯用于提醒驾驶人注意发动机的机油压力异常低的情况,机油压力警报装置的报警开关一般装在主油道上,弹簧管式机油压力报警开关如图 7-10 所示。其传感器为盒式,内有一管形弹簧,一端与接头相连,另一端与动触点相连,静触点与接线柱经接触片与接线柱相连,当机油压力低于 0.05 ~0.09MPa 时,管形弹簧变形很小,动触点和静触点闭合,电路接通,警告灯点亮;当机油压力高于0.05 ~0.09MPa时,管形弹簧变形较大,动触点和静触点分开,电路断开,警告灯熄灭。

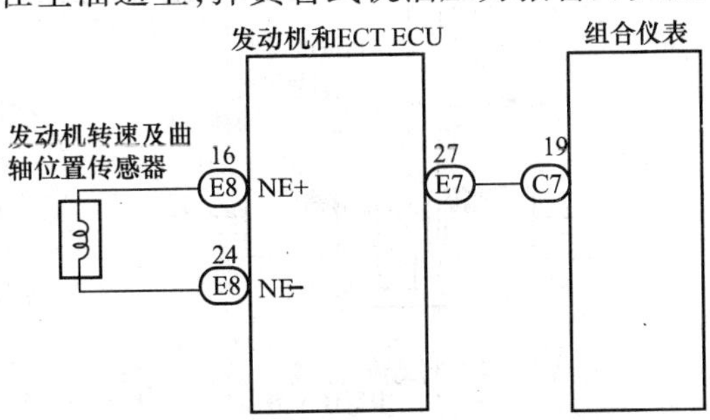

图 7-9 丰田花冠轿车发动机转速表电路

(2)放电警告灯。放电警告灯在蓄电池放电时点亮,当发电机的电压达到正常充电电压时,该警告灯熄灭。如果在正常行驶时,该警告灯点亮,说明充电系统有故障。

(3)燃油油位警告灯。用于指示燃油剩余量不足,其结构原理如图7-11所示。

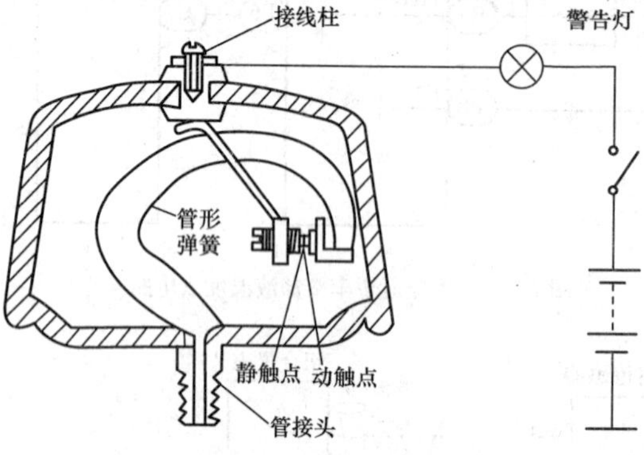

图7-10　弹簧管式机油压力报警开关

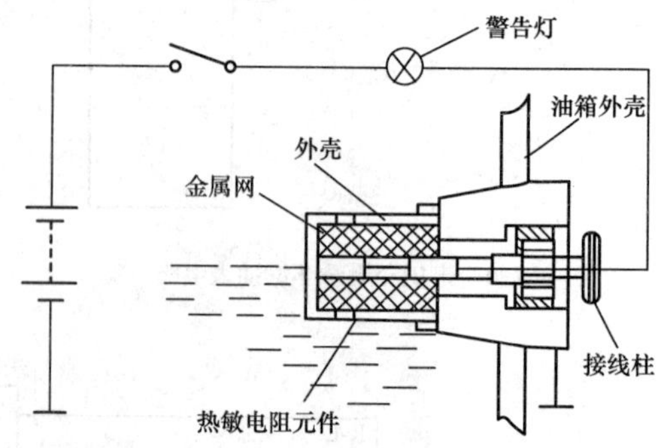

图7-11　燃油油位警告灯电路

该装置是由负温度系数的热敏电阻式燃油油量报警传感器和警告灯组成。当油箱内油量较多时,热敏电阻元件浸没在燃油中,散热快,温度较低,电阻值较大,因此电路中电流很小,警告灯不亮;当燃油减少到规定值以下时,热敏电阻元件露出油面,散热慢,温度较高,电阻值较小,因此电路中电流增大,警告灯点亮。

(4)制动系统监测警告灯。制动系统监测警告灯指示已使用驻车制动器或制动液不足,其结构如图7-12所示。

制动液液面警告灯开关装在制动主缸的储液罐内,外壳的外面套装着浮子,浮子上固定有永久磁铁,外壳内部装有舌形开关,舌形开关的两个接线柱与警告灯和电源相连,当制动液液面在规定值以上时,浮子浮在靠上的位置,永久磁铁的吸力不足,舌形开关在自身的弹力作用下保持断开的状态;当制动液液面下降到一定值时,浮子位置下降,舌形开关在永久磁铁吸力作用下闭合,警告灯点亮。

(5)冷却液温度警告灯。冷却液温度警告灯的作用是当发动机冷却液温度高到一定程度时,警告灯自动点亮,以示警报,其通断由温度开关控制,其工作原理如图7-13所示。当冷却液温度低于98℃时,双金属上的触点与固定触点保持分离状态,警告灯不亮;当冷却液温度高至98℃时,双金属片受热变形向下弯曲程度变大,使触点和触点接触,将警告灯电路接通,警告灯点亮,提醒驾驶人注意。

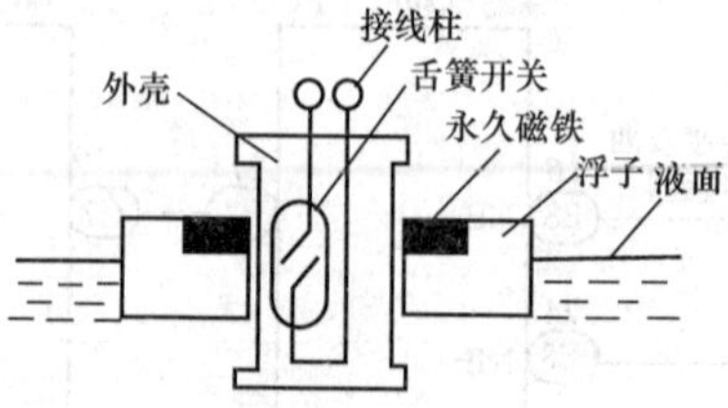

图7-12　制动液液面警告灯开关

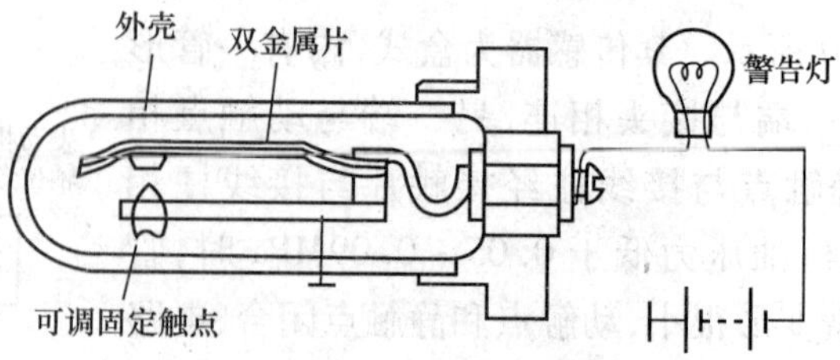

图7-13　冷却液温度开关

仪表板上还有其他一些警告灯和指示灯,例如近远光指示灯、转向信号灯、危险警告灯、车门未关指示灯、各电控系统的警告灯以及与空调和刮水除霜装置相关的指示灯等,其很多指示灯都是和相关的电路连接在一起,由各自的电路控制。

2 汽车仪表系统常见故障及其原因

汽车组合仪表系统常见的故障有:整个组合仪表不工作、车速表故障、发动机转速表故障、燃油表故障、冷却液温度表故障、蜂鸣器不工作故障、安全带警告灯故障以及时钟故障等。具体故障症状以及故障可能发生部位见表7-1。

组合仪表常见故障现象及故障原因分析　表7-1

故障现象	故障原因分析
整个组合仪表不工作	(1)仪表熔断丝熔断; (2)仪表线束及连接器接触不良; (3)组合仪表总成损坏
车速表故障	(1)制动系统故障; (2)线束和连接器接触不良; (3)组合仪表总成损坏
转速表故障	(1)发动机和ECT ECU故障; (2)线束和连接器接触不良; (3)组合仪表总成损坏
燃油表故障	(1)燃油量传感器故障; (2)线束和连接器接触不良; (3)组合仪表总成损坏
冷却液温度表故障	(1)发动机和ECT ECU故障; (2)线束和连接器接触不良; (3)组合仪表总成损坏
"钥匙开锁警告蜂鸣器"或"转向灯自动熄灭警告灯蜂鸣器"不工作	(1)前门门控开关损坏; (2)钥匙开锁警告开关损坏; (3)线束和连接器接触不良; (4)组合仪表总成损坏
前排乘员座椅安全带警告灯不闪烁	(1)前排座椅内侧安全带总成损坏; (2)组合仪表总成损坏; (3)乘员座椅安全带警告灯总成损坏
驾驶人座椅安全带警告蜂鸣器不响	(1)驾驶人座椅安全带锁扣开关损坏; (2)线束和连接器接触不良; (3)组合仪表总成损坏

3 组合仪表系统主要组成部件的检测与修复方法

下面以丰田花冠轿车为例,介绍组合仪表主要传感器、警告灯及指示灯等的检查方法。

1)传感器的检查

(1)燃油表传感器的检查。燃油表传感器如图 7-14 所示,流经电热丝电流大小取决于传感器中浮子式滑线电阻器浮子的位置,该变阻器的输出阻值依赖于浮子的位置。当油量多时,浮子的位置高,输出电阻小,电流大;当油量少时,浮子位置低,输出电阻大,电流小。对燃油量传感器总成进行检测时,按照浮子高度的不同对端子 2 和 3 之间的电阻进行检测,检测的标准值见表 7-2。

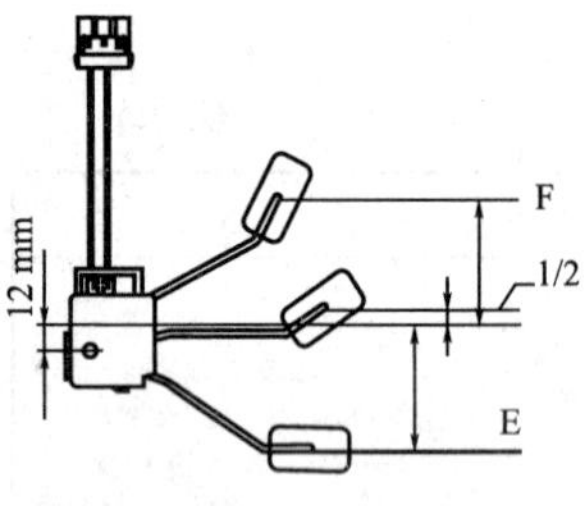

图 7-14　燃油量传感器检测

燃油量传感器检测标准　　表 7-2

浮子平面	浮子位置(mm)	电阻(Ω)
F	53.0 ±3	4.0 ±1
1/2	5.8 ±3	55.0 ±3
E	56.2 ±3	107.0 ±1

(2)冷却液温度表温度传感器的检查。对于负温度系数的冷却液温度表温度传感器,冷却液温度越低,其阻值越大;而温度越高,其阻值越小,其温度特性及传感器的检测方法如图 7-15 所示。当对冷却液温度表温度传感器进行检查时,利用万用表的欧姆挡测量各端子之间的电阻,其标准值如下:电阻在 20℃(68 ℉)时,为 2.32 ~2.59kΩ;在 80℃(176 ℉)时,为 0.310 ~0.326kΩ。

注意:当在水中检查冷却液温度传感器时,要注意不得让水进入端子内,在检查后,将传感器擦拭干净。

2)警告灯检查

(1)从驻车制动开关上断开连接器,并将线束侧连接器端子搭铁,如图 7-16 所示。

(2)将点火开关扭至 ON 位置,检查警告灯是否点亮。若点亮,则说明线路正常,故障应该出现在驻车制动开关上,重点检查驻车制动开关;若没有点亮,则进行步骤 2。

3)指示灯检查

换挡位置指示灯检查。

(1)从空挡起动开关上断开连接器,空挡起动开关连接器端子如图 7-17 所示。

(2)将点火开关扭至 ON 位置。

(3)按照表 7-3 进行各个端子的跨接检查,使空挡起动开关的线束侧连接器短路,并检查每个换挡位置指示灯是否点亮。

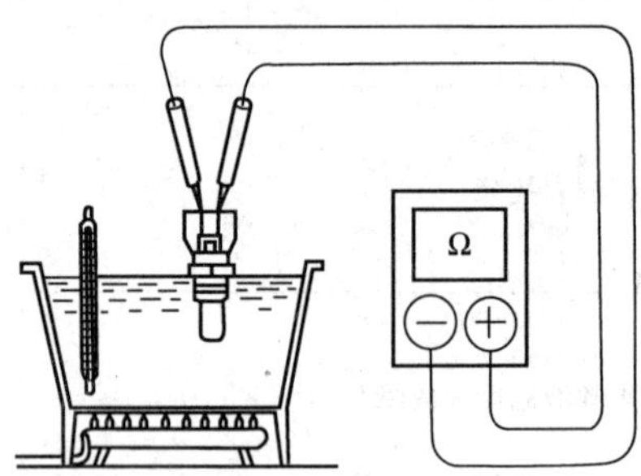

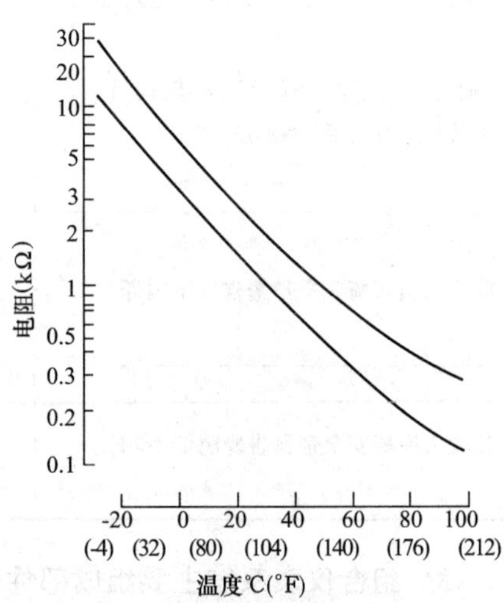

图 7-15　冷却液温度表温度传感器温度与电阻特性图

图 7-16　将驻车制动开关连接线束搭铁

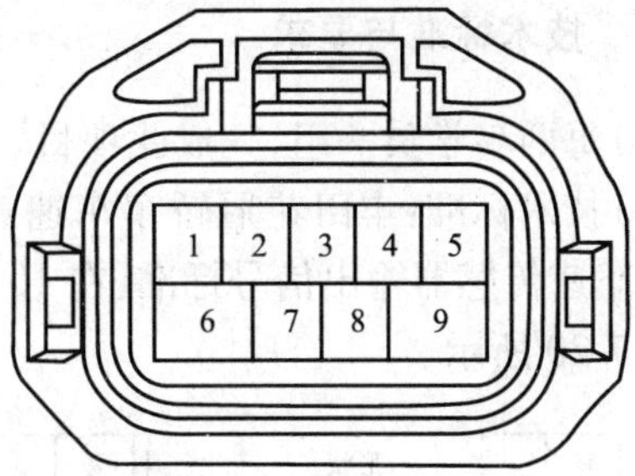

图 7-17　空挡起动开关连接器端子图

空挡起动开关端子检查表　　表 7-3

端子号	端子名称	指示位置	端子号	端子名称	指示位置
1－3	PL－PB	P	7－3	DL－PB	D
2－3	RL－PB	R	4－3	2L－PB	2
5－3	NL－PB	N	8－3	LL－PB	L

二、任务实施

项目1　诊断与修复汽车车速表故障

1　项目说明

丰田花冠轿车车速表在使用过程中若出现故障时，应完成故障码的读取、车速表传感器检查、组合仪表的检查，必要时应按技术标准完成车速表传感器更换、组合仪表更换等，并制定相应诊断流程。丰田花冠轿车车速表故障诊断流程图如图 7-18 所示。

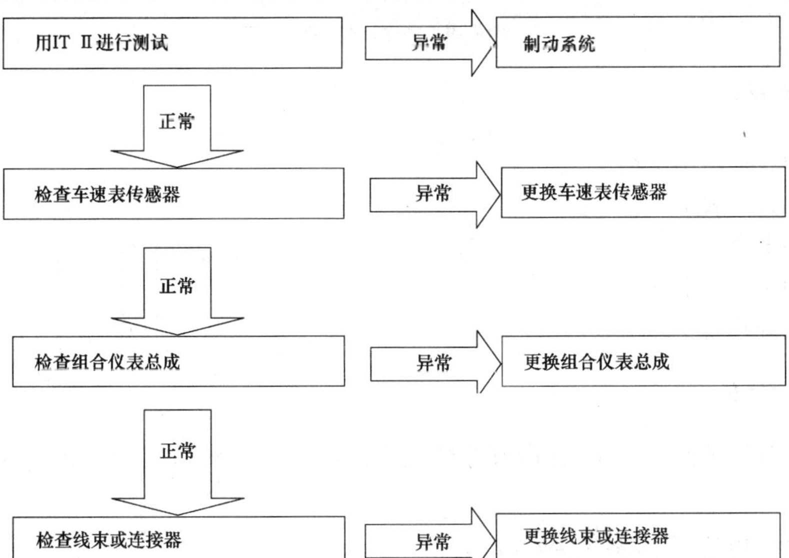

图 7-18　车速表故障诊断流程图

2 技术标准与要求

（1）每两名学员一组，完成此项目。

（2）技术标准：丰田花冠轿车车速表系统固定螺栓的规格及拧紧力矩如图 7-19 所示。车速表车速传感器输出信号标准：在 10～14V（或更小）之间波动，每秒重复 7 次，其信号波形如图 7-20 所示。

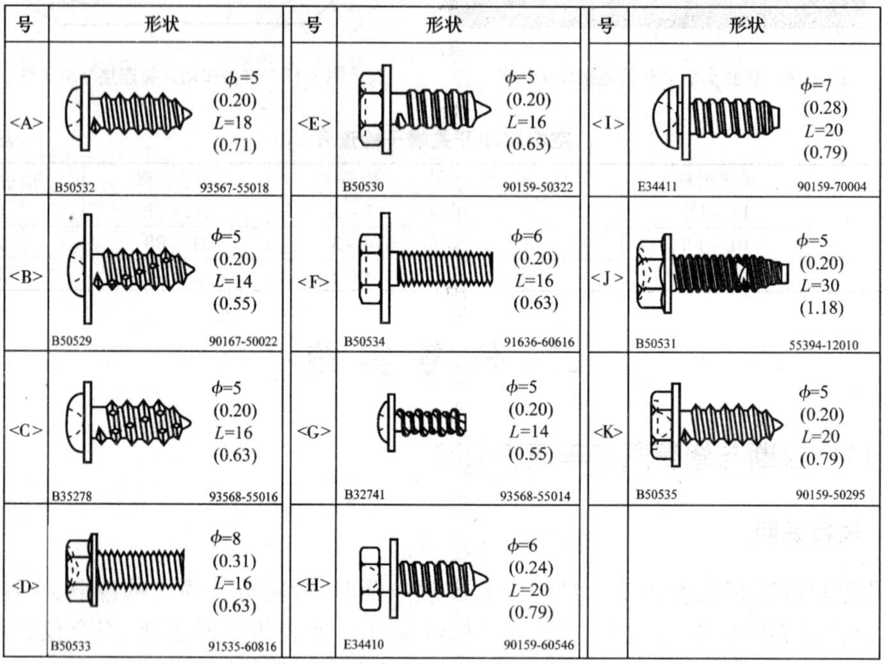

图 7-19　螺栓技术标准

3 设备器材

（1）丰田花冠轿车 1 辆。

（2）数字万用表 1 个。

（3）IT-Ⅱ1 个。

（4）常用工具 1 套。

（5）跨接导线若干。

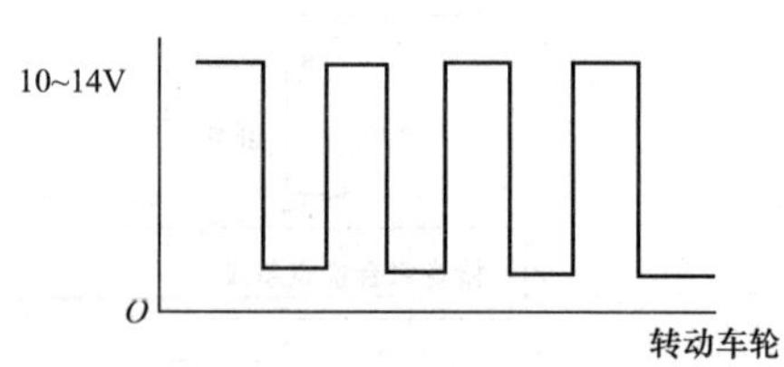

图 7-20　检测车速信号波形图

4 作业准备

（1）车辆开进举升机工位，并做好车辆安全防护措施。

（2）清点工量具，万用表校零。

（3）准备作业单。

5 操作步骤

(1)关闭点火开关,连接 IT-Ⅱ。

(2)举升车辆至车轮离开地面,锁止举升机,并确保车辆举升稳妥。

(3)起动发动机。

(4)用 IT-Ⅱ进行测试。测试操作 IT-Ⅱ,进入数据流界面,读取车速信息如图 7-21 所示,填写作业记录单。

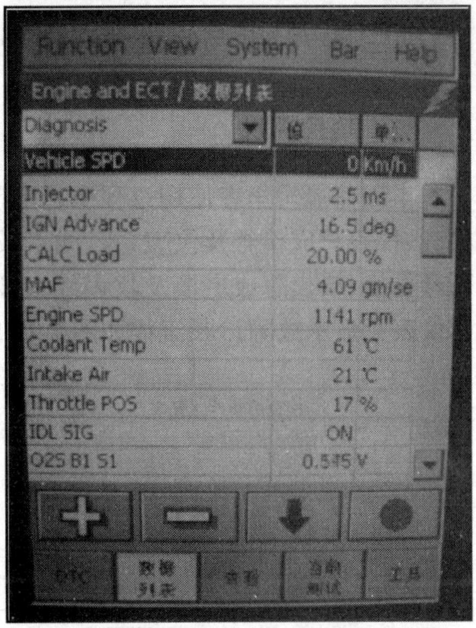

图 7-21 IT-Ⅱ 读取数据流

(5)检查车速表传感器。

①检查车速表传感器输出速度与车速表显示速度一致性。踩下制动踏板,换入 D 挡,松开制动踏板,轻踩加速踏板,控制车速,检查车速表传感器输出速度与车速表显示速度是否一致,填写作业记录单。

注意:如果是进行路试,轮胎磨损、轮胎过分充气或充气不足均会增加误差。

②检查组合仪表车速传感器输出信号。以 10km/h(6.2mile/h)的时速驾驶车辆,检查组合仪表总成端子 A10 与 A1 之间的电压,如图 7-22 所示。填写作业记录单。

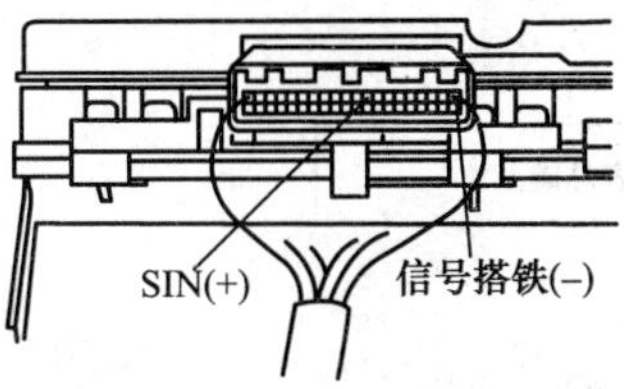

图 7-22 测试端子连接示意图

注意:点火开关在 ON 位置,并且在连接器连接上的情况下检查输出信号。

6 记录与分析

记录与分析见表 7-4。

注意:车速表指针的误差范围小于 0.5km/h。

诊断与修复汽车车速表故障作业记录单 表 7-4

姓名		班级		学号		组别	
车型		发动机编号		作业单号		作业日期	
检查项目				检查结果			
IT-Ⅱ 读取车速信息							
检查车速表传感器输出速度与车速表显示速度一致性							
检查组合仪表车速传感器输出信号							
故障原因							
制订车速表故障诊断与修复工艺							

项目2　诊断与修复汽车仪表无显示故障

1　项目说明

丰田花冠轿车在使用过程中若出现整个组合仪表不工作时，应该完成仪表系统熔断丝检查、仪表总成检查及仪表系统线束及连接器检查，必要时应按技术标准完成仪表系统熔断丝更换、仪表总成更换及仪表线束及连接器更换等，并制订相应检修步骤。丰田花冠轿车仪表无显示故障诊断流程如图7-23所示，汽车仪表电源系统电路如图7-24所示。

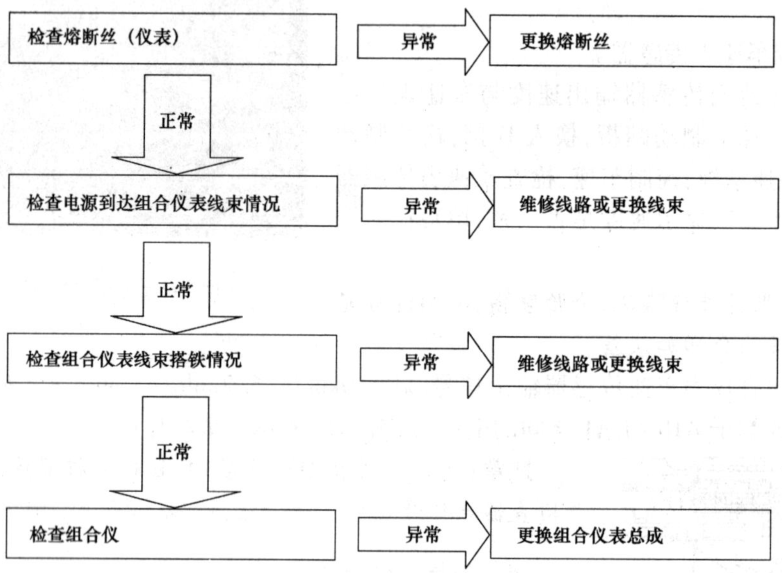

图7-23　仪表无显示故障诊断流程图

2　要求

每两名学员一组，完成此项目。

3　设备器材

(1)丰田花冠轿车1辆；
(2)数字万用表1个；
(3)常用工具1套；
(4)跨接导线若干。

4　作业准备

(1)车辆开进举升工位，并做好安全防护措施；
(2)清点工量具，万用表校零；
(3)准备作业单。

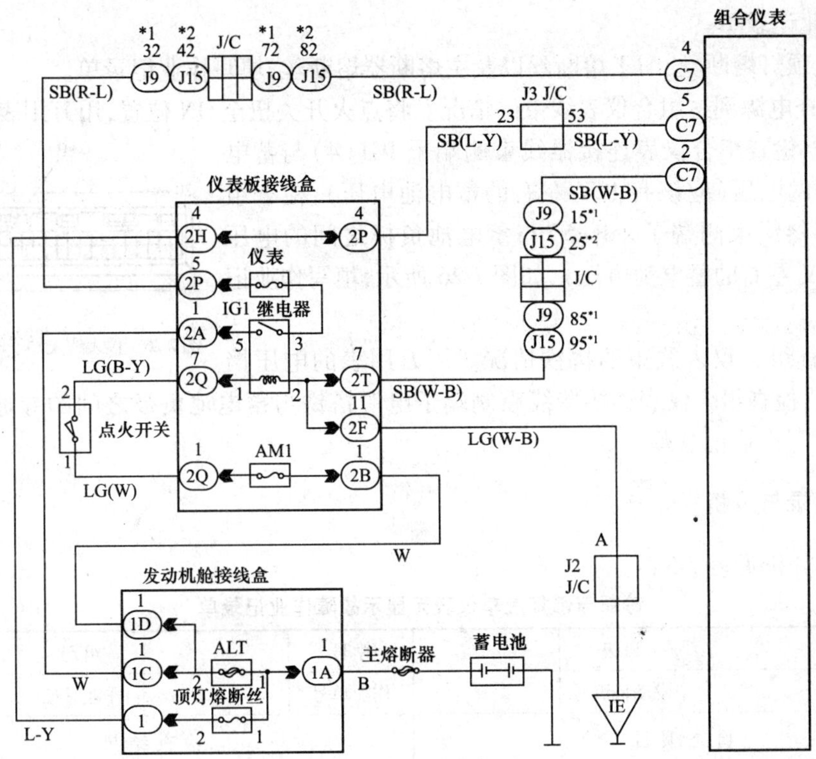

*1: 1NZ-FE除外
*2: 1NZ-FE
*3: 不带ABS

图 7-24　丰田花冠轿车组合仪表电源电路图

5 操作步骤

(1)检查组合仪表系统熔断丝。

①打开仪表台熔断丝盒盖，根据熔断丝盒盖上面的指示，检查仪表熔断丝，如图 7-25 所

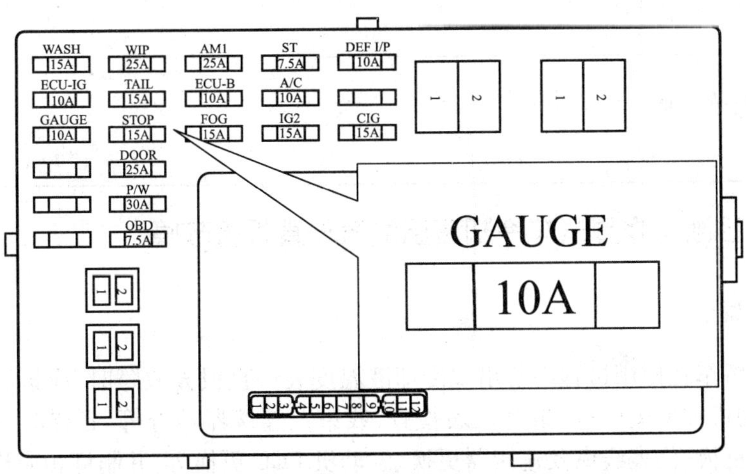

图 7-25　仪表台熔断丝盒示意图

示,填写作业记录单。

②检查顶灯熔断丝、ALT熔断丝以及主熔断器熔断丝,填写作业记录单。

(2)检查电源到达组合仪表线束的情况。将点火开关扭至ON位置,用万用表的电压挡位进行检查,检查组合仪表连接器线束侧端子IG1(4)与蓄电池负极之间的电压(应该有12V左右的蓄电池电压),检查组合仪表连接器线束侧端子+B(5)与蓄电池负极之间的电压(应该有12V左右的蓄电池电压),如图7-26所示,填写作业记录单。

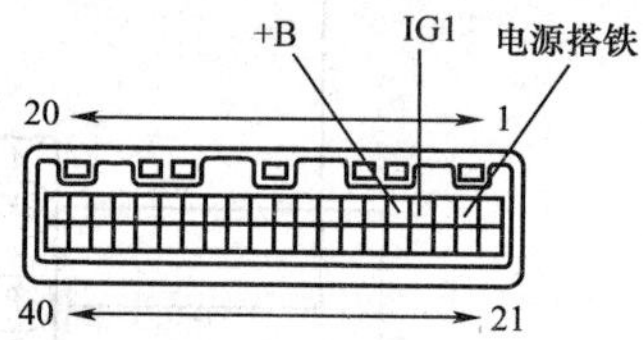

图7-26 仪表线束端子电源示意图

(3)检查组合仪表线束的搭铁情况。用万用表的电压挡位进行检查,检查组合仪表连接器线束侧端子电源搭铁与蓄电池负极之间的导通情况(应该导通),填写作业记录单。

6 记录与分析

记录与分析见表7-5。

诊断与修复汽车仪表无显示故障作业记录单 表7-5

姓名		班级		学号		组别	
车型		发动机编号		作业单号		作业日期	
检查项目				检查结果			
检查仪表熔断丝							
检查顶灯熔断丝、ALT熔断丝以及主熔断器							
检查组合仪表连接器线束侧端子IG1(4)的电压							
检查组合仪表连接器线束侧端子+B(5)的电压							
检查组合仪表连接器线束侧端子的搭铁性能							
故障原因							
制订仪表无显示故障诊断与修复工艺							

项目3 诊断与修复汽车冷却液温度表一直报警故障

1 项目说明

丰田花冠轿车在使用过程中若出现冷却液温度表一直报警故障时,应该进行汽车冷却系统检查、发动机数据流检查、组合仪表检查、线束及连接器检查等,必要时应按技术标准完成仪表总成更换、仪表线束及连接器更换、发动机ECU更换等,并制订相应检修步骤。丰田花冠轿车冷却液温度表一直报警故障诊断流程如图7-27所示。

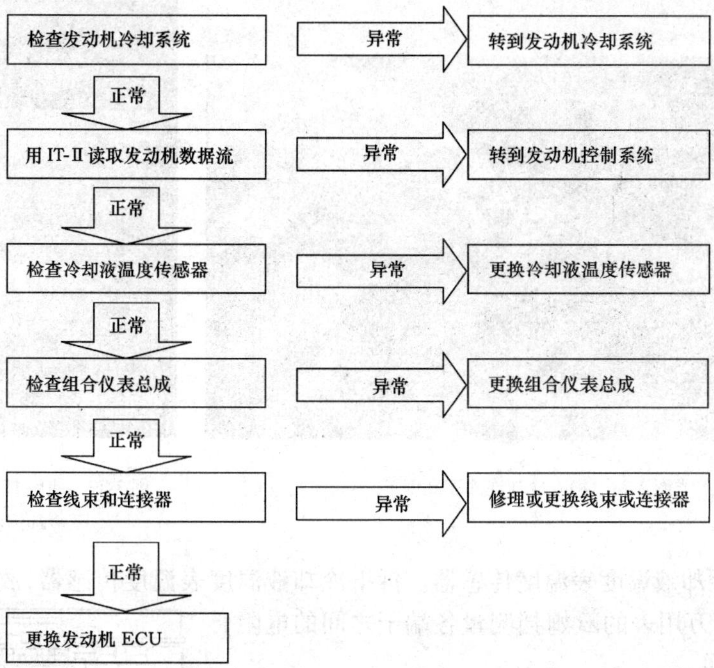

图7-27　冷却液温度表一直报警故障的诊断流程图

2 要求

每两名学员一组,完成此项目。

3 设备器材

(1)丰田花冠轿车1辆。
(2)数字万用表1个。
(3)IT-Ⅱ1个。
(4)常用工具1套。
(5)跨接导线若干。

4 作业准备

(1)车辆开进举升机工位,并做好车辆安全防护措施。
(2)清点工量具,万用表校零。
(3)准备作业单。

5 操作步骤

(1)检查发动机冷却系统。对发动机冷却系统进行就车检查,检查冷却液液面高度,如图7-28所示,填写作业记录单。

(2)用IT-Ⅱ读取发动机数据。使用IT-Ⅱ对发动机冷却液温度数据流进行读取,判断发动机电控系统是否有故障,如图7-29所示,填写作业记录单。

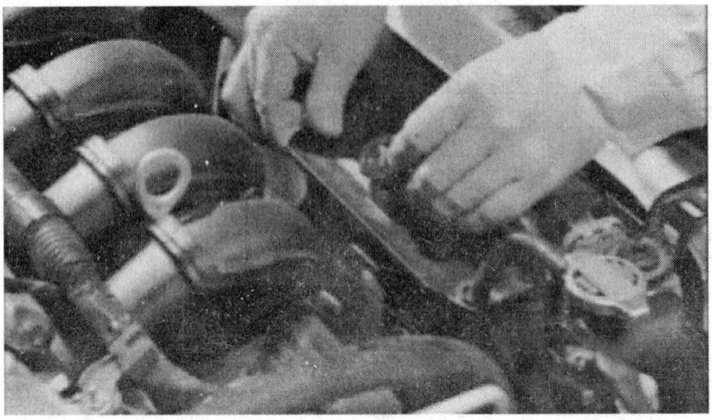

图 7-28　检查冷却液液面高度

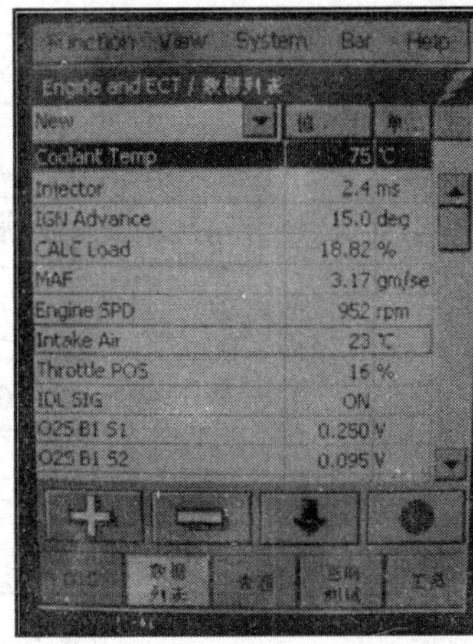

图 7-29　使用 IT-Ⅱ读取发动机冷却液温度数据

(3)检查冷却液温度表温度传感器。拆下冷却液温度表温度传感器,放入不同温度的冷却液中,利用万用表的欧姆挡测量各端子之间的电阻,填写作业记录单。

(4)检查冷却液温度表。使用 IT-Ⅱ读取发动机数据,确认发动机的冷却液温度达到 90℃,检查仪表线束插接器侧的端子 8 和端子 1 之间的导通情况(应该导通),如图 7-30 所示,填写作业记录单。

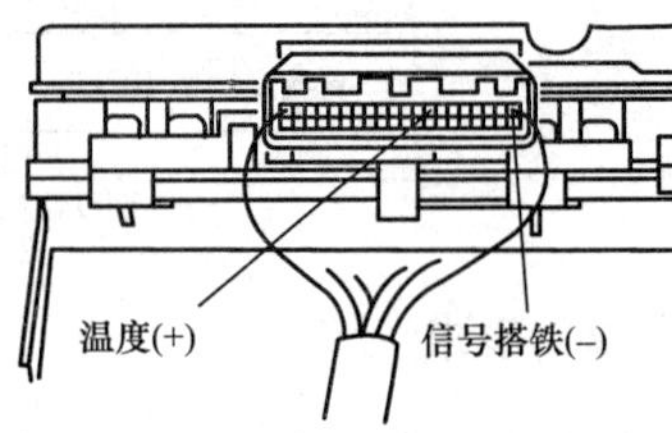

图 7-30　仪表线束插接器端子之间的检查

(5)检查线束和连接器,填写作业记录单。

6　记录与分析

记录与分析见表 7-6。

诊断与修复汽车冷却液温度表一直报警故障作业记录单　　表 7-6

姓名		班级		学号		组别	
车型		发动机编号		作业单号		作业日期	
检 查 项 目				检 查 结 果			
就车检查发动机冷却系统							
使用 IT-Ⅱ读取发动机冷却液温度数据流							
发动机的冷却液温度达到 90℃时检查仪表线束插接器侧的端子 8 和 1 之间的导通情况							
检查线束和连接器							
故障原因							
制订冷却液温度表一直报警故障诊断与修复工艺							

三、学 习 评 价

1 理论考核

1)分析题

(1)丰田花冠轿车仪表板上常见的报警灯、指示灯和仪表有哪些?并分别列举其工作条件和用途,同时通过查阅维修手册,找出其对应的传感器或开关在汽车上的位置。

(2)结合丰田花冠轿车的制动电路图,分析在红色制动警告灯点亮时如何进行故障诊断。

(3)当客户抱怨燃油油位表不准确时,我们如何进行燃油箱油位表的检测。

2)判断题

(1)汽车组合仪表内部的警告指示灯颜色一般为红色,报警指示灯颜色一般为黄色,而状态指示灯则采用蓝色或绿色。 ( )

(2)现代汽车许多仪表已被报警灯、指示灯及电子显示装置所取代。 ( )

(3)充电指示灯亮,表示蓄电池经放电后正在充电。 ( )

3)选择题

(1)组合仪表照明灯泡全部不亮,以下哪个可能是故障的原因?( )

A. 有一个组合仪表照明灯泡可能断路

B. 灯光组合开关与组合仪表之间的导线可能存在断路

C. 仪表报警灯的传感器可能出现故障

D. 发动机电控系统出现故障

(2)一般轿车组合仪表内的机油压力报警灯的亮灭一定与( )无关。

A. 低油压开关　　B. 高油压开关　　C. 发动机转速信号　　D. 机油温度

(3)技师A说液晶显示器(LCD)在低温时显示较慢。技师B说液晶显示器在被用力清洁显示屏时会损坏。( )的说法是正确的。

A. 技师A正确　　B. 技师B正确　　C. A和B都正确　　D. A和B都不正确

(4)技师A说仪表板上显示的数据均来自发动机控制电脑板。技师B说只要有一个部件损坏了,将可能不得不更换整个仪表板。( )的说法是正确的。

A. 技师A正确　　B. 技师B正确　　C. A和B都正确　　D. A和B都不正确

(5)轮胎直径变化影响车速表读数的情况是( )。

A. 直径稍小的轮胎使车速表上显示的速度比实际速度快,里程表上显示的里程也比实际里程多

B. 直径稍小的轮胎使车速表上显示的速度比实际速度慢,里程表显示的里程也比实际里程少

C. 直径稍大的轮胎使车速表上显示的速度比实际速度快,里程表上显示的里程也比实际里程多

D. 直径稍大的轮胎使车速表上显示的速度比实际速度慢,里程表显示的里程也比实际里程多

2 技能考核

"项目1　诊断与修复汽车车速表故障"的评分表见表7-7。

诊断与修复汽车车速表故障项目评分表　　表7-7

<table>
<tr><td rowspan="2">基本信息</td><td>姓　名</td><td></td><td>学号</td><td></td><td>班级</td><td></td><td>组别</td><td></td></tr>
<tr><td>规定时间</td><td></td><td>完成时间</td><td></td><td>考核日期</td><td></td><td>总评成绩</td><td></td></tr>
<tr><td rowspan="9">任务工单</td><td rowspan="2">序号</td><td rowspan="2" colspan="3">步　骤</td><td colspan="2">完成情况</td><td rowspan="2">标准分</td><td rowspan="2">评分</td></tr>
<tr><td>完成</td><td>未完成</td></tr>
<tr><td>1</td><td colspan="3">考核准备
验证故障现象</td><td></td><td></td><td>5</td><td></td></tr>
<tr><td>2</td><td colspan="3">准备万用表及IT－Ⅱ</td><td></td><td></td><td>5</td><td></td></tr>
<tr><td>3</td><td colspan="3">用IT－Ⅱ进行测试</td><td></td><td></td><td>15</td><td></td></tr>
<tr><td>4</td><td colspan="3">检查车速表传感器</td><td></td><td></td><td>20</td><td></td></tr>
<tr><td>5</td><td colspan="3">检查及更换组合仪表总成</td><td></td><td></td><td>10</td><td></td></tr>
<tr><td>6</td><td colspan="3">修理或更换线束或连接器</td><td></td><td></td><td>5</td><td></td></tr>
<tr><td>7</td><td colspan="3">清洁及整理</td><td></td><td></td><td>5</td><td></td></tr>
<tr><td colspan="2">安全</td><td colspan="5"></td><td>5</td><td></td></tr>
<tr><td colspan="2">5S</td><td colspan="5"></td><td>5</td><td></td></tr>
<tr><td colspan="2">沟通表达</td><td colspan="5"></td><td>5</td><td></td></tr>
<tr><td colspan="2">工单填写</td><td colspan="5"></td><td>10</td><td></td></tr>
<tr><td colspan="2">工艺制订</td><td colspan="5"></td><td>10</td><td></td></tr>
</table>

"项目2　诊断与修复汽车仪表无显示故障"的评分表见表7-8。

诊断与修复汽车仪表无显示故障项目评分表　　　表7-8

<table>
<tr><td rowspan="2">基本信息</td><td>姓　名</td><td></td><td>学号</td><td></td><td>班级</td><td></td><td>组别</td><td></td></tr>
<tr><td>规定时间</td><td></td><td>完成时间</td><td></td><td>考核日期</td><td></td><td>总评成绩</td><td></td></tr>
<tr><td rowspan="9">任务工单</td><td rowspan="2">序号</td><td rowspan="2" colspan="3">步　骤</td><td colspan="2">完成情况</td><td rowspan="2">标准分</td><td rowspan="2">评分</td></tr>
<tr><td>完成</td><td>未完成</td></tr>
<tr><td>1</td><td colspan="3">考核准备
车辆防护
万用表
IT－Ⅱ
常用工具
短接导线</td><td></td><td></td><td>10</td><td></td></tr>
<tr><td>2</td><td colspan="3">清洁工具,万用表校零</td><td></td><td></td><td>5</td><td></td></tr>
<tr><td>3</td><td colspan="3">检查仪表系统熔断丝</td><td></td><td></td><td>15</td><td></td></tr>
<tr><td>4</td><td colspan="3">检查组合仪表搭铁</td><td></td><td></td><td>10</td><td></td></tr>
<tr><td>5</td><td colspan="3">检查及更换组合仪表总成</td><td></td><td></td><td>15</td><td></td></tr>
<tr><td>6</td><td colspan="3">修理或更换线束或连接器</td><td></td><td></td><td>5</td><td></td></tr>
<tr><td>7</td><td colspan="3">清洁及整理</td><td></td><td></td><td>5</td><td></td></tr>
<tr><td colspan="2">安全</td><td colspan="5"></td><td>5</td><td></td></tr>
<tr><td colspan="2">5S</td><td colspan="5"></td><td>5</td><td></td></tr>
<tr><td colspan="2">沟通表达</td><td colspan="5"></td><td>5</td><td></td></tr>
<tr><td colspan="2">工单填写</td><td colspan="5"></td><td>10</td><td></td></tr>
<tr><td colspan="2">工艺制订</td><td colspan="5"></td><td>10</td><td></td></tr>
</table>

"项目3 诊断与修复汽车冷却液温度表一直报警故障"评分表见表7-9。

诊断与修复汽车冷却液温度表一直报警故障项目评分表 表7-9

<table>
<tr><td rowspan="2">基本信息</td><td>姓 名</td><td></td><td>学号</td><td></td><td>班级</td><td></td><td>组别</td><td></td></tr>
<tr><td>规定时间</td><td></td><td>完成时间</td><td></td><td>考核日期</td><td></td><td>总评成绩</td><td></td></tr>
<tr><td rowspan="11">任务工单</td><td rowspan="2">序号</td><td rowspan="2" colspan="3">步 骤</td><td colspan="2">完成情况</td><td rowspan="2">标准分</td><td rowspan="2">评分</td></tr>
<tr><td>完成</td><td>未完成</td></tr>
<tr><td>1</td><td colspan="3">考核准备
车辆防护
万用表
IT－Ⅱ
常用工具
短接导线</td><td></td><td></td><td>10</td><td></td></tr>
<tr><td>2</td><td colspan="3">清洁工具,万用表校零</td><td></td><td></td><td>5</td><td></td></tr>
<tr><td>3</td><td colspan="3">检查发动机冷却系统</td><td></td><td></td><td>5</td><td></td></tr>
<tr><td>4</td><td colspan="3">用IT－Ⅱ读取发动机数据</td><td></td><td></td><td>15</td><td></td></tr>
<tr><td>5</td><td colspan="3">检查及更换组合仪表总成</td><td></td><td></td><td>5</td><td></td></tr>
<tr><td>6</td><td colspan="3">检查线束和连接器</td><td></td><td></td><td>5</td><td></td></tr>
<tr><td>7</td><td colspan="3">修理或更换线束或连接器</td><td></td><td></td><td>5</td><td></td></tr>
<tr><td>8</td><td colspan="3">更换发动机ECU</td><td></td><td></td><td>10</td><td></td></tr>
<tr><td>9</td><td colspan="3">清洁及整理</td><td></td><td></td><td>5</td><td></td></tr>
<tr><td colspan="2">安全</td><td colspan="5"></td><td>5</td><td></td></tr>
<tr><td colspan="2">5S</td><td colspan="5"></td><td>5</td><td></td></tr>
<tr><td colspan="2">沟通表达</td><td colspan="5"></td><td>5</td><td></td></tr>
<tr><td colspan="2">工单填写</td><td colspan="5"></td><td>10</td><td></td></tr>
<tr><td colspan="2">工艺制订</td><td colspan="5"></td><td>10</td><td></td></tr>
</table>

四、拓展学习

随着汽车电气设备的不断增加,电气系统越来越复杂。所以,现代汽车上都装有电子仪表板。电子仪表常用的电子显示器有发光二极管(LED)、真空荧光管(VFD)、阴极射线管(CRT)、等离子显示器(PDP)和电子发光显示器(ELD)等。

比较先进的仪表系统还有数字仪表,它的显示更为准确。通过数字仪表板,驾驶人可以选择显示的内容,大多数系统还能让有潜在危险情况的仪表自动显示。例如,如果驾驶人选择了机油压力表显示机油压力,而此时发动机温度已上升到危险值,则温度表便自动显示以警告驾驶人。

"计程设置"开关:"计程设置"开关位于数字组合仪表中,当开关设定后,冷却液温度开关闭合,电流通过冷却液温度开关搭铁,组合仪表内的显示板提供一个搭铁输入,使计程器复位。

显示照明:当前照灯开关处于"驻车"或"前照灯"时,数字组合仪表的真空荧光显示器自动变弱光;当前照灯开关断开时,真空荧光显示处于最大亮度;当前照灯开关处于"驻车"或"前照灯"时,可以通过旋转前照灯开关旋钮来调节光亮度;前照灯开关旋钮控制照明变阻器,将可变的电压提供给数字组合仪表;显示的亮度和加在变阻器上的电压成正比。

现在有些车型装配了头顶显示(HUD)装置。该系统在驾驶人视野所及的前风窗玻璃上显示视觉影像。因此,驾驶人不必一会看路面一会看仪表板。影像是通过真空荧光显示器投影到前风窗玻璃上的。可以投影车速里程表、转向信号、远光指示器和低燃油油位报警器等内容。

有些汽车仪表系统还装备了具有语音报警系统的仪表板,该仪表板可以用语音提醒驾驶人汽车行驶状况。当汽车的某个系统出现危险时,语音报警模块便发出警告,提醒驾驶人,同时也会显示文字信息。如果此时收音机正在使用中,语音报警器模块会发出请驾驶人中断收音机的语句,然后由靠近驾驶人的那个扬声器发出警告信息。

甚至现代汽车仪表系统还装备具有驾驶人信息系统的仪表板,驾驶人信息系统可能是单纯地计算燃油经济性、存油能行驶的距离和剩油量计算器,也可能是具有更多功能的系统。现在比较复杂的驾驶人信息系统可以显示的内容几乎无所不包,比如外界气温、罗盘、离目的地的距离和时间、日期、时间以及平均车速等,有的还装备了全球定位系统(GPS)。随着汽车技术的不断发展,仪表板的功能会越来越强大,逐渐发展成可以为驾驶人提供各种数据的信息中心。

参考文献

[1] 张春化,蹇小平.汽车电器与电路[M].北京:人民邮电出版社,2005.
[2] 郭远辉.汽车车身电气及附属电气设备检修[M].北京:人民交通出版社,2005.
[3] 刘皓宇,金长星.汽车车身电气设备系统及附属电气设备[M].北京:高等教育出版社,2005.
[4] 李春明.汽车车身电子技术[M].北京:北京理工大学出版社,2008.
[5] 任春晖.汽车电器设备构造与检修[M].北京:机械工业出版社,2009.
[6] 人力资源和社会保障部教材办公室.桑塔纳系轿车拆装技能训练[M].北京:中国劳动社会保障出版社,2009.
[7] 郭兆松.汽车车身电气系统[M].长沙:国防科技大学出版社,2009.
[8] 高吕和.汽车电器系统检修[M].北京:化学工业出版社,2010.
[9] 马云贵.汽车电源与启动系统检修[M].北京:人民交通出版社,2010.
[10] 袁辉,邓妹纯.汽车电路与电子系统检修[M].北京,人民交通出版社,2010.